LES RG SOUS L'OCCUPATION

DU MÊME AUTEUR

Victime et Bourreau, en collaboration avec Frédéric Brunnquell, Éd. Calmann-Lévy, Paris, 1989.

Frédéric COUDERC

LES RG SOUS L'OCCUPATION

Quand la police française traquait les résistants

Olivier Orban

ISBN 2-85565.652.4

A mes parents, pour tant de choses.

Avertissement 11

Prologue 13

PREMIÈRE PARTIE : UN POLICIER EXEMPLAIRE

I. Une police secrète 19
II. Paris Allemand! 23
III. Au cœur de la collaboration 29
IV. Deux prouesses des RG 36
V. Le châtiment 44

DEUXIÈME PARTIE : LA CHASSE AUX « TERRORISTES »

VI. Coup de tonnerre dans un ciel bleu 53
VII. Le mystère « terroriste » 56
VIII. Les renseignements généraux frappent 59
IX. Le réseau décapité 63
X. Sur la piste des « terroristes » 67
XI. La descente de police 71
XII. L'officier sans nom 75
XIII. Un coup à la tête 78
XIV. La course de vitesse 82

TROISIÈME PARTIE : L'AFFICHE ROUGE

XV. A la botte allemande 91
XVI. La filature 94
XVII. L'encerclement 100
XVIII. Les dérailleurs 105

XIX. La chute.................................. 109
XX. Dawidowicz.............................. 113
XXI. L'aveu..................................... 119

QUATRIÈME PARTIE : LES POLICIERS RÉSISTANTS

XXII. Les « traîtres » des Brigades Spéciales...... 125
XXIII. Le double jeu.............................. 128
XXIV. Les RG contre les policiers résistants....... 131
XXV. Vers l'insurrection......................... 135

CINQUIÈME PARTIE : PAR-DELÀ LE BIEN ET LE MAL

XXVI. La vengeance à huis-clos.................. 144
XXVII. Un ordre musclé.......................... 146
XXVIII. Le prix d'un matraquage.................. 151
XXIX. Épuration ou règlement de compte......... 158
XXX. Bilan des RG : 5 000 arrestations........... 160
XXXI. Un préfet de police au-dessus de tout soupçon 169

SIXIÈME PARTIE : LA RECONVERSION

XXXII. Un orchestre noir?........................ 175
XXXIII. Les sociétés passent, les polices demeurent. 180

Remerciements.................................. 257

Avertissement

Cet ouvrage, commencé à la fin de l'année 1990 et achevé à l'automne 1991, a deux ambitions. Tout d'abord, il décrit l'attitude des Renseignements généraux sous l'Occupation. L'autre pari est de révéler les méthodes techniques utilisées par cette police secrète qui n'a cessé de défrayer la chronique.

Comment cette exploration au cœur d'une page soigneusement occultée de notre histoire a-t-elle été possible?

Août 1944 : dans la pagaille de la Libération, les archives des Brigades spéciales, cette section des RG de la préfecture de police de Paris, disparaissaient. Filatures, manipulation d'informateurs, visites domiciliaires, comptes rendus d'arrestations et interrogatoires musclés : les activités quotidiennes de ces fameuses BS étaient, ici, soigneusement consignées.

Hiver 1990-1991 : un journaliste – nous préservons son anonymat –, membre du Parti communiste français, décidait de publier le fruit de plusieurs années d'enquête. Nous prîmes rendez-vous. Un samedi après-midi, je découvrai, enlisées dans son appartement, les archives ultra-secrètes des Brigades spéciales.

Par quel sortilège ce grand débordement de dossiers avait-il échoué en banlieue parisienne? Mon collaborateur, évasif, évoqua de mystérieux résistants. A l'évidence, elles provenaient, tout simplement, du Parti lui-même.

Dans le désordre, je regroupai ces documents frappés du sceaux des Renseignements généraux. Semaines après semaines, tandis qu'il me livrait des photocopies ou, pour les documents en piteux états, des feuillets retapés à la machine, les archives se complétèrent. Les policiers, mêlés aux plus grandes affaires touchant la Résistance, courant Paris et la province, y apparaissaient en chair et en os.

Je décryptai l'ensemble, m'astreignant à rendre cette odyssée intelligible au plus grand nombre. Je complétai ces dossiers par de longues recherches à la Bibliothèque nationale et aux Archives nationales.

Le parti pris de livrer, par endroits, les archives en intégrale souligne la volonté de ne porter aucun jugement, politique ou moral. Cette démarche ne déprécie pas un livre qui se présente ouvertement comme un document, dont les limites évidentes n'annulent pas l'exactitude historique. Seuls les faits et rien que les faits seront exposés. Ils suffisent, je crois, à porter un jugement sur cette noire période.

PROLOGUE

« Je me nomme Labaume Georges, Émile, né le 13 février 1899 à Cosne dans la Nièvre. Je suis français de race aryenne. »

Depuis toutes ces années, Georges Labaume connaissait le protocole. A son aise dans ce bureau du 36, quai des Orfèvres, il répondait avec précision et discipline aux questions du commissaire principal Pinault. L'habitude policière, sans doute.

Quelle ironie du sort! L'ex-commissaire principal de police à la 1re section des Renseignements généraux de la préfecture de Police, tout juste déchu, interrogé à quelques centaines de mètres du deuxième étage de la galerie sud. Là même où sévissaient les fameuses Brigades spéciales chargées, au sein des Renseignements généraux, de lutter contre la Résistance.

En ce lundi 28 août 1944, dès l'aurore, à pied ou à bicyclette, la population de la capitale et de sa banlieue avait envahi les rues pavoisées de drapeaux tricolores et encombrées de barricades. Femmes et hommes, après une semaine de lutte, retournaient au travail.

Le métro ne fonctionnait pas encore : on annonça son ouverture pour le lendemain. Venant des régions libérées du sud-ouest de Paris, des camions chargés de ravitaillement en fruits et en légumes débarquèrent aux Halles leurs précieuses cargaisons. Des véhicules ornés d'étoiles américaines, emplis de conserves, de légumes, de biscuits ou de lait, se mêlaient aux convois. Sur les marches de la mairie du Xe arrondissement, sous une double haie de fusils arrachés à l'ennemi, les époux Cheret s'unissaient, les premiers, « au nom de la République ».

Sur les quais, sur les places, les DCA américaines pointaient leurs canons vers le ciel. La Luftwaffe pouvait toujours revenir! Samedi, dans la nuit, les « sauvages » et leurs bombes incendiaires avaient brûlé plusieurs quartiers. Deux cents morts : ça gâchait les réjouissances. Mais d'heure en heure l'armée allemande cédait sous les assauts. La ligne de feu, irrésistiblement, se déplaçait vers l'est. Les villes de Lagny, Provins et Meaux venaient d'être libérées. Seuls quelques îlots de résistance allemande, ici et là, menaient encore bataille.

Au carré des fusillés, à Ivry, on exhumait les cadavres des résistants. Les familles se pressaient pour les reconnaître et leur offrir les honneurs de la sépulture. Dans la fosse de Vincennes, on découvrait le corps d'un gendarme abattu, lui aussi, par les Allemands.

Ce matin du 28 août 1944, le commissaire des Renseignements généraux Georges Labaume, planqué depuis quatre jours, avait pris son vélo et, d'un rythme décidé, s'était dirigé vers la Porte de Clichy. Tentait-il de retrouver les autres chefs des RG, les commissaires Rottée, David et Baillet, eux aussi en fuite? Ou, simplement, voulait-il se réfugier dans les faubourgs? Aux collaborateurs, quelques couvents offraient gîte et couvert.

Paris résonnait aux appels impitoyables à la répression, lancés à l'encontre des traîtres à la patrie. Georges Labaume savait que les policiers des Renseignements généraux étaient visés particulièrement. Lui-même, le jeudi 24 août, avait évité de justesse une descente des FFI.

La machine judiciaire, balbutiante, tentait d'exercer ses prérogatives : le secrétaire général provisoire à la Justice prescrivait aux parquets de procéder, dans les plus brefs délais, à l'ouverture d'informations judiciaires. En attendant que les juges d'instruction pussent délivrer les mandats d'arrêt qui s'imposaient, les autorités administratives relevant du secrétariat général provisoire à l'Intérieur mettaient la main sur les coupables avec l'aide des comités de libération. Parfois la rue, seule, exécutait son expéditive justice. Les visages des collaborateurs, tuméfiés et hirsutes, cédaient sous les coups. Les cheveux de certaines femmes dégringolaient dans les caniveaux. La foule, voyeuse, les surnommait les « collabos à l'horizontale ».

L'ex-commissaire Georges Labaume s'engagea en fin de matinée dans la longue avenue de Clichy. Il décampait. « La chiasse au cul », écrivait Céline. Derrière lui, la statue du maréchal Moncey, depuis 1816, défendait la place contre l'ennemi. Plus de Russes ni d'Allemands, point de batailles, il pédalait droit devant, la Porte de Clichy en ligne de mire.

Soudain, apparut dressé au loin un barrage FFI. En un réflexe, il mit la main dans la poche intérieure de sa veste. Oui, la fausse carte d'identité remise le 18 août par l'un des secrétaires de M. Rottée, directeur général des Renseignements généraux de Paris sous l'Occupation, se trouvait bien là. Le papier officiel avait été délivré le 4 juin 1942 par la préfecture de Police. Son titulaire, Ledoux Gabriel, né le 14 mars 1900 à Bourges (Cher), demeurant au 184, rue de la Chapelle à Paris, exerçait la profession de représentant. Un gros tas de billets de banque, représentant trois mois de salaire, se trouvait soigneusement plié dans l'autre poche.

Les FFI firent un signe à Labaume. Au loin, une église sonnait les onze coups de la matinée. Les jeunes gens aux visages mal rasés, colts à la ceinture, portaient un brassard tricolore. Le policier en fuite s'exécuta sans trouble apparent. L'un des FFI scruta le « représentant » en vadrouille.

– Où allez-vous? demanda-t-il.

– A Saint-Denis.

Rompu depuis tant d'années au jargon de ces communistes qu'il combattait, le commissaire songeait, au moindre incident, à se draper dans l'habit d'un militant du Parti. Si nécessaire, il se présenterait comme un émissaire du comité central. La 1re section qu'il avait dirigée sous l'Occupation était chargée du renseignement sur les mouvements d'extrême gauche. A force de les avoir chassés, il n'ignorait rien des hommes qui, aujourd'hui, se trouvaient à la tête des libérateurs.

Les « vrais-faux » papiers de Georges Labaume paraissaient en règle. Lorsque les FFI lui signifièrent qu'il pouvait aller en paix, surgit, comme un diable, l'inspecteur Herbert, de la 4e section des Renseignements généraux. L'homme s'interposa vivement. Aucun doute, derrière le paisible Ledoux, il reconnaissait le chef de la 1re section. La chance quittait brutalement Georges Labaume.

L'alerte fut donnée. Angelo Piétri, jeune inspecteur spécial à la direction des Renseignements généraux, accourut de la préfecture. Il procéda à l'arrestation officielle. Georges Labaume ne subit pas de fouille au corps. Angelo Piétri se contenta de jeter un regard sur le porte-bagages de la bicyclette. Une serviette en cuir renfermait deux pistolets. L'un, de calibre 6.35 mm avec un chargeur de trois balles, appartenait à Labaume depuis une quinzaine d'années. L'autre, officiel, figurait sur le registre de l'administration. Le prévenu fut immédiatement mis à la disposition du commissaire principal Pinault. L'instruction de l'affaire Labaume Georges Émile Modeste démarrait ce mardi 28 août 1944.

Après vingt-trois années de service, l'ex-commissaire des Renseignements généraux entamait sa première nuit à l'ombre. Le destin se montrait douloureux pour ce policier ordinaire, qui avait décidé de servir loyalement le gouvernement de Vichy. Il est exemplaire du parcours des fonctionnaires des Renseignements généraux sous l'Occupation.

PREMIÈRE PARTIE

UN POLICIER EXEMPLAIRE

I

UNE POLICE SECRÈTE

Le 1er août 1921, après dix-sept mois passés dans les forces armées occupant les territoires rhénans, Georges Labaume débutait comme sergent de ville à la circonscription de Saint-Denis nord. L'homme apprit vite. Titularisé dans sa fonction le 1er août 1922, il fut nommé inspecteur à titre temporaire le 9 avril 1926, puis définitif, le 1er novembre 1926. Ainsi inaugurait-il sa carrière à la 1re section des Renseignements généraux et des Jeux.

A la préfecture, la dénomination moderne du service était apparue en 1913. En ce début de siècle, soupçonnés des pires maux, les Renseignements généraux, se défendant de n'être que des *météorologistes de l'opinion*, se camouflaient dans l'ombre des services secrets.

La Grande Revue, dans son numéro du 10 mai 1912, publiait ces lignes : « Les inspecteurs des trois brigades de recherches font de la police politique, on prétend qu'ils ne font pas de police secrète. Pourtant, quelques-uns obtiennent d'agir à leur guise et de ne paraître à leur service que pour des récompenses ou des blâmes exceptionnels. Ils correspondent par écrit avec leurs chefs et reçoivent leurs appointements à domicile. En fait, ils agissent exactement comme des agents secrets. Ils se font inscrire dans des groupes qu'ils sont chargés de surveiller, postulent les emplois de secrétaire, de trésorier. » Le mythe n'empêchait pas la section de prospérer : en dix années, les effectifs étaient passés de 387 à 666 commissaires et inspecteurs.

En 1929, Georges Labaume et ses compagnons préparaient

la capitale à l'assaut communiste. Le Parti organisait, le 1er août, une « journée rouge » annonciatrice des « lendemains qui chantent ». Les Renseignements généraux, infiltrés dans les diverses réunions, affirmaient qu'il ne pouvait être question, cette fois-ci, d'offrir aux manifestants une ridicule dérobade policière, à l'image de cette manifestation qui avait suivi l'exécution de Sacco et Vanzetti, deux années auparavant. Les RG se souvenaient de cette journée au cours de laquelle on avait relevé, faute d'une réaction des forces de l'ordre, cent vingt et un agents, blessés, sur les pavés.

La montée de l'antiparlementarisme donnait libre cours aux fantasmes révolutionnaires ou insurrectionnels. Le préfet de police, Jean Chiappe, concentra à Paris cinquante pelotons de gardes mobiles, soit mille cinq cents hommes. A Rambouillet, quatre mille soldats se tenaient sur la réserve. On allait voir... Et l'on ne vit rien. L'ennemi fut bien sage. A désespérer du péril rouge.

On peut s'étonner des précautions prises par la préfecture de Police. Léon Ameline, commissaire aux délégations judiciaires, explique : « Paris n'est pas seulement la cité la plus peuplée de France, le siège du pouvoir et de toutes les grandes administrations ; c'est aussi le centre nerveux du pays. Les luttes politiques, les mouvements d'opinion qui s'y manifestent exigent une vigilance continue et des moyens d'action exceptionnels. Paris, qui représente environ un treizième de la population française, ou un neuvième si l'on tient compte de la banlieue, a vu naître dans son sein toutes les révolutions qui, de 1789 à 1871, ont changé le régime gouvernemental. Le peuple de Paris, émotif et impressionnable, s'est montré à maintes occasions le maître des destinées de la France. Si lointaines que soient ces périodes troublées, la leçon de l'histoire impose à l'administration qui a la charge de maintenir l'ordre dans la rue une cohésion, une tenue et une autorité toutes particulières [1]. »

C'est dire le rôle essentiel réservé aux Renseignements généraux de la préfecture de police de Paris.

5 février 1934. Fonctionnaire modèle, Georges Labaume avait le grade de brigadier depuis le 1er janvier 1931. Pour la journée du lendemain, le bulletin prévisionnel des Renseignements généraux affichait un curieux optimisme : « Nous pré-

1. Léon Ameline, *Ce qu'il faut connaître de la police et de ses mystères*, Boivin & Éditeurs, 1926.

voyons une participation ordinaire et une combativité réduite. »

Les RG minimisaient pour le moins la menace des Ligues. Une seconde note, plus alarmiste et libellée dans la soirée, ne parvint jamais au bureau de la police municipale.

Et pourtant! Stavisky suicidé à Chamonix, Jean Chiappe démissionné par Daladier, une IIIe République à la dérive, l'écho des bottes à Berlin et à Rome : l'agitation se prolongea quelques journées et provoqua la mort de vingt-deux manifestants. De son côté, le service d'ordre publiait son bilan : un tué et mille six cent soixante-quatre blessés.

Si cette journée sanglante du 6 février 1934 révélait les failles d'un régime, elle étalait aussi, au grand jour, les maux de la police. La revue communiste *Regards*, le 6 décembre 1934, résuma la situation : « Policiers à la solde des banques; inspecteurs complices d'escrocs; brigadiers en combinaison avec des bookmakers ou des maîtres chanteurs qui les font chanter ou qu'ils aident pour des opérations de chantage, l'affaire Stavisky est comme un microcosme où on a retrouvé tous les échantillons de la faune policière. »

Dans ce désordre, seuls les Renseignements généraux paraissaient efficaces. Quelques mois plus tôt, *La Revue de Paris* avait publié un article détaillant leur fonctionnement : « C'est véritablement l'œil de la police parisienne. Elle renseigne. Elle informe. Elle enquête. Elle délègue ses agents dans les réunions politiques. Elle surveille les individus douteux ou suspects, protège les personnalités de marque, elle procède à toutes les investigations dans l'intérêt national. Ce dernier secteur est le service parisien du contre-espionnage.

Pour donner une idée de l'activité des Renseignements généraux, je citerai ce simple chiffre : en 1933, ce service a remis aux différentes administrations publiques 100 241 rapports.

A la préfecture de Police, il y a une armoire secrète qui contient des notes, des fiches, des coupures de journaux parfaitement classées, sur les personnalités qui ont été mises en vedette. Lorsque, au début de la guerre, les Allemands menacèrent Paris, ce fut la première préoccupation du préfet de police d'alors que de ne pas laisser tomber entre leurs mains cette fameuse armoire.

A la Sûreté générale, voici comment se constituent les dossiers politiques. Ils débutent par ce qu'on appelle une "note blanche". C'est un simple papier émanant du cabinet du ministre sur lequel il y a un nom propre. Autour de ce nom, s'accumulent ensuite, par les enquêtes des inspecteurs, des renseignements de toute provenance et qui vont constituer le dossier de l'intéressé. Ces renseignements proviennent surtout des indicateurs. Tous les jours, arrivent sur papier pelure, sans en-tête, sans source, des notes qui portent cette simple mention : " D'un indicateur. "

Comme au temps de Fouché, les indicateurs appartiennent à tous les milieux, mais, selon le principe bien connu : " On ne fait pas de la police avec des rosières ou avec des évêques ", les indicateurs sont, très souvent, des repris de justice à qui l'on fait remise de leur peine à condition qu'ils collaborent à l'œuvre de police. Dans les soirées mondaines, surtout dans les ambassades, il y a des indicateurs, parmi les maîtres d'hôtel ou les invités. Il y en a également à la Bourse, dans les théâtres, dans la Salle des pas perdus et dans la Salle des quatre colonnes de la Chambre des députés. Les indicateurs s'ignorent entre eux. Quand ils se soupçonnent, ils s'espionnent et se dénoncent.

M. Pierre Laval a bien voulu me confier un jour que, dès qu'il fut nommé ministre de l'Intérieur, il fit venir, d'un bureau de la Sûreté générale, son propre dossier – le dossier constitué contre lui avant-guerre et à la suite duquel il fut inscrit au célèbre Carnet B.

" J'ai eu la stupeur de constater – me raconte M. Pierre Laval – que tous les discours que j'avais prononcés dans les réunions publiques y étaient relatés, résumés, et ma foi, je dois dire, assez exactement [1] ! " »

Dans ce climat d'omnipuissance policière, Georges Labaume devint inspecteur principal adjoint le 15 mai 1935.

En mai 1936, à la victoire du Front populaire, il ne fut pas de ceux qui crurent, comme l'écrivait Jean Renoir, que « les Français allaient s'aimer les uns les autres ». A la Belle Équipe répondaient les nostalgiques de la manifestation du 6 février 1934. Au chapitre des « choses qui ne sont plus ce qu'elles étaient », les adeptes de France-la-doulce, chère à Paul Morand, stigmatisaient la faillite morale. Certains songeaient à la création d'une Grande Europe, en se penchant déjà vers l'Allemagne vaincue qui, en quinze années, s'était forgé une pensée nouvelle.

Georges Labaume et les fonctionnaires des Renseignements généraux surveillaient, au service de l'ordre, « les extrémistes des deux bords ».

1. « L'Anarchie de la police », in *La Revue de Paris*, mars 1934.

II

PARIS ALLEMAND !

La guerre éclata le 3 septembre 1939. Le Parti communiste, qui s'y était opposé, déclencha une campagne de sabotage et de désertions. Par décret, le 28 septembre, le gouvernement Daladier prononçait son interdiction.

Les forces de l'ordre se musclaient. Déjà, en date du 29 juillet, afin de « faire face avec une efficacité accrue à toutes les mesures de défense nationale et d'ordre public dont il n'est pas nécessaire de stipuler davantage l'importance capitale », les autorités avaient recruté six cents fonctionnaires supplémentaires pour les Renseignements généraux, la police judiciaire et la préfecture de Police. Dans le même souci de préserver les « fronts intérieurs », à titre provisoire, un décret pris le 18 novembre 1939 entérina la nomination d'une centaine de commissaires, de trois cent quarante inspecteurs et de mille deux cents auxiliaires [1].

Aux premiers mois de la drôle de guerre, on lisait dans les colonnes d'observations du fonctionnaire Labaume : « Depuis le début des hostilités a été chargé de missions particulièrement délicates. A fait preuve d'un dévouement de tous les instants. »

Au petit matin du 14 juin 1940, Jacques Simon, directeur des Renseignements généraux, guettait à la fenêtre d'angle de son bureau. Ses yeux plongeaient vers la Sainte-Chapelle. Le téléphone sonna. Il saisit le récepteur. Un inspecteur, en poste du

1. Source : Georges Carrot, *Le Maintien de l'ordre en France au XXᵉ siècle*, Éd. Henri Veyrier, 1990.

côté de la place Gambetta, lui signalait les premières infiltrations allemandes dans la capitale. Répandus dans Paris, en étroite liaison avec les postes de la police municipale, des agents faisaient parvenir de brefs messages que Simon se chargeait de porter aussitôt au préfet.

En dépit de l'heure matinale, la préfecture de Police bruissait de mille petits bruits. La veille, le préfet Langeron avait longuement visité les services, réconfortant les inspecteurs, dont beaucoup craignaient d'être faits prisonniers de guerre. Ces hommes, « jugés indispensables dans les services publics », avaient été exemptés de l'ordre du gouverneur militaire qui, le 10 juin, conseillait aux jeunes gens de dix-sept ans au moins de quitter la région parisienne. L'exode ne frappait pas les Renseignements généraux ou la police municipale.

Deux jours auparavant, la TSF annonçait que Paris, ville ouverte, ne livrerait pas de combat. Les troupes allemandes approchaient et les derniers fuyards se concentraient aux portes de la cité. De lourds nuages de fumée noire planaient sur la ville : le Génie français avait brûlé les dépôts d'essence stockée en banlieue.

A 7 heures 30, Jacques Simon, à son poste de guet, vit surgir les motocyclistes allemands qui, deux par deux, roulaient à vive allure dans le silence du boulevard.

– Les premiers uniformes verts. Le signe de notre défaite, murmura-t-il en regagnant son bureau et en détournant la tête.

Lorsque les vainqueurs entrèrent dans Paris, une pluie chaude battait les pavés. La population, réduite à sept cent mille, au lieu de deux millions huit cent mille, désertait les rues. Soudés aux véhicules blindés, la mine lasse mais déterminée, les vainqueurs s'installèrent sans encombre. A 9 heures 45, un grand drapeau à croix gammée fut hissé sur l'Arc de Triomphe.

Vers 10 heures, un premier camion militaire entra dans la grande cour de la préfecture. Une dizaine d'hommes, armes au poing, s'engouffrèrent dans les couloirs de la Direction de la police municipale. A 11 heures, M. Langeron et M. Veilley, préfet de la Seine, furent convoqués à l'hôtel Crillon où s'établissait l'état-major de la Wehrmacht.

Dans l'après-midi, Jacques Simon retrouva le préfet dans son cabinet. Tout en réglant les problèmes urgents, ils évoquèrent le suicide du chirurgien Thierry de Martel, médecin-chef de l'hôpital américain de Neuilly. La mort plutôt que l'humiliation : ce 14 juin 1940, une quinzaine de Parisiens imitèrent le fils de la célèbre romancière Gyp.

Vers 16 heures, le directeur des Renseignements généraux reçut un appel de son secrétaire. Un officier allemand, installé dans son bureau, l'attendait.

– Les archives, je veux voir vos archives, dit aussitôt, en français, le capitaine.

D'un signe de la main, Jacques Simon l'invita vers les grandes salles où reposaient les précieux dossiers politiques. Ils traversèrent les couloirs d'un pas alerte mais, lorsque l'officier vit les rayons des archives, désespérément vides, il blêmit.

– Vos archives, où sont-elles? répétait-il.

D'une voix lente et ferme, Jacques Simon répondit :

– Elles sont en sûreté. Je les ai évacuées avant votre arrivée.

– Quand?

– Il y a quelques jours.

Au plus fort de l'exode, cinq jours auparavant, la préfecture de Police avait organisé l'évacuation des dossiers politiques. Tonnes de fiches personnelles, rapports confidentiels : la source eût été trop précieuse pour la répression nazie. Déjà, au début des hostilités, dans la crainte des bombardements, la préfecture de Police avait expédié en province, à Saintes, les archives de ses directions administratives. Celles des Renseignements généraux, indispensables en cette période troublée, restaient à Paris.

Redoutant l'insécurité des routes et le désordre des chemins de fer, le préfet Langeron fit charger les précieux documents sur une longue péniche, baptisée *L'Audace*, amarrée quai des Orfèvres. Le dimanche 9 juin, une chaîne d'inspecteurs et de gardiens de la paix chargea le bateau. De main en main, des centaines de boîtes en bois, renfermant chacune une cinquantaine de dossiers, traversèrent le boulevard. L'opération dura un jour et une nuit.

Le 11 juin 1940, à 11 heures du matin, sous la protection d'une équipe de quatre personnes dirigée par l'inspecteur principal Keruel, la péniche quitta les rives de la préfecture. *L'Audace* naviguait vers le sud en direction de Nevers. Les policiers, munis de vingt-cinq kilos de dynamite, avaient l'ordre écrit de se saborder plutôt que de laisser prendre leur cargaison.

Naviguant de jour et de nuit, interrompant sa course quelques instants aux écluses, la péniche atteignit Nevers le 16 juin à midi. La ville pliait sous une pagaille indescriptible. Les Allemands allaient entrer d'un instant à l'autre et la population, affolée par les bombardements, fuyait en toute hâte, butant sur l'armée tricolore en déroute. Aucun doute : le trésor des Renseignements généraux ne pouvait être laissé ici.

L'inspecteur Keruel décida de poursuivre la traversée et appareilla, vers 13 heures, pour Roanne. Il atteignit le port deux jours plus tard. Là encore, dans une ville en déroute, il ne put trouver les camions indispensables au transfert vers Saintes. Au loin, les armées allemandes rugissaient. L'inspecteur Keruel dépliait et repliait la note écrite par le préfet. Une fois encore, il lut la simple phrase : « Saborder ou faire sauter la péniche si cela devenait nécessaire. »

Décidément, il n'avait plus le choix ! A 18 heures, délaissant la dynamite, trop dangereuse, il saborda *L'Audace*. Les premières coulées d'eau envahirent la cale ; à minuit la péniche disparaissait dans les flots. Sous les grosses bulles qui affleuraient sur l'eau, les archives des Renseignements généraux reposaient. Ce 18 juin 1940, le général de Gaulle lançait, à la radio de Londres, son appel à la Résistance.

Une dizaine de jours plus tard, l'inspecteur Keruel, réfugié un temps à Pau, retourna à Roanne. Les Allemands, conformément à l'armistice signé le 22 juin à Rethondes, avaient quitté la ville située en zone libre.

Aussitôt, le commissaire central décidait de renflouer la péniche. Les boîtes d'archives et les fichiers furent d'abord empilés en vrac sous le hangar d'une grande papeterie. Les pièces récupérables, triées et classées, maintenues au sol par des petits cailloux, séchèrent dans une grande salle de l'usine.

Rudes à la tâche, les policiers reconstituèrent en moins d'un mois les archives. Réfugiées sous l'autorité de Vichy, elles avaient échappé aux premières exigences de l'ennemi.

Quelques enquêtes secondaires occupèrent d'abord les hommes des Renseignements généraux. Ils observaient principalement les réactions de la population devant l'occupant. Le brigadier Pierre Rondet dirigeait cette brigade dite des bobards. Officiellement, elle était baptisée : Brigade des propos alarmistes. Pour opérer, les inspecteurs se plaçaient dans les files d'attente, comme de simples acheteurs. Le commissaire André Baillet avait dit à ses hommes : « Dans une file d'attente, si une personne se plaint que les Allemands nous font crever de faim, vous l'arrêtez. C'est un propos à abaisser le moral de la population. »

Bientôt, pour le compte du gouvernement de Vichy, régulièrement investi par l'Assemblée nationale, la brigade spéciale des Renseignements généraux reprenait la lutte anticommuniste qui lui avait été confiée, en mars 1940, par le gouvernement Paul Reynaud. Dès lors, il paraît logique que, du port de Roanne, les archives des Renseignements généraux, quoique froissées, aient retrouvé les rayons de la préfecture de Police. Elles n'échapperaient plus aux volontés de l'occupant.

Le 1er octobre 1940, plus d'un trimestre après l'arrivée des troupes allemandes, l'inspecteur principal Labaume était jugé par ses supérieurs comme un « parfait collaborateur d'un dévouement constant, connaissant son métier à fond et qui mérite une carrière plus brillante ».

Le 23 mars 1941, le directeur des RG proposait à M. le préfet de police la nomination de l'IP Labaume comme commissaire de police au service des affaires nord-africaines mais détaché à la direction des Renseignements généraux. A ladite proposition on relevait ce passage : « M. Labaume, en effet, en étroite association avec M. Cougoule, a participé d'une manière que je tiens à signaler spécialement à la répression communiste *(sic)*. Il est même possible d'affirmer que c'est grâce au concours de ces deux fonctionnaires que cette répression a abouti, avant comme depuis l'Occupation, aux résultats que l'on sait et qui étaient absolument essentiels pour la préfecture de Police. »

Le 16 avril 1941, Georges Labaume accédait au poste de commissaire. Il prenait en charge la 1re section chargée de surveiller les mouvements politiques de gauche et d'extrême gauche. A ses côtés, et sous ses ordres, travaillaient une centaine d'inspecteurs.

Le 13 février 1942, le directeur des RG proposait au préfet, pour mérites exceptionnels, la promotion de classe du commissaire Labaume avec l'annotation suivante : « Excellent fonctionnaire, il a acquis des connaissances professionnelles rares et je lui ai confié la direction de la 1re section des Renseignements généraux sur laquelle s'appuient les brigades répressives communo-terroristes. »

Le nouveau gradé décrocha le titre de commissaire de police de la Ville de Paris et du département de la Seine le 1er novembre 1942. Dans sa proposition, le directeur général des Renseignements généraux, Rottée, relevait : « Excellent fonctionnaire, d'un dévouement et d'un loyalisme éprouvés, il mérite à tous les points de vue la récompense pour laquelle je l'ai proposé. »

Les autorités compétentes n'oubliaient pas, bien sûr, de

noter leur sujet : au cours des années 1941, 1942 et 1943, il s'attribuait un magnifique 18 sur 20.

Le 1er janvier 1944, Georges Labaume devenait commissaire principal à la direction des Renseignements généraux. Dans le tourbillon de l'offensive alliée, on le relevait de ses fonctions à partir du 20 août.

Lorsque les responsables de la 1re section entrèrent dans son bureau, le 19 août, ils ne trouvèrent aucun document personnel, dossier ou manuscrit. Sur le bureau ne traînait pas la moindre note. Une semaine auparavant, Georges Labaume avait brûlé les papiers et archives appartenant aux gradés et inspecteurs. Sa fuite de Paris avait été à l'image de sa carrière : discrète, et soumise aux injonctions de la hiérarchie.

III

AU CŒUR DE LA COLLABORATION

Le 19 octobre 1944, la section épuration de la préfecture de Police remettait un rapport concernant le sieur Labaume. Elle exécutait ainsi les prescriptions contenues dans la commission rogatoire demandée par le juge d'instruction au tribunal de la Seine, M. Berry. Signés par l'inspecteur principal Baur, l'inspecteur principal adjoint Bertranuc, les inspecteurs Guérin et Brindeau, ces « renseignements sur Labaume » signifiaient le début de l'instruction.

Méthodiques, les policiers se penchèrent d'abord sur l'historique de la 1re section du service des Renseignements généraux et des Jeux de la préfecture de Police : « La 1re section des Renseignements généraux a toujours eu pour activité les informations politiques sur tous les mouvements d'extrême gauche : socialisme, communisme, anarchisme et le cadre syndical de ces partis, c'est-à-dire CGT-CGTU et CGTSR (Confédération générale du travail syndicaliste révolutionnaire). Depuis le début de l'occupation allemande, la 1re section s'occupait également de rechercher les éléments réfractaires au travail et les mouvements de résistance, FTPFN, Mouvement uni de résistance, Mouvement de libération nationale et autres. D'autre part, le personnel de la 1re section, sous les ordres de son commissaire de police le sieur Labaume, était chargé d'effectuer des enquêtes pour le compte des autorités allemandes. A ce titre, le sieur Labaume recevait ses directives des commissaires de police allemands, Reiser et Young, et du chef de la Gestapo en France, Boemelburg, qui était lui-même un ami intime du sieur Baillet, ex-directeur du service des Renseignements généraux.

Pour obtenir des renseignements dans les différents groupements politiques précités, ou dans les divers organismes de Résistance, il était constitué, au sein de la 1re section, un service d'informateurs composé de MM. Picard et Normandin, inspecteurs principaux, Monnier, inspecteur principal adjoint, et des inspecteurs Bourgeade et Texier.

Ces gradés et inspecteurs recueillaient leurs informations par le truchement d'indicateurs appointés qui appartenaient aux divers groupements politiques de résistance. Le sieur Normandin était plus spécialement chargé de rassembler les informations qui permettaient d'arrêter les communistes et de les envoyer dans des camps de concentration ou d'internement. Les sieurs Picard, Monnier, Bourgeade et Texier, plus spécialement chargés du service des informations, transmettaient à la brigade spéciale n° 1, dirigée par le commissaire David, les éléments permettant de procéder aux arrestations des membres de la résistance (droite ou gauche).

Ces gradés et inspecteurs sont donc à la base de nombreuses arrestations opérées par les Brigades spéciales 1 et 2. Les cinq personnes ci-dessus désignées, qui étaient les hommes de confiance du sieur Labaume, formaient un clan distinct et indépendant au sein de la 1re section. »

Au centre du dispositif répressif décrit par la section épuration, se trouvaient donc les Brigades spéciales, commandées par André Baillet, commissaire de quarante ans baptisé par ses fidèles « le colonel ». Il revendiquait la création de la Brigade spéciale 1 en mars 1940. Deux ans plus tard, cette fois pendant l'Occupation, en janvier 1942, une deuxième unité, la Brigade spéciale 2, épaulerait la première.

André Baillet, nommé directeur des Renseignements généraux en plein été 1942, accomplissait une mission : il voulait régénérer la France. Il était entré à la préfecture de Police le 27 novembre 1922, en qualité de secrétaire suppléant. Commissaire de police de la Ville de Paris en avril 1934, détaché, à ce titre, aux quartiers de Javel puis Picpus-Bercy, il rejoignait la direction des Renseignements généraux à partir du mois d'avril 1938. Cette année-là, il s'était lié d'amitié avec le chef de la police de Sûreté allemande, Boemelburg, chargé d'assurer la protection du ministre des Affaires étrangères du Reich, Ribbentrop, en voyage à Paris. Les deux hommes, unis par leur lutte contre le communisme, se retrouvaient, par-delà les frontières, sur les plans professionnel et idéologique. Sous les férules respectives de leurs responsables, la section 4 de la police de Sûreté allemande et les Renseignements généraux de la préfecture de Police développaient des relations aussi étroites qu'actives.

Si les amitiés d'André Baillet se nouaient du côté du Sichereitsdienst allemand, le service improprement appelé Gestapo, elles s'affichaient aussi à Vichy. Lorsque Laval avait quitté le gouvernement, en décembre 1940, on lui avait demandé d'assurer la protection du ministre de l'Intérieur. Le père d'André Baillet avait exercé les fonctions de commissaire de police à Aubervilliers – localité dont Laval était le maire – et les deux hommes entretenaient des relations amicales.

André Baillet, Georges Labaume et l'ensemble des Renseignements généraux agissaient conformément aux conventions d'armistice et à sa mission de maintien de l'ordre.

« Article 3 :

Dans les régions occupées de la France, le Reich allemand exerce tous les droits de la puissance occupante. Le gouvernement français s'engage à faciliter par tous les moyens les réglementations relatives à l'exercice de ces droits et à sa mise en exécution avec le concours de l'administration française. Le gouvernement français invitera immédiatement toutes les autorités et tous services administratifs français du territoire occupé à se conformer aux réglementations des autorités allemandes et à collaborer avec ces dernières d'une manière correcte. »

Le rapport de la section épuration accablait néanmoins l'ex-commissaire Labaume. La conclusion posait trois points essentiels relatifs à sa culpabilité :

– Travaillait-il directement avec les Allemands ?

– Savait-il que les personnes ainsi arrêtées deviendraient des otages ?

– Agissait-il de sa propre initiative ?

Ce triptyque – collaboration avec les Allemands, rôle dans la désignation des otages, initiative personnelle – servira de leitmotiv à l'instruction.

Le 10 novembre 1944, le commissaire principal Pinault procéda à l'audition du premier témoin. Dès lors, et jusqu'à la fin du mois de janvier 1945, beaucoup d'autres défilèrent.

Serment préalablement prêté, Marcel Parmentier, quarante-trois ans, inspecteur principal à la 1re section des Renseignements généraux, déclara : « Il était notoire dans le service que le commissaire Labaume, autant par ses actes que par ses paroles, collaborait lui-même et cherchait à faire collaborer son personnel avec l'ennemi. »

Adolphe Demange, inspecteur à la 1re section des Renseignements généraux depuis 1935, inspecteur principal depuis le 16 septembre 1944, insista sur les rapports des RG avec les Allemands : « La 1re section était aussi chargée d'enquêter directement pour le compte de la police allemande et notamment pour la Gestapo, rue des Saussaies. Dans ce cas, les demandes d'enquêtes étaient transmises par la rue des Saussaies à la direction des Renseignements généraux, laquelle direction les acheminait aux services du commissaire Labaume. Une fois les enquêtes terminées, elles étaient retournées directement rue des Saussaies. »

Quittons momentanément l'inspecteur Demange pour retrouver Parmentier qui confirmait : « Au cours de l'occupation, dès 1942 je crois, deux Allemands ayant noms Young et Reiser sont venus à notre service, d'abord pour affaire et ensuite à titre amical. Ces deux individus venaient toujours en civil. Ces policiers allemands nous transmettaient fréquemment des notes de service, ou plus exactement après chaque visite le commissaire Labaume établissait des notes de service sur les indications qui lui avaient été fournies par ses visiteurs, et dans chaque cas il signalait l'extrême urgence aux inspecteurs de son service. »

En écho, l'ancien chef de la Brigade spéciale 1, Fernand David, expliquait : « Il m'est possible de dire que Labaume recevait ou rendait visite à plusieurs officiers, tout d'abord au lieutenant Young et au capitaine Reiser, tous SD rue des Saussaics. Par la suite, j'ai pu voir qu'il entretenait les mêmes rapports avec le capitaine Rolling, le commandant Schmeling et enfin le directeur Boemelburg... Parfois, les officiers allemands venaient vers nous à notre service. Parfois nous allions les voir rue des Saussaies mais uniquement pour mettre au point des questions de service, communication de demandes d'enquêtes, examen des résultats de ces enquêtes ou même d'informations générales pour la conduite à tenir en prévision de telle ou telle manifestation à venir. »

Retrouvons Adolphe Demange : « En principe, les arrestations qui en découlaient étaient faites par les services allemands mais dans beaucoup de cas en collaboration avec la police française et notamment les services de la 1re section. L'organisation du travail était telle que nos inspecteurs ne pouvaient en aucun cas se soustraire à leurs obligations ni même contrarier la marche des services allemands. Nous étions avisés la veille au soir d'avoir à nous rendre au commissariat de tel ou tel quartier ou de telle ou telle circonscription de banlieue dès le lendemain matin.

Sur place il nous était adjoint soit un militaire allemand, soit un gardien de la paix, voire même un inspecteur d'autres services, et là nous étaient remises les fiches avec noms et adresses des personnes à appréhender. Les personnes ainsi arrêtées étaient conduites au commissariat respectif et dirigées sur des centres que nous étions censés ignorer.

J'ai des raisons de croire que les personnes dont nous avions à nous occuper étaient communiquées aux autorités allemandes. Combien de fois j'ai vu des Allemands venir dans notre service et réclamer des dossiers en les demandant par des numéros! Ces dossiers étaient extraits des Archives centrales et remis aux demandeurs. A ce sujet, j'ai entendu plusieurs fois M. Thibaux, inspecteur principal aux Archives centrales, dire en extrayant les dossiers : “ Ces dossiers, nous ne les reverrons plus. ” »

Au fil des interrogatoires, les méthodes d'investigations utilisées par le commissaire Labaume et son équipe se précisèrent. Le 28 novembre 1944, Aristide Fantou, ancien inspecteur principal à la 1re section des Renseignements généraux, répondant aux questions du commissaire Pinault, parla de la forme la plus évidente du travail de la section : la dénonciation par lettres.

« Le courrier de la 1re section passait dans notre bureau, où il était déposé en fin d'après-midi, venant de la direction générale où il avait été lu pour affectation, mais non enregistré. Dès qu'il était possible, ce courrier était communiqué à Labaume qui l'annotait et ce n'est qu'à partir de ce moment-là qu'il était enregistré dans le groupe auquel il était destiné.

Les collègues et moi parcourions très rapidement le contenu de ces correspondances avant de les soumettre au commissaire Labaume, c'est pourquoi il me serait bien difficile de dire aujourd'hui si les lettres détruites par Labaume dénoncaient des détenteurs d'armes ou des réfractaires au STO. A ma connaissance, Labaume a ainsi détruit quelques dizaines de lettre. »

Quelques mois plus tard, le 21 février 1945, alors que le juge d'instruction à la cour de justice du département de la Seine, M. Gerbinis, procédait aux premières confrontations, Georges Labaume évoqua rapidement ces courriers. « En principe, les lettres anonymes me passaient entre les mains. Je répète que personnellement j'en ai détruit trois ou quatre cents », dit-il, laconique.

On allait, hélas, aborder des problèmes bien plus délicats.

Écoutons Adolphe Demange : « J'ai l'impression que tous les otages de la région parisienne avaient des fiches dans nos services, bien entendu lorsqu'il s'agissait d'individus considérés comme éléments de gauche. »

Ici, le témoin fit référence à un petit carnet baptisé le Carnet C, institué dès septembre 1942 par la 1re section des Renseignements généraux. Sur ce fichier avaient été portés, « sans enquête préalable et un peu par hasard », dira un inspecteur, les noms de militants ou syndicalistes catalogués comme communistes dangereux. Cruel trombinoscope, il aurait été plus particulièrement consulté aux jours sombres des désignations d'otages.

L'inspecteur Roy, catégorique, expliqua : « J'ignore dans quel but exact avait été institué ce fameux Carnet C, mais ce qu'il y a de certain, c'est qu'il a servi à faire le choix de nombreux otages demandés par les Allemands. En effet, dans la plupart des cas, les otages ont été pris parmi les noms relevés dans les fichiers du Carnet C. »

1er avril 1942. André Guillaneuf, alors inspecteur à la 1re section, était nommé inspecteur principal adjoint chargé du fichier dénommé Carnet C. L'homme figurait au cœur du dispositif mis en place par Labaume. Sans doute était-il un fonctionnaire « loyal » envers ses supérieurs, qui ne fit qu' « obéir aux ordres », pour reprendre les affirmations habituelles. A sa manière, veule et prudente, il confirma l'existence et l'utilisation du répertoire : « Dans ce Carnet C figuraient exclusivement les communistes et je les inscrivais au fur et à mesure qu'ils m'étaient communiqués après annotation de M. Labaume lui-même. Je sais que dans ce Carnet C ont été puisés de nombreux noms de personnes internées administrativement mais à l'époque j'étais absent ou en congé. Je n'ai constaté les faits qu'à mon retour.

Je suis à même de préciser que dans chaque cas d'internement, les noms des internés étaient retirés du Carnet C et les fiches classées dans un fichier différent mais dans le même service. »

Guillaneuf confirmait-il le rôle de sa brigade, principale pourvoyeuse des pelotons d'exécution allemands ? Là encore, entortillé, il se défila : « Pour ce qui est du Carnet C, je suis formel, jamais depuis que j'en ai eu la charge il n'a servi à dresser de telles listes [1]. »

Candide, l'ex-commissaire David déclara : « Je ne puis croire que des noms y étaient puisés pour servir d'otages. » L'ancien

1. Listes d'otages *(N.d.A.)*.

chef de la Brigade spéciale 1 ajoutait : « Ce Carnet C a été institué par le commissaire Labaume, c'est incontestable, mais sur l'ordre de Rottée et à la demande du gouvernement de Vichy. Ce modèle de fichier existait d'ailleurs dans tous les départements ou du moins je le suppose, car je savais moi-même qu'il existait à Versailles. »

La section épuration tira, de toutes ces dépositions, des conclusions plus catégoriques : « Les autorités allemandes choisissaient les otages parmi les communistes ou autres internés des camps de concentration. Leur choix était certainement fait sur avis du sieur Labaume et après consultation du groupe ci-dessus désigné. En ce qui concerne les otages, il existait une circulaire allemande, en date du 19 septembre 1941, qui précisait que tous les internés administratifs, arrêtés par ou pour le compte des autorités allemandes, étaient considérés à partir de cette date comme otages. Labaume ne pouvait donc ignorer ce que les gens qu'il faisait arrêter allaient devenir et il encourt de ce fait une grande responsabilité quant aux otages fusillés après cette date. »

IV

DEUX PROUESSES DES RENSEIGNEMENTS GÉNÉRAUX

Pendant ces quelques mois d'auditions, deux affaires concernant le commissaire Labaume retinrent plus particulièrement l'attention de la section épuration de l'Inspection générale des services : l'affaire France libre et l'affaire des usines Sanders. Elles sont significatives des méthodes utilisées par les Renseignements généraux et témoignent d'un état d'esprit fréquent en ces années : « La défaite de la France est certes un drame, mais elle offre aussi l'opportunité d'une régénération intérieure, dans la mesure où elle révèle les tares profondes du régime déchu. L'occupation est donc marginale, puisque l'essentiel du combat doit se fixer pour objectif la reconstruction nationale dans les limites fixées par les circonstances. Celle-ci passe par la dénonciation des responsabilités du désastre, en l'occurrence le complot qui a miné la IIIe République et qui avait nom : Juif, franc-maçon, étranger, communiste. La conclusion est logique : la défaite a une cause, les responsables sont identifiés et le redressement appelle leur exclusion, l'exclusion de l'Autre fantasmé [1]. »

– Bandit ! Bandit !

Georges Labaume, ce 10 octobre 1941, participait à l'interrogatoire. De temps à autres, il jetait un coup d'œil à la fenêtre, en contrebas, vers le bucolique marché aux fleurs. Ce Léon Llorca finirait bien par avouer.

Le « traître », qui provoquait la fureur de Labaume, Léon

1. Stéphane Courtois, Denis Peschanski, Adam Rayski, *Le Sang de l'étranger*, Fayard, 1989.

Llorca, chauffeur à la préfecture de Police, appartenait au réseau de résistance France libre. Le nouveau commissaire traitait lui-même cette affaire, associé aux inspecteurs Doussaud et Helbois.

Au terme du premier interrogatoire, l'équipe policière, accompagnée de Léon Llorca, se déplaça au domicile du prévenu. En vain. Les policiers découvrirent tout juste une arme de collection sans grand intérêt, un pistolet à silex, ainsi qu'un couteau de chasse à cran d'arrêt. La petite troupe se rendit ensuite à l'appartement d'un compagnon de Llorca, au Pré-Saint-Gervais. Au cours de cette deuxième perquisition, profitant d'un moment d'inattention, Léon Llorca s'enfuit par une porte dérobée.

Une troisième perquisition fut organisée dans un petit logement de Montreuil où Llorca aurait pu se cacher. Les policiers se livrèrent ici à un véritable pillage, dérobant vêtements et outils. Un autre jour, ils utilisèrent la petite fille de Llorca, âgée de sept ans. Assise sur le siège arrière d'une traction, menacée, l'enfant devait reconnaître des lieux de refuge éventuel. Cette méthode, particulièrement immonde, ne porta pas ses fruits.

Depuis l'été, les services des Renseignements généraux s'attaquaient à de nouvelles missions. Foudroyés par la défaite et l'occupation, les réseaux de résistance prenaient leur envol. Quelques mois plus tôt, le 22 juin 1941, à 4 heures du matin, sur un front de trois mille kilomètres, deux millions d'hommes, trois mille deux cents avions et dix mille chars s'étaient lancés à l'assaut de l'Union soviétique. Le combat entre les deux géants européens s'engageait. « Lève-toi et marche » : le Parti communiste français, paralytique qui soudain retrouvait l'usage de ses forces, plongeait dans la lutte armée. Le cercle infernal attentat-répression s'engageait. Le code des otages édicté par Hitler, signé Keitel le 16 septembre, imposait sa terrible logique : « Pour la vie d'un soldat allemand (...), on pourra considérer en général la condamnation à mort de cinquante à cent communistes comme convenable. »

L'interpellation de Léon Llorca intervenait dans le cadre du démantèlement d'un groupe de résistants gaullistes, détenteurs d'armes. Eux se réclamaient plutôt de ces sacrifiés emmenés par Estienne d'Orves qui, le 25 décembre 1940, avaient débarqué en Bretagne dans la baie des Trépassés. Aux ordres de Londres, le réseau Nemrod, trahi et décapité, avait vu ses chefs fusillés à la fin du mois d'août.

Comment les Renseignements généraux étendirent-ils leur

toile jusqu'au chauffeur de la préfecture ? Le plus simplement du monde : par la grâce d'un indicateur infiltré dans le mouvement gaulliste, un agent nommé Rastelli. Dans sa déposition du 22 février 1945, le commissaire Baillet expliquait l'arrivée dans ses services du Corse Rastelli : « L'indicateur Rastelli m'avait été adressé par le commissaire Veber. Rastelli m'a déclaré qu'il connaissait un groupe de résistance ou plus exactement un groupement de gaullistes qui s'occupait de trafic d'armes. L'indicateur m'a demandé quinze mille francs. J'en ai référé à M. le directeur Rottée qui a pris lui-même l'avis du préfet Bard et par la suite, j'ai reçu l'ordre d'avoir à utiliser les services de Rastelli. J'ai donc mis Rastelli en contact avec Labaume, je ne m'en suis plus occupé, jusqu'au moment où l'enquête a été remise. J'en ai fait la procédure régulière et je l'ai transmise au parquet. Je fais d'ailleurs remarquer que les personnes arrêtées ont été inculpées conformément aux lois françaises et déférées au parquet de la Seine, qui a été dessaisi par la suite par les autorités allemandes. »

Le commissaire Labaume rencontra l'indicateur à plusieurs reprises. Selon ses informations, un dépôt d'armes se trouvait aux environs du métro Pelleport. Tout au long du mois d'octobre, la Brigade spéciale 1 procéda à diverses surveillances et filatures. Le 21 février 1945, l'ex-inspecteur à la BS 1 Raymond Levebvre témoignait : « Fin septembre ou début octobre 1941, j'ai été au bureau du commissaire Labaume, qui m'a demandé de me mettre à la disposition du brigadier Salmon pour une affaire d'armes sans autres précisions. Le soir même, le brigadier Salmon m'a conduit à la station Pelleport, il m'a désigné le chef de station et m'a déclaré que je devrais, à partir du lendemain, surveiller ses allées et venues en compagnie de mon collègue Le Mevel. Nos surveillances ont duré une quinzaine de jours mais elles ont été à peu près inexistantes et sans efficacité puisque nous passions nos journées entières dans un café du voisinage.

Je savais qu'il y avait un dénonciateur mais je le connaissais sous l'indicatif n° 5 et pas plus moi que mon collègue n'étions tenus au courant des renseignements qu'il donnait. J'avais entendu dire, par contre, que cet indicateur venait journellement au service, j'ignore s'il était reçu par Baillet ou par Labaume. »

Dans cette affaire, le débitant de boisson Joly, un client nommé Llabour, ainsi que M. Noel, sous-chef de station à la station Pelleport, complices de Llorca, furent inquiétés.

Un témoin, Paul Huet, courtier en vin, déclara à l'audition :

« Avant que la police ne s'occupe de cette affaire, je connaissais la qualité de résistant de Noel car il offrait des cartes de " gaulliste ", il m'en avait même montré. Au cours de ces conversations de café, Llabour se faisait fort de pouvoir procurer toutes sortes de marchandises et il était même allé jusqu'à dire que lorsque le débarquement interviendrait, on aurait des armes pour pouvoir se défendre. Je le prenais pour un petit fou car je trouvais surprenant qu'un vrai résistant aille parler de la sorte en public. »

Tapi dans l'ombre qui enveloppe les indicateurs, Rastelli poursuivait, lui, ses missions : « C'était Labaume qui orientait mes recherches et me donnait des conseils utiles. C'est également lui qui m'a remis les gratifications modiques qui m'ont été accordées. Labaume m'a fait comprendre que si je ne marchais pas, je serais impliqué dans cette affaire puisque j'avais adhéré au mouvement de la résistance que j'avais dénoncé. »

Un autre homme, avec la complicité de Rastelli, tombera aux mains de la Brigade spéciale. L'inspecteur Raymond Lefebvre témoignait : « Un certain jour mon collègue Le Mevel et moi avons été chargés d'aller arrêter un nommé Rivart qui se trouvait en Bretagne. Pour cela, nous sommes allés prendre le train à la gare Montparnasse où la maîtresse de Rivard nous a été désignée et c'est elle qui nous a conduits auprès de l'homme que nous nous proposions d'appréhender. »

Plus tard, l'inspecteur Maurice Salmon croisa sur les grands boulevards, par hasard dit-il, l'indicateur Rastelli. L'homme fit part de ses remords : « Je regrette cette histoire mais j'ai été poussé par le manque d'argent. Et puis je n'ai touché que la moitié des dix mille francs promis par le commissaire Baillet. »

A l'hiver, dans la prison de Fresnes, un tribunal militaire jugea les hommes du réseau France libre. Les Allemands firent comparaître André Baillet, lequel ne rougit pas devant les condamnations à mort prononcées.

Au printemps 1945, Rastelli, à son tour, était fusillé.

9 février 1942, 16 heures 30. A Gentilly, des voix puissantes s'élevaient des ateliers des usines Sanders. Ça faisait drôle, ces slogans réclamant un arrêt de travail. L'occupation et son cortège d'humiliations avaient renvoyé dans les limbes l'enthousiasme des grands mouvements de 1936. Ça faisait peur, aussi.

En ces semaines de toute-puissance allemande, et en dépit de l'interdiction du droit de grève, des ouvriers, du côté de la banlieue sud, osaient une bravade syndicale. Quelques jours plus tôt, par la voix d'une délégation du personnel, ils avaient déposé une série de revendications portant sur l'augmentation à cinq francs du salaire horaire, l'exigence du litre de vin, de cinq cents grammes de pain par personne et par jour et, enfin, l'assurance de la liberté syndicale.

Ce 9 février, M. Gouiran, directeur de l'usine, signifiait à ses deux cents ouvriers qu'il ne pouvait accepter de telles conditions. Les voix se dispersèrent tout au long des établis et les hommes en bleu cessèrent le travail. Le patron quitta son bureau. Il usa, à l'égard de ses employés, d'une courtoisie toute particulière : « Je peux alerter les polices française et allemande, mais je n'en ferai rien à condition que vous repreniez le travail », dit-il en substance. Intimidés, les ouvriers souscrivirent à l'appel au calme et reprirent le travail. André Cartier, secrétaire général des usines Sanders, rejoignit son directeur : « Je me suis rendu dans le bureau et aussitôt M. Gouiran a téléphoné à son groupement patronal rue de Presbourg, en signalant cet arrêt de travail et demandant si il y avait lieu de prendre des sanctions, en l'occurrence le renvoi de quelques ouvriers. Il lui fut répondu que cette chose était arbitraire, ne connaissant pas les responsables de cet arrêt de travail, et qu'il serait débouté devant le Conseil des prud'hommes. Je l'ai quitté peu après pour accomplir mon travail et dans le courant de la soirée, vers 17 heures 30, M. Gouiran est venu me prévenir que le service des Renseignements généraux de la préfecture dc Police était au courant de cette affaire. »

Comment la section de Georges Labaume put-elle être informée si vite ? L'enquête ordonnée par le juge d'instruction Gerbinis, confiée à la section épuration de l'IGS, répond : « Le commissaire de police de la circonscription, M. Cambon, fut avisé par téléphone de cet incident, on ne sait pas par qui. Il alerta lui-même l'état-major de la police municipale qui lui conseilla de se rendre immédiatement sur place. A son arrivée, la sortie des ouvriers était presque terminée. Après avoir conversé avec M. Gouiran, directeur, M. Cambon affirma à celui-ci qu'il se contenterait d'exercer une surveillance sur certains ouvriers afin qu'ils se tiennent tranquilles. »

A 17 heures 55, un court télégramme du commissariat de Gentilly à destination de : Cabinet, direction police municipale, direction police judiciaire, et direction Renseignements généraux, fut envoyé. « Travail repris après appel au calme par le directeur, signé : Cambon. »

Deux ans plus tôt, le 30 septembre 1940, le directeur de la

police judiciaire, Charles Meyer, avait fixé les règles du jeu en matière sociale. S'adressant à « Messieurs les commissaires de police des quartiers de Paris et des circonscriptions de banlieue », il ordonnait : « – Pour chaque affaire ayant un caractère politique, aviser dès le début la 1re section des Renseignements généraux (automatique 315 et 316), pour demander qu'un inspecteur spécialisé soit envoyé, afin de coopérer à l'affaire.

– Chaque fois que sera constatée une recrudescence de la propagande communiste, ne pas manquer de la signaler, par rapport spécial, à la direction des Renseignements généraux, en donnant toutes précisions utiles.

– Dans chaque affaire communiste, même lors d'une perquisition sans résultat, se procurer autant que possible une photographie de l'inculpé ou de la personne qui a été soupçonnée et la transmettre, avec un rapport des faits, à la 1re section des Renseignements généraux. »

Le jour même, des inspecteurs de la Brigade spéciale débarquèrent aux abords de l'usine. Ils rentrèrent bredouilles de leur mission : aucun meneur ne put être identifié. L'inspecteur Demange, domicilié à Gentilly, poursuivit l'enquête le lendemain matin à 8 heures. En l'absence du directeur de l'usine, parti en province, un responsable de l'entreprise le reçut : « J'ai vu une personne de la direction qui m'a remis, après l'avoir fait taper par une dactylographe, une liste d'ouvriers qu'il supposait être à l'origine du mouvement, mais en précisant qu'il ne voulait pas que ces noms soient communiqués aux Allemands, dit Demange. Bien entendu, je n'ai pu que lui répondre que je ferais part de ses désirs à mon chef, et la liste me fut confiée. J'estimais néanmoins avoir engagé ma parole et j'ai fourni un rapport par lequel j'ai détaillé la demande qui m'avait été faite et la promesse que j'avais moi-même donnée. »

André Cartier admit avoir répondu aux questions de l'inspecteur mais se défendit d'avoir vendu ses employés : « J'ai fourni les renseignements demandés, à savoir la date d'entrée à l'usine, l'emploi, la situation de famille et les adresses d'un certain nombre d'ouvriers dont il avait lui-même la liste. »

Dans la journée, Georges Labaume prit connaissance de la liste ramenée par l'inspecteur Demange et des promesses qu'il avait faites. Ce qui n'empêcha pas, le 11 février 1942, à 6 heures 30 du matin, les inspecteurs de la BS 1 de se présenter au domicile des treize ouvriers dénoncés. Les policiers interpellèrent également, à l'usine, Léon Berthet, contrôleur, délégué des ouvriers : « Le 11 février à mon arrivée à l'atelier, j'ai remarqué plusieurs inspecteurs accompagnés du nommé Maillet, chef pointeur, qui, au passage des ouvriers, les désignait par un signe de tête qui signifiait oui ou non. J'ai remarqué que quelques-uns se trouvaient à l'écart paraissant être arrêtés. En ce qui concerne Maillet, je dois dire que le jour de la grève, alors que je me trouvais avec le directeur Gouiran, il a déclaré : "Il faut tout de suite prévenir le commissariat." Nous lui répondîmes : "N'allons pas si vite." Sans pouvoir l'affirmer, il serait possible que ce soit Maillet qui ait alerté le commissariat de Gentilly. »

Les inspecteurs des Brigades spéciales « cueillirent » à leur domicile MM. Abramovici, Gaillanne, Joly, Baudu, Peyronnet, Vernerey, Girard, Daniel, Rancey et Sale.

Depuis quelques années déjà, leur dossier croupissait aux archives des Renseignements généraux. Sous ces noms, en une écriture ronde et habile, on pouvait lire : « Militants communistes actifs et propagandistes. » Internés administrativement aux camps de Voves puis de Compiègne, les Allemands les déportèrent à Auschwitz en juillet 1942. Les femmes de cinq d'entre eux, accompagnées d'une mère qui avait perdu son fils, témoignèrent au rapport de la section épuration de l'IGS. Leurs propos se ressemblent. Mme Baudu parla avec les mêmes mots que Mme Abramovici ou Mme Daniel. La première raconta : « Mon mari a été arrêté le 11 février 1942, à 6 heures 30 du matin à notre domicile. Il a été emmené dans les services des Renseignements généraux de la préfecture de Police, où j'ai pu le voir. Il m'a déclaré avoir été frappé et j'ai constaté qu'il avait les yeux pochés. Par la suite, il a été incarcéré au dépôt où il est resté quatre mois, puis interné au camp de Voves et à Compiègne. Il a été déporté en Allemagne dans un camp que j'ignore. Je n'ai jamais reçu aucune nouvelle. »

Des « treize » de l'usine Sanders, la police allemande en déporta neuf dans le camp d'Auschwitz. Huit ne rentrèrent jamais. Quatre, internés au camp de Pithiviers, puis à l'île de Ré, furent libérés le 10 août 1944. Trois, enfin, considérés comme non communistes, avaient été relâchés le soir même du coup de filet.

Le 10 mai 1946, la cour de justice de Paris s'occupa du sort du directeur des usines, M. Gouiran. Cette année-là, après les saignées des procès de 1945, les tarifs étaient en baisse : acquittement. « Verdict scandaleux ! Un directeur d'usine qui fit déporter neuf grévistes est absous par la cour de justice », titra le lendemain *Le Parisien libéré*.

Rapidité d'intervention, efficacité des interpellations. L'affaire des usines Sanders témoigne de l'incontestable savoir-faire déployé par les Renseignements généraux. Une toile d'araignée, tissant ses fils des commissariats de quartier à la préfecture de Police, leur permet d'agir avec méthode.

« Pour ce qui est de l'activité professionnelle de Labaume durant l'Occupation, poursuivait le commissaire David à son audition, j'estime qu'il a obéi aux instructions précises qu'il recevait lui-même. Je suis persuadé que tout autre à sa place aurait agi de la même façon. »

Interné à la prison de Fresnes, débarrassé des griffes de la commission d'épuration, Georges Labaume attendit quelques mois l'ouverture de son procès. Là-bas, il frôlait Robert Brasillach, condamné à mort le 19 janvier 1945. A propos de l'Occupation, l'écrivain avait constaté : « Les Français de quelque réflexion, durant ces années, auront plus ou moins couché avec l'Allemagne, non sans querelles, et le souvenir leur en restera doux. »

Pour Georges Labaume et ses collègues des Renseignements généraux, la coucherie s'était révélée amère.

V

LE CHÂTIMENT

La Nièvre était paralysée par les grands froids. Une maison, à Cosne-Cours-sur-Loire, se dressait au milieu de la rue de Donzy, brisée en son extrême par le passage à niveau du chemin de fer. Au numéro 40, reposait une modeste façade aux volets clos. Il neigeait, ce jour de février 1991, et je décidai de retrouver les traces de Georges Labaume.

Au 36, dans le petit bar, les consommateurs rougeauds avalaient goulûment le petit calva du matin. Eux se souvenaient du vieux Labaume, mort le 10 octobre 1987 :

– Il avait peur. Il ne parlait pas. Il s'isolait dans sa maison. Non, on ne l'a jamais vu travailler. A peine bonjour, il voisinait pas. On racontait qu'il avait livré des Juifs, mais sans savoir vraiment. La vieille Millet, au 38, elle sait des choses.

Ratatinée, le nez pointu et les yeux pétillants, Mme Millet, pareille à une vieille pomme, fouillait dans sa mémoire :

– Pendant des années j'ai gardé les coupures du *Petit Parisien* sur son procès. Et puis je les ai prêtées, et perdues. Il était commissaire, je crois. Avant d'habiter dans cette maison, elle appartenait à ses parents, il venait les week-ends et en vacances. Ils avaient pas d'enfants, pas de descendance, rien. Mais sa sœur, Mme Poliakoff, le femme du peintre, est encore à Moulin-l'Évêque.

Méfiante, mais courtoise, Mme Poliakoff se tenait sur le pas de sa demeure. Maigre, le teint blême et le visage strillé, elle répondait lentement, comme abasourdie par la teneur des questions :

– Ce sont des choses que l'on oublie dans les familles... Mon frère a fait deux années de prison, mais vous savez, il a sauvé beaucoup de gens pendant la guerre.

– A-t-il laissé des photos ou des documents ?

– Peut-être dans sa maison. Je ne peux y aller. Marguerite et lui étaient très croyants, ils ont légué tous leurs biens au Secours catholique.

Le soleil venait d'apparaître. La complicité du notaire des environs m'autorisait à pénétrer dans l'antre des époux Labaume. Vaguement amusé, l'homme m'invitait, avant que le brasier ne détruise journaux et papiers, à fouiller dans la demeure. Dans quelques semaines ou quelques mois, le Secours catholique prendrait possession des meubles et objets de valeurs.

Des centaines de lettres, pieuses souvent, étaient dispersées dans la petite cabane du jardin. Leur lecture, sommaire, attestait que la sœur Gisèle-Marie, des Petites Sœurs de l'Assomption, dans le XVe arrondissement de Paris, débordait d'affection pour les époux Labaume.

Le tiroir d'une commode de la salle à manger renfermait quelques photos de Georges et Marguerite. Les époux déjeunaient et prenaient l'apéritif en compagnie du célèbre peintre Serge Poliakoff et de sa femme. Dans ce même tiroir, unique vestige des années d'Occupation, traînait une carte de visite :

Georges Labaume
commissaire principal
Direction générale des Renseignements généraux et des Jeux
Préfecture de Police
Paris, 4e Turbigo 92 00

Le notaire s'impatientait. Et puis il y avait quelque chose de sordide à remuer ainsi les poussières d'une vie. Nous nous faufilâmes à nouveau dans la pénombre du couloir d'entrée. Une fois la portée refermée, le notaire fouilla dans un dossier sur lequel était écrit, au feutre, le nom de Georges Labaume. Il en extirpa une carte de personnel retraité, délivrée le 14 octobre 1965, mentionnant le grade de commissaire principal de police.

C'est ainsi que j'appris la réhabilitation de Georges Émile Labaume, chef de la 1re section des Renseignements généraux sous l'Occupation.

Il fallait en savoir davantage. A tout hasard, de retour à Paris, je me rendis à l'ultime domicile parisien de Georges Labaume : 1, rue du Docteur-Jacquemaire-Clemenceau, dans le XVe arrondissement. Face au joli square Saint-Lambert, l'ex-commissaire disposait d'un agréable appartement. J'interrogeai quelques voisines à la mémoire hésitante :

– Oui, M. et Mme Labaume ont habité ici. Des gens très discrets. Pendant la guerre ? Non, il ne se passait rien de particulier chez eux...

De son côté, Mme Poliakoff transmit à son fils Michel, le neveu de Georges Labaume, mon premier courrier. Il répondit ainsi : « Ma mémoire étant plus fidèle que celle de ma vieille mère, puis-je vous suggérer de me faire lire ce que vous écrivez ? Peut-être pourrais-je vous donner d'utiles précisions... " autorisées ". »

Nous profitâmes de cette offre pour évoquer quelques points : Georges Labaume possédait-il des documents ? Tenait-il un journal ? Parlait-il à ses proches de cette période ? A-t-il rédigé, lors de son incarcération, un mémoire de défense ? Et, surtout, quelles furent les activités, après-guerre, de cet homme en pleine force de l'âge ?

Michel Poliakoff réagit avec promptitude. Voici sa lettre : « A la mort de ma tante, en octobre dernier, j'ai trouvé dans les affaires de feu mon oncle (décédé en 1987) un gros dossier ficelé portant la mention : " A détruire après ma mort, sans ouvrir, s'il vous plaît. " Nous avons respecté sa volonté, mais il y avait certainement là les réponses à vos questions. A son procès, en 1945, je vis défiler à la barre plus de résistants venus témoigner en sa faveur que d'accusateurs. De fait, il fut le premier policier, jugé après la Libération, à avoir sauvé sa tête. Son collègue David fut exécuté.

Mon oncle n'évoquait jamais cette période de sa vie. Fut-il *stricto sensu* amnistié, réhabilité, gracié ? Je l'ignore. Ce que je sais, et qui est sûr, est qu'après plus de deux années passées à la prison de Fresnes (il y était bibliothécaire), il lui fut proposé de réintégrer la police avec le grade de commissaire divisionnaire ou de prendre sa retraite de commissaire principal.

Il choisit la retraite, il en profita quarante ans, et rejoignit son épouse qui, depuis 1945, tenait une petite boutique de mode rue Saint-Jacques à Paris, près du Val-de-Grâce. Il livrait les commandes. Ce n'est que vingt ans plus tard, en 1967, qu'ils s'installèrent définitivement à Cosne, dans la maison familiale de ma tante, née Marguerite Moret. »

Puisque Michel Poliakoff nous y conduit, revenons au sort de Georges Labaume à la Libération. Lorsque l'ex-commissaire quitta les griffes de la commission d'épuration, il rejoignit, à Fresnes, 1 983 hommes et 492 femmes détenus politiques. Des portes toujours ouvertes de la première division, celles des condamnés à mort, on distinguait les silhouettes à la tête rasée et aux pieds déformés par une lourde chaîne de fer.

Georges Labaume souffrait depuis deux années d'un ulcère à l'estomac. Le docteur Paul constatait dans son rapport : « Il a maigri d'une dizaine de kilos. Il se plaint de douleurs très violentes du côté de l'estomac, d'avoir des palpitations au cœur et une toux opiniâtre. »

Ce fut donc un homme affaibli qui, le 30 mai 1945, se présenta devant la cour de justice de la Seine. Dans *Franc-Tireur*, Madeleine Jacob rendit compte des premières heures du procès : « De l'école des Rottée et des David, le commissaire principal Labaume était quelque chose comme le Führer des indicateurs chargé de prospecter, si l'on peut dire, les milieux d'extrême gauche. Il insiste sur " extrême ", considérant que cela lui concède des droits à l'indulgence. Un beau tableau de chasse. Aux cinq victimes de son indicateur Rastelli, condamné à mort, il ajoute les communistes Picant, Cadras, Politzer, Jacques Solomon, et les nombreux déportés qui lui doivent d'avoir, pendant des années, pourri lentement dans les camps allemands. A l'occasion, Labaume sévissait contre ceux de ses collègues qui appartenaient à la Résistance. L'audience durera deux jours, peut-être trois. Que de temps perdu et comme c'est inutile *(sic)*. »

Charles Delaunay, défenseur du prévenu, fit comparaître, à décharge, dix témoins. Ce sont eux, les « résistants » évoqués par Michel Poliakoff. Quelques mois plus tôt, en mars 1945, le docteur Roger Maspetiol déclarait à la section épuration : « J'ai eu comme infirmière la belle-sœur du commissaire Labaume. Ma femme étant israélite et craignant qu'elle ne fût arrêtée, j'ai demandé, vers la fin de l'année 1943, qu'elle veuille bien me ménager une entrevue avec son beau-frère mais sans lui indiquer le motif. J'ai vu M. Labaume et après l'avoir mis au courant de la situation confessionnelle de mon épouse, je lui ai demandé s'il était au courant d'arrestations imminentes de juifs. Il m'a répondu qu'il n'en était pas question pour le moment, mais que dès qu'il saurait quelque chose, il m'en aviserait. C'est ce qu'il a fait à plusieurs reprises. Il m'avait même dit qu'il ne voyait aucun inconvénient à ce que je prévienne les gens de ma connaissance. C'est ainsi que j'ai pu prévenir une israélite, Mme Dreyfus, qui a ainsi échappé à une arrestation. »

Écoutons le témoignage de Pierre Robert, sans doute le plus favorable à l'accusé : « Depuis août 1940, je faisais partie du groupe Charbourg à Dreux (Eure-et-Loire). Par la suite, j'ai adhéré à un groupement militaire de résistance jusqu'en 1943, et en 1944, mon rôle consistait surtout à rapatrier des aviateurs alliés tombés en France. En septembre 1943, M. Labaume, qui était un famillier de mon père, a prévenu celui-ci que j'étais recherché par la Gestapo ainsi que par la police française. M. Labaume, qui était au courant de mon activité clandestine, aurait très bien pu me faire arrêter, il ne l'a pas fait. Bien au contraire, je crois qu'il a tout fait pour me protéger. »

Simone Lovinger, « israélite », d'un filet de voix tremblant, remercia elle aussi son protecteur : « Je connais le commissaire Labaume depuis 1943, j'avais fait sa connaissance par l'intermédiaire d'une de ses cousines. Ma mère et mon frère ayant été arrêtés le 19 février 1944 et craignant de subir le même sort, je me suis cachée. Par la suite, j'ai vu le commissaire Labaume qui n'a rien pu faire pour moi et n'a pu obtenir des renseignements sur ce qu'étaient devenus ma mère et mon frère, leur cas étant du ressort des occupants. A l'heure actuelle, je n'ai pas eu de nouvelles d'eux. Néanmoins, M. Labaume s'est mis à ma disposition au cas où j'aurais besoin de quoi que ce soit. Il s'est offert pour me procurer de fausses pièces d'identité, offre que j'ai refusée momentanément, attendu que j'en possédais déjà.

J'ajoute que durant les derniers mois de l'Occupation, M. Labaume m'a été d'un grand secours moral. »

Ces témoignages, à décharge, sauvèrent l'ex-commissaire de l'exécution. La cour, sensible à ces gestes, le condamna aux travaux forcés à perpétuité.

Faut-il conclure que Georges Labaume, « fonctionnaire droit et loyal » selon les témoins, fit acte de résistance ? Il ne le semble pas. Notre homme a agi conformément à sa morale chrétienne. Ces protégés n'étaient ni communistes, ni francs-maçons, ni juifs immigrés. La femme de Roger Maspetiol était une « bonne juive » puisqu'elle était mariée à un honnête docteur. Le père de Pierre Robert était un proche.

Madeleine Jacob, sauvagement ironique, rendit compte du verdict dans *Franc-Tireur* : « Le gratin des policiers internés à Fresnes a témoigné pour Labaume. Un brave homme de Français, un policier zélé qui n'aimait pas les Allemands ! Ce n'est sûrement pas lui qui était pour la collaboration ! Ses victimes ? Les fusillés ou les déportés ? C'était le métier... Sa qualité de sous-ordre obéissant aveuglément aux Bussière, Baillet, Rottée, lui valent les travaux forcés à perpétuité. Il est ravi. Il s'attendait au pire. Il embrasse son défenseur, qui ne lui en demandait pas tant. Pour un peu que l'indulgence continue son petit bonhomme de chemin, nous reverrons Labaume en pleine activité... »

Étrange prémonition. Nous savons que Georges Labaume ne voulut pas réintégrer la police. En 1947, n'ayant purgé que deux années de sa détention perpétuelle, il sortit de prison. Jugé par ses supérieurs comme un excellent policier, spécialisé dans la lutte contre les communistes depuis tant d'années, il aurait été, face à la « menace bolchevique », d'un grand secours. La guerre froide battait son plein et l'on attendait des Renseignements généraux qu'ils continuent à déployer leurs incomparables talents.

DEUXIÈME PARTIE

LA CHASSE AUX « TERRORISTES »

VI

COUP DE TONNERRE DANS UN CIEL BLEU

21 août 1941, 8 heures 30 du matin. André Baillet, dit « le colonel », posa le téléphone. Sur son visage, pâle, une expression de stupeur apparut. Ainsi, ils avaient osé! Ils apparaissaient au grand jour, abattaient dans le métro un officier allemand, de deux balles de 6.35 mm dans le dos. « La guerre est déclarée », se dit-il. Mais, diable, pourquoi ces deux balles s'étaient-elles logées dans le dos de l'officier d'une armée avec laquelle la France avait signé l'armistice? Paris, sous les bottes allemandes, sommeillait jusqu'alors.

Un élément de réponse se trouvait dans *L'Humanité* clandestine du 15 août 1941 qui, débarrassée du pacte germano-soviétique, lançait cet appel à la lutte armée : « Francs-tireurs de 1941, debout pour chasser l'ennemi du sol sacré de la Patrie! C'est le moment, car nos frères de l'Armée rouge retiennent en URSS l'essentiel des forces hitlériennes. »

Le Parti communiste français choisissait l'action individuelle. Il disposait d'un potentiel réduit en hommes et en moyens. Il ne pouvait croire au soulèvement d'une population hostile aux Allemands, mais confiante en la politique du vieux chef, le maréchal Pétain. La guérilla urbaine, contraire au dogme léniniste, s'imposait. « Lénine a toujours condamné la pratique terroriste des attentats individuels, considérée comme anarchiste, tout juste digne de la bande à Bonnot ou des révolutionnaires russes du XIXe siècle. C'est une question d'efficacité : pour les communistes, l'acte individuel est le fait d'une élite suicidaire incapable d'entraîner le peuple dans l'action. Les léninistes aspirent au soulèvement armé de masse qui culmine dans l'insurrection armée [1]. »

Le Parti communiste français trouva tout de même une référence dans l'histoire du mouvement ouvrier : la Commune de Paris, soixante-dix ans plus tôt, faisait l'affaire. On se souvenait de Hugo : « Francs-tireurs ! Allez, traversez les halliers, passez les torrents. Profitez de la sombre nuit. Serpentez dans les ravins ; glissez-vous, rampez, ajustez, tirez, exterminez les envahisseurs ! »

Ce matin du 21 août 1941, à la station Barbès, la foule, besogneuse, se pressait en direction de la Porte d'Orléans. Sur le quai, à l'air libre, un petit vent frais se faufilait entre les pylônes du pont métallique. 8 heures 18. Du tunnel s'échappa un long grincement. Brusquement, la rame entra en station. Roide, un peu isolé à hauteur des premières, l'aspirant Moser, de la Kriegsmarine, patientait. Le métro s'immobilisa le long du quai. Un soldat de la Wehrmacht, blotti dans son siège, aperçut l'officier, se leva, lui ouvrit la porte et salua. A cet instant le soleil inonda la station. Deux coups de feu résonnèrent sur le quai. L'officier allemand chancela et s'effondra droit devant, à l'intérieur de la voiture. Sans un cri. L'aspirant Moser mourut foudroyé de deux balles de 6.35 mm dans le dos.

La foule, étonnée, se pressait à hauteur du corps. On distinguait un homme filant à contre-courant. Jeune, brun, le visage triangulaire, de taille moyenne, vêtu d'un manteau gris, il se dirigeait vers l'escalier de correspondance. Il le grimpa à vive allure, hurlant, le doigt pointé en avant :

– Arrêtez-le ! Arrêtez-le !

Derrière lui, curieusement, un jeune homme semblait le suivre. Dans sa main, un revolver. Complices, les deux hommes se retrouvèrent dans le hall souterrain de la station. Ici, le fracas de l'attentat n'avait pas encore perturbé le flot des usagers. Tranquilles, ils franchirent sans encombre les tourniquets de la station Barbès. A travers les petites rues, ils gagnèrent les jardins du Sacré-Cœur. A 8 heures 35, un troisième homme se mêla au duo.

– Les flics sont arrivés quelques minutes plus tard, dit le nouveau venu. Ils ont cherché des témoins. Personne n'a rien vu.

Pierre Georges, dit « Fabien », et Gilbert Brustlein avaient parfaitement rempli leur mission.

1. Stéphane Courtois, Denis Peschanski, Adam Rayski, *Le Sang de l'étranger, op. cit.*

Les attentats qui suivirent modifièrent la mission de la Brigade spéciale. Les autorités renforcèrent les moyens de lutte. Lucien Rottée, depuis le 16 août, dirigeait le service des RG. Agé de quarante-huit ans, il était entré à la préfecture, en qualité de secrétaire suppléant, en mai 1914. Fonctionnaire dévoué, il avait patiemment gravi les échelons : commissaire en 1921, commissaire divisionnaire en 1939, il avait été nommé directeur adjoint des RG de la préfecture le 1er décembre 1940. Sur proposition du préfet Langeron, le 29 décembre 1934, il avait été promu chevalier de la Légion d'honneur.

De son côté, le commissaire Fernand David prit la tête de la BS. Une cinquantaine d'inspecteurs, affectés d'office, rejoignirent le service. En janvier 1942, la création de la BS 2 viendrait compléter le dispositif.

Aigle à deux têtes, les Brigades spéciales définiraient alors leurs attributions respectives. La BS 1, sous les ordres de Fernand David, se chargerait des politiques. La BS 2, dirigée par Jean Hénoque, chasserait les terroristes. Des commissaires de police, des secrétaires, des inspecteurs principaux et des simples inspecteurs répondaient aux ordres des commissaires divisionnaires. A la BS 1, une centaine d'inspecteurs se consacraient aux activités communistes. Composée d'une quarantaine d'inspecteurs à sa création, la BS 2 en comptera plus de cent en 1944, répartis en cinq groupes.

Face au « terrorisme », les Renseignements généraux se donnaient les moyens de leur politique, au service *perinde ac cadaver* du gouvernement de Vichy.

VII

LE MYSTÈRE « TERRORISTE »

Le coup de feu de Fabien, le 21 août 1941 à la station de métro Barbès, brisait donc le silence.

Aux premiers jours d'enquête, la Brigade spéciale tâtonnait. Les Renseignements généraux ignoraient qui, précisément, avait commandité l'attentat. Le pouvoir de Vichy estima, lui, qu'il fallait des coupables. Extraits de leur cellule de la Santé, sept communistes arrêtés plus tôt furent traînés devant la toute nouvelle section spéciale auprès de la cour d'appel de Paris. Au mépris du principe sacro-saint de la non-rétroactivité des lois, les magistrats français les condamnèrent à mort le 27 août.

Vichy, soumis à la botte allemande, se couvrait de boue. Deux jours plus tard, un avis placardé sur les murs de Paris annonçait l'exécution du lieutenant de vaisseau Henri Louis Honoré comte d'Estienne d'Orves et deux de ses compagnons, fusillés pour espionnage au profit de Londres.

Les attentats reprirent. Les Parisiens, pétrifiés, observaient les feldgrau vaciller sous les assauts des résistants. Et puis le silence recouvrit Paris. Les salves « terroristes » se déplaçaient en province. Le 19 octobre, Marcel Boudarias, Gilbert Brustlein et Guisco Spartacco firent dérailler un train entre Rouen et Le Havre. Le 20, à Nantes, Brustlein et Spartacco abattaient le lieutenant-colonel Hotz, chef de la Kommandantur.

Les autorités, la presse accusaient pêle-mêle les services secrets britanniques ou soviétiques. La vérité était plus simple : Brustlein avait tiré sur le colonel Hotz parce qu'il avait beaucoup de galons. Voilà tout. Dans la soirée, le jeune garçon avait quitté la ville seul, son sac de camping sur le dos, deux revolvers en poche. Il avait pris un car jusqu'à Rennes et, de là, regagné Paris. A la radio de Vichy, le maréchal Pétain proclamait : « Nous avons déposé les armes, nous n'avons pas le droit de les reprendre pour frapper dans le dos les Allemands. »

Le 21, à Bordeaux, Pierre Rebière abattait l'officier d'état-major Reimer.

La répression, conformément au code des otages imposé par Berlin à Otto Von Stülpnagel, gouverneur militaire de la France occupée, engageait sa ronde funèbre. Elle s'attaquait en priorité aux judéo-bolcheviques. Vingt et un communistes furent passés par les armes ou décapités à Paris. Quarante-huit à Chateaubriand. Cinquante près de Bordeaux. A Vichy, Pétain appela la population à dénoncer les « assassins ». Pendant que Robert Brasillach lançait un appel dans *Je suis partout* : « Qu'attend-on pour fusiller les chefs communistes déjà emprisonnés ? »

Le débat autour de la lutte armée agitait les diverses composantes de la Résistance. Le 23 octobre, à Londres, le général de Gaulle s'y opposait : « La guerre des Français doit être menée par ceux qui en ont la charge, c'est-à-dire par moi-même et le Comité national. Il faut que tous les combattants, ceux du dedans comme ceux du dehors, observent exactement la consigne que je donne pour le territoire occupé. C'est de ne pas y tuer ouvertement des Allemands. Cela pour une seule et très bonne raison, c'est qu'il est, en ce moment, trop facile à l'ennemi de riposter par le massacre de nos combattants momentanément désarmés. Au contraire, dès que nous serons en mesure de passer à l'attaque, vous recevrez les ordres voulus. »

Au cours des mois qui suivirent, la grande mission du Parti communiste consistera à imposer la stratégie de guérilla qu'il avait choisie. Dès novembre, l'action reprenait. Aux coups de feu succédaient les grenades puis la dynamite. Paris, repos du guerrier pour les soldats allemands, plongeait dans les eaux sans fond du terrorisme.

Déterminée à percer le « mystère terroriste », la Brigade spéciale, d'abord surprise, tendait les fils qui la mèneraient aux coupables. L'activité, dès le mois de septembre 1941, crût d'une manière significative. Envois au dépôt : 96 contre 33 en août. Arrestations, mises à disposition d'autres services : 52 contre 11 le mois précédent. Perquisitions : 437 contre 202.

Le rapport *Communisme et Terrorisme 1* portant la référence 5460, de la direction générale des Renseignements généraux et des Jeux expliquait, en un style vif et précis : « Dans le même temps et dans toute la zone occupée, les sabotages se multiplient contre le matériel allemand tandis que les récoltes de céréales, de fourrage, déjà mises en meules ou engrangées, étaient incendiées. Dans le Nord et le Pas-de-Calais notamment, l'activité des terroristes se déploie dans les usines et sur les lignes de communication (voies ferrées et lignes électriques).

Tous ces actes sont accomplis avec une telle maîtrise que les recherches s'orientent vers des cercles de tueurs professionnels et appointés. Dans le département de la Seine, les sondages opérés dans le " milieu " ne donnent aucun résultat. Le rapprochement s'impose avec les procédés des " dynamiteros " des Brigades internationales de la guerre civile espagnole. Le Parti communiste désavoue ces actes dans ses tracts. On verra comment il en est l'inspirateur et l'organisateur. »

Une seule force pouvait museler un tel ennemi : les Renseignements généraux.

VIII

LES RENSEIGNEMENTS GÉNÉRAUX FRAPPENT

1er octobre 1941. Les inspecteurs de la Brigade spéciale avaient atteint la rue Dareau, dans le XIVe arrondissement, et se trouvaient devant l'entrepôt situé aux franges de l'immeuble n° 49. Précis et ordonnés, ils saisirent chacun l'arme qu'ils dissimulaient sous leur veste. En un instant, traversant la rue avec calme, ils se réfugièrent contre les structures métalliques de la bâtisse. Ils ne soufflaient mot, se contentant de réaliser leur mission. L'exercice avait si souvent été répété.

Un inspecteur, plutôt costaud, sortit de son pantalon la clef de la remise attenante à l'entrepôt. Vivement, il ouvrit la porte et, un par un, les policiers pénétrèrent dans le dépôt central du matériel de propagande de la région parisienne du Parti communiste clandestin.

Un homme tenta inutilement de s'échapper. Six autres de ses compagnons tombèrent eux aussi dans les filets de la Brigade spéciale. Stupéfaite, la préfecture de Police découvrit l'importance du matériel saisi : un million six cent mille tracts, brochures, documents, imprimés ou ronéotypés, classés en une vingtaine de séries différentes, dont certains particulièrement récents, représentant un poids total de trois tonnes et demie. Environ trois à quatre tonnes de papier blanc s'étalaient aux côtés d'un matériel d'imprimerie moderne destiné à l'impression de *L'Humanité* à très petits caractères.

André Baillet pouvait être satisfait. Pour la première fois depuis le début des attentats, les RG lavaient l'affront. Il saluait ainsi sa promotion au grade de commissaire divisionnaire des Renseignements généraux, intervenue le 16 août. Le soir même, le détail est établi dans les interrogatoires qui auront lieu après la Libération, il sabla le champagne.

L'annexe n° 1 du rapport *Communisme et Terrorisme* revient en détail sur cette opération. Les fonctionnaires des Renseignements généraux, jusque-là, nous avaient habitués à une écriture plus fluide. Tout de même, que l'on veuille bien les lire : « Les enquêteurs avaient remarqué qu'aux abords de l'avenue d'Orléans, certains cyclistes avec remorque abandonnaient leur machine pour se rendre soit dans une vespasienne, soit dans un débit de boissons, que quelque temps après, un autre individu prenait possession de la machine avec laquelle il s'en allait et que le premier quittait les lieux sans que cette façon d'opérer lui ait semblé anormale. C'est ainsi que les enquêteurs furent amenés à localiser un lieu de réunion des transporteurs aux abords de l'immeuble situé 49, rue Dareau à Paris.

L'intérêt de l'opération réside dans la qualité des militants tels que Vincent, chef de toute la propagande écrite dans la région parisienne, Labbé, Hemery et Bourru qui ont indiscutablement la confiance des hauts chefs de l'organisation communiste clandestine.

A la suite de l'interrogatoire de Labbé, celui-ci est contraint *(sic)* d'avouer qu'un dépôt annexe se trouve 5, rue Pajol. »

La perquisition effectuée en ces lieux permit de découvrir dix mille tracts supplémentaires et deux tonnes de papier blanc. Mais là n'est pas l'essentiel. On comprend, à la lecture de ce rapport, les méthodes utilisées par la Brigade spéciale. Quels supplices dut endurer Ange Labbé lors de son interrogatoire ! A la botte des Allemands, les hommes du commissaire David découvraient la barbarie. « On est puceau de l'horreur comme on l'est de la volupté », disait Céline.

La Brigade spéciale vivait à l'heure du grand dépucelage. « Les services, poursuivait le rapport, ont été amenés à découvrir une organisation complémentaire de celle précédemment découverte, dont le but, était la fourniture de documents servant à la rédaction des tracts. »

Suivant le principe bien connu de l'engrenage, le fragile édifice s'écroula. Dix résistants tombèrent entre les mains de la police. Le commissaire David pavoisait. Bientôt, les RG jubileraient.

3 octobre 1941.

– Police, suivez-nous !

Une main s'accrocha à l'épaule d'Émile Dutilleul qui, brusquement, se retourna. L'ex-député communiste de la Seine, trésorier du Parti et membre du Comité central, répondit tranquillement :

– Vous faites erreur. Je m'appelle Meunier.

Du revers de son veston, d'un geste lent et grave, il sortit sa carte d'identité. Les clients du café « Au Rocher », place Prosper-Goubaux dans le XVIIe arrondissement, assistaient en silence à la scène. Il était 15 heures.

Amusés, les inspecteurs saisirent le papier, l'observèrent, le confisquèrent, et intimèrent à son propriétaire de les suivre. Il obtempéra. A ses côtés, un homme paraissant soixante-cinq ans, François Pommez, reçut les mêmes ordres. Les deux hommes, conduits dans les locaux de la Brigade spéciale, déclinèrent, au terme de l'interrogatoire, leur véritable identité. Ils refusèrent de répondre à toute autre question.

Jusque-là, depuis le décret de septembre 1939, Émile Dutilleul vivait dans l'illégalité. Le 3 avril 1940, le tribunal militaire de Paris l'avait condamné, par défaut, à cinq années de prison, cinq mille francs d'amende et la privation de ses droits civiques. L'accusation tenait en quelques mots : « A participé à la création du Groupe ouvrier et paysan français, a propagé les mots d'ordre de la IIIe Internationale communiste. »

Au premier trimestre de l'année 1940, les Renseignements généraux apprenaient que le trésorier du PC avait été aperçu dans la région parisienne. La toute nouvelle Brigade spéciale établit diverses zones de surveillance et de filature. Patiemment, les inspecteurs écumèrent les arrondissements. L'enquête les amena au café dans lequel Émile Dutilleul avait ses habitudes. L'estaminet se transforma en souricière.

L'annexe n° 3 du rapport rédigé par la Brigade spéciale témoigne des connaissances acquises par les Renseignements généraux :

« Bien connu de nos services, Dutilleul, au temps où le Parti communiste avait une existence légale, avait une activité prépondérante au sein de ce parti et on en trouve la manifestation dans tous les organismes dont la mission était d'assurer, avec le maximum de discrétion, les services d'agitation et de propagande. Il bénéficiait par ailleurs de la confiance absolue du comité exécutif de l'Internationale communiste ou Komintern.

En bref, le rôle joué par Dutilleul au sein du Parti communiste était extrêmement important bien que peu connu de la masse des adhérents. Il y tenait, sur un autre plan, une place au moins égale à celle de Maurice Thorez ou de Jacques

Duclos. Au double titre de trésorier général du Parti communiste et d'administrateur des journaux *L'Humanité* et *Ce Soir*, il était chargé de veiller au fonctionnement des différentes branches de l'activité communiste, de distribuer les fonds nécessaires à l'existence et à l'action du Parti, de centraliser les fonds de toute provenance. »

Même contraint à l'illégalité, Émile Dutilleul aurait continué ses activités de grand argentier : « Suivant des renseignements sûrs, il remplissait le rôle de trésorier général du mouvement communiste illégal. C'est à lui que revenait, par un système de liaison secret, les fonds collectés par les militants de la base auprès des sympathisants et vraisemblablement des fonds provenant de source soit directement étrangère, soit en liaison avec des organismes politiques étrangers. C'est lui qui délivrait les sommes nécessaires à l'achat du papier, de l'encre et de tout le matériel indispensable à la confection des tracts, papillons, opuscules... Il était chargé, en outre, de subvenir aux besoins des militants réfugiés dans l'illégalité. Au surplus, il est à peu près certain qu'il jouait un rôle de premier plan dans l'organisation des services de liaison entre les chefs communistes en fuite. »

Un coup de maître que cette arrestation ! La perquisition effectuée par les RG dans les bureaux de François Pommez, au 45, avenue de l'Opéra, permit de découvrir, dissimulée, la clef d'un coffre à la BNCI.

A la banque, en dépôt, reposait le trésor de guerre du Parti communiste sur lequel veillait Émile Dutilleul. Les policiers saisirent trois millions et demi de francs. En espèces.

Après ce coup d'éclat, l'appareil du mouvement communiste était ébranlé. Mais, tandis que couraient toujours Fabien et Brustlein, les attentats continuaient. L'honneur des RG était en jeu : il leur fallait maintenant des terroristes à leur tableau de chasse.

IX

LE RÉSEAU DÉCAPITÉ

18 décembre 1941.

Aux archives des Renseignements généraux, le tout jeune Marcel Bertone possédait déjà une fiche d'identification. On pouvait y lire : « Bertone Marcel, né le 9 octobre 1920 à Lyon (Rhône), marié à Fédit Catherine, père d'un enfant, demeurant 8, rue de la Folie-Méricourt à Paris.

Avant les hostilités, Bertone jouait un rôle actif au sein des organisations des jeunes communistes de la région lyonnaise. Aussitôt son arrivée à Paris, à la fin de l'année 1940, il entra dans l'organisation clandestine des Jeunesses communistes. D'autre part Bertone a combattu, du 27 février 1937 au 10 décembre 1938, dans les Brigades internationales lors de la guerre civile espagnole. Il a été blessé le 26 juillet 1938 d'un éclat d'obus dans le dos. Bertone a été interné le 13 avril 1940 au centre de Fort-Barraux (Isère), en vertu d'un arrêté de M. le préfet du Rhône. Transféré ensuite au camp de Chibron (Var), il s'en est évadé le 7 octobre 1940. »

Il était à peu près 21 heures 30, ce jeudi 18 décembre. La petite rue Buffault, dans le IXe arrondissement, gelait sous les assauts des premiers froids. Marcel Bertone, célèbre dans l'organisation clandestine sous le pseudonyme de « François », assurait la couverture de l'opération. A quelques dizaines de mètres, Maurice Touati, dit « Albert », versait de l'essence sur un camion allemand.

Au moment où les premières flammes jaillirent, embrasant le véhicule, des soldats allemands et des gardiens de la paix de la préfecture de Police surgirent de tous les coins. Bertone était entouré. Il tenta de fuir. Avant même qu'il ne sorte son pistolet, les hommes en uniforme l'encerclèrent.

– Si tu bouges, on t'abat comme un chien.

Bertone leva les mains au ciel.

Touati eut plus de chance. Débarrassé de ses poursuivants, il jeta son arme dans une bouche d'égout et regagna sa planque de la rue Censier.

Les policiers qui opéraient rue Buffault obéissaient aux consignes affichées sur les murs des commissariats parisiens. Le style n'est pas parfait mais les intentions sont claires : « L'agresseur doit être saisi mort ou vif. Le gardien doit donc faire usage de son arme contre lui, si celui-ci a quelques chances de lui échapper. Si l'agresseur est hors d'atteinte avant que le gardien puisse faire usage de son arme contre lui, le gardien doit néanmoins tirer un ou deux coups de feu en l'air, de manière à alerter ses collègues piétons ou cyclistes se trouvant dans le rayon d'audition *(sic)* du coup de feu. Ceci fait, il déploie la plus large initiative pour rechercher les traces de l'agresseur, déterminer la direction dans laquelle il a pu se réfugier.

Tout gardien de service sur la voie publique doit se porter immédiatement sur le lieu d'où provient un coup de feu. Il convient de prendre ces dispositions avant même de s'occuper de la victime. »

Vendredi 19 décembre, cinquième étage de la préfecture de Police, salle 38. Lorsque Marcel Bertone entra dans l'antre du commissaire David, il jeta d'abord un regard vers la grande table vide, au milieu de la pièce. Une matraque et un nerf de bœuf y traînaient. Il ne put s'empêcher de regarder la femme, réfugiée dans un coin, secrétaire à la Brigade spéciale. « Les femmes aussi... », songea-t-il.

On lui ordonna de se déshabiller. Nu, on le jeta à plat ventre sur la table. Un inspecteur l'empêchait de se débattre, un autre matraquait la plante des pieds. Des affiches, collées dans les bureaux, les invitaient pourtant à ne pas user de violences à l'égard des détenus. Combien d'heures le jeune supplicié endura-t-il les assauts de la Brigade spéciale? Il avoua.

Oui, il reconnaissait sa participation à deux attentats : celui du 17 décembre, en compagnie de « René », contre un camion allemand. Il avait été sollicité par « René » et « Albert », quinze jours auparavant. Ses complices et lui étaient armés. D'ailleurs, les vérifications par les services de l'identité judiciaire établirent que son arme avait été utilisée le

7 décembre lors de l'attentat contre un officier allemand. Il reconnut, sur une photographie de Touati, son complice « Albert ». Les Renseignements généraux entreprirent immédiatement de nouvelles surveillances et filatures. Le rapport expliquait : « Une information ayant signalé les agissements suspects d'un individu désigné sous le nom de " Maurice " ou " Petit Maurice ", fréquentant plus spécialement le bar Bazeilles, rue Censier, des investigations ont été effectuées qui ont donné les résultats suivants :

Après plusieurs jours de vérifications et de surveillance, il a été effectivement constaté la présence presque journalière au bar Bazeilles d'un individu répondant au prénom de Maurice qui a été identifié comme étant le nommé Touati Maurice, André, né le 13 août 1920 à Paris (XIVe), célibataire sans profession définie, logeant en meublé 45, rue de Censier et 107, rue Mouffetard à Paris. »

Les enquêteurs furent amenés à penser que Touati pouvait être l'un des auteurs des attentats commis contre des membres de l'armée d'occupation ou du matériel militaire allemand. En effet, le signalement de l'individu désigné par Bertone sous le prénom d'Albert (âge vingt-trois-vingt-cinq ans, un mètre soixante-cinq environ, corpulence moyenne, cheveux châtains) correspondait sensiblement à celui de Touati.

25 décembre 1941.

L'inspecteur spécial Charles Mesmondet traînait rue Mouffetard à la recherche de Touati. Dans les poubelles, les traces du réveillon de Noël étaient plus que discrètes. La rareté de la nourriture était l'obsession des ménagères qui, dès les premières heures du matin, affrontaient la queue chez les boulangers, crémiers ou bouchers.

Charles Mesmondet, lui, se débrouillait plutôt bien. Charcuterie, fromage, vin : on s'arrangeait à la Brigade spéciale. L'œil perdu dans une vitrine vide, il aperçut, soudain, dévalant la rue, Maurice Touati.

Mesmondet fit signe à un autre inspecteur, à quelques dizaines de mètres, et plongea sur sa victime. L'homme opposa une vigoureuse résistance. Des curieux se pressèrent bientôt sur les lieux. Touati hurlait :

– C'est parce que je suis un patriote que l'on veut me livrer aux Allemands ! Libérez-moi.

Au moment où les inspecteurs le maîtrisaient, il tenta d'absorber un cachet contenant de la strychnine et de la prucine.

Dans l'après-midi, Charles Mesmondet s'occupa plus particulièrement du prévenu Touati. Depuis son incorporation à la Brigade spéciale, au mois d'août, après neuf années d'administration, l'inspecteur des RG se vantait d'un impressionnant tableau de chasse : déjà sept résistants arrêtés.

Mesmondet cognait, hurlait. Dans le couloir de la salle 38, on l'entendait : – Tu diras ton nom ou l'on te crèvera ! Ou : – Fous-lui une balle dans la tête.

Un jour, un résistant frappé des pieds à la tête entendit un inspecteur dire à Mesmondet :

– Ne l'abîme pas trop. Il n'est pas encore passé à l'anthropométrie.

Maurice Touati reconnut sa participation à l'attentat du 18 décembre.

Le 2 janvier 1942, Pierre Tourette, dit « Pétrus », arrêté à la suite d'une attaque à main armée contre la permanence du RNP (Rassemblement national populaire créé par Marcel Déat), s'effondrait, à son tour, entre les mains de la Brigade spéciale.

Le lendemain, Louis Coquillet, dit « René », identifié comme le chef du groupe « terroriste » comprenant Marcel Bertone, Maurice Touati et Pierre Tourette, gagnait, lui aussi, la salle 38 de la préfecture de Police.

Le 5 janvier, les arrestations de Gilbert Bourdarias, dit « Alain », et René Toyer, dit « Pierrot », achevaient de décapiter l'organisation des Jeunesses communistes.

Au printemps, au terme d'un procès à la Maison de la chimie, un tribunal allemand condamnait à la peine capitale vingt-six militants du bataillon de la jeunesse communiste. Le 17 avril, ces gamins gravirent lentement le chemin du Mont-Valérien. De la chapelle des fusillés, ils sortirent par grappes de cinq ou six, et moururent sous les balles allemandes.

– Vive la France ! crièrent-ils avant de s'effondrer.

« Tu dois savoir, un jour, pourquoi ton papa est mort à vingt ans », écrivit, à son fils, Marcel Bertone.

X

SUR LA PISTE DES « TERRORISTES »

« Quel con ! » s'exclama le commissaire David.

Il reposa sur son bureau la note envoyée en urgence par le gardien de la paix Pierre Le Blanc. La scène se déroulait quelques semaines avant l'arrestation de Marcel Bertone, le 25 novembre 1941.

« Étant de surveillance au café Chez My, ce jour à 14 heures, j'ai vu entrer dans ce débit l'individu que nous désignions sous le numéro 7 et surnommé, par nous, " Le juif ".

Il en est ressorti environ dix minutes après, ayant consommé un café au comptoir. Il n'a parlé à personne pendant son court séjour au café. A sa sortie, je l'ai suivi, il a pris la rue David-d'Angers, en direction de la rue Manin. Arrivé à la hauteur de la place du Danube, il s'est retourné et, m'ayant reconnu, il a pressé le pas.

Au milieu de la place, il s'est retourné une seconde fois et m'ayant encore vu derrière lui, il a pris la fuite. Je lui criai : " Arrêtez ou je tire. " N'ayant pas obtempéré, il a, au contraire, accéléré son allure.

J'ai sorti mon pistolet et tiré un coup de feu en visant les jambes. Je ne l'ai pas atteint, car il s'est mis à fuir de plus belle et a tourné à droite dans la rue de la Prévoyance où je l'ai perdu.

J'ai avisé aussitôt les inspecteurs Turpin et Curinier qui étaient en surveillance dans le square de la Butte du Chapeau-Rouge en leur demandant de vous prévenir. »

Fernand David reposa le papier. Quelques instants s'écoulèrent avant qu'il ne se décidât à modifier son plan. C'est dans l'arène que l'on juge le gladiateur, dit un vieux proverbe. Le commissaire n'avait plus le choix. Alertés, un par un, les militants allaient s'enfuir. Il avait suffi d'un rien : d'un agent saisi par la panique. Quelle leçon! A l'avenir, la Brigade spéciale serait prudente : plus question de s'encombrer des gardiens de la paix.

Il fallait faire vite. Dans un branle-bas de combat, trente inspecteurs, quittant la préfecture de Police, prirent la direction du café-restaurant Chez My, 121, boulevard Sérurier, dans le XIXe arrondissement.

En chemin, Fernand David se rappela son enquête. Pendant quinze jours il avait avancé ses pions, certain de frapper au bon moment.

Le 5 novembre, Pierre Le Blanc, du commissariat des Lilas, lui avait signalé par note la présence, dans le débit, d'éléments communistes. Avant-guerre, l'endroit abritait la permanence du député communiste Gresa. Il y siégeait la cellule n° 554.

Le rappport de Le Blanc, habitué des lieux et dont personne ne se méfiait, comportait une information incroyable : depuis le 10 octobre, un individu que l'agent de police reconnaissait comme Brustlein prenait ici ses repas. Il logeait à deux pas, au 5, avenue Debidour.

– Le bandit Brustlein!

David s'était emporté. Non qu'il ait soupçonné la participation du jeune homme à l'attentat de Barbès. Il songeait plutôt à l'exécution du colonel Hotz, le 20 octobre à Nantes. Là-bas Brustlein et son compagnon Bourdarias avaient passé quelques jours dans l'auberge de Mme H. Cette dernière, dès le 22 octobre, était allée trouver la Gestapo et la police française pour donner un signalement détaillé des deux jeunes communistes. Le 2 novembre, sur une photo, elle avait reconnu formellement Brustlein [1].

Sur ordre de David, les inspecteurs Turpin et Curinier avaient surveillé pendant quinze jours le café Chez My ainsi que l'immeuble du 5, avenue Debidour, une voie étroite enser-

1. Mme H. adressa au préfet de Loire-Atlantique, à la date du 10 décembre 1941, une lettre éloquente : « Le 20 octobre dernier, un crime vraiment odieux était commis sur la personne du feldkommandant Hotz. J'avais à mon restaurant deux jeunes gens qui ont cessé de venir au soir du 20 octobre. Le 22, ne les ayant pas revus, je les ai signalés à la police française; le 23, je faisais une première déposition au commissaire Courtant de la 4e brigade de police judiciaire et donnais des signalements précis de ces deux individus. Le 26 octobre, la Gestapo est venue m'interroger chez moi... »

Un peu plus loin, Mme H. reconnaît la photo de Brustlein « présentée parmi d'autres ». Pourquoi cette délation? « J'ai donc vu que la préfecture offrait une prime de cinq cent mille francs à ceux qui aiderait *(sic)* à faire découvrir les assassins du feldkommandant Hotz... »

Bernard Lecornu, *Un préfet sous l'occupation allemande : Châteaubriand, Saint-Nazaire, Tulle*, Éd. France-Empire, p. 73.

rée entre deux blocs d'habitations à bon marché. Chaque soir, le service de Georges Labaume regroupait les informations recueillies. L'inspecteur principal Raymond Turpin, lui aussi, était né à Cosne, sept années après Labaume, son supérieur.

Les surveillances s'étaient avérées difficiles. Les inspecteurs notaient : « Presque en permanence, un système de guet fonctionne. Les guetteurs embrassent du regard toute la partie du boulevard Sérurier, du n° 50 à 70, et la rue David-d'Angers, jusqu'à la station de métropolitain Danube. De plus, tous les immeubles délimités par les squares du Vexin, du Vermandois, du Lacanais, possèdent sur toute la longueur un jardinet dont la longueur n'excède pas trois mètres, et qui n'est séparé du square de la Butte du Chapeau-Rouge que par un grillage d'environ un mètre vingt de hauteur. Presque toute la nuit, des allées et venues suspectes ont lieu dans ce jardin. A noter, de plus, que les trois immeubles situés entre l'avenue Debidour et la rue Alphonse-Aulard communiquent entre eux. »

Fins limiers, Turpin et Curinier, aidés par le gardien de la paix Le Blanc, avaient repéré sept individus.

Le concierge du 5, avenue Debidour, nommé Coulibœuf, était un petit homme d'une quarantaine d'années, coiffé d'une casquette grise. Il y avait aussi un Alsacien, Scheffer. Il habitait en face du café, dans une chambre meublée par un lit-cage et une grande valise. Un certain Ben, en réalité le jardinier Ventura, était, lui, connu des services de la Brigade spéciale pour avoir fait, le 14 mars précédent, l'objet d'une visite domiciliaire restée sans résultat. Et puis cet homme de quarante-cinq ans environ, « vêtu très correctement d'un complet et d'un pardessus marron foncé, coiffé d'un chapeau de la même couleur, portant à la boutonnière le ruban de la Légion d'honneur. »

« Étrange, l'élégance de cet homme », s'était dit le commissaire David.

Le 22 novembre, vers 12 heures 30, alors que Scheffer, accompagné d'un inconnu, guettait à l'entrée du square du Vermandois, les militants s'étaient réunis dans les sous-sols du café. A 20 heures 15, selon les inspecteurs, une fillette de onze ans entrait Chez My, filait dans la cuisine, en ressortait aussitôt les bras embarrassés d'une serviette recouvrant de la nourriture.

« On suppose, notait le rapport de surveillance, que ce repas était destiné à Brustlein ou à un individu se cachant qui pourrait être hébergé par le concierge de l'immeuble portant le n° 5 de cette avenue. »

Les deux jours qui suivirent avaient été bien calmes. Le 25 novembre, le commissaire David avait décidé d'établir un plan de blocage des immeubles pour le samedi, jour de la réunion hebdomadaire des militants. « Nous établissons à ce moment un plan sur lequel figurent les photos où devra se porter l'action policière qui comportera un investissement des pâtés de maisons marqués en rouge clair à ce plan. Les zones encadrées en bleu sont celles où l'action devra être opérée en force. Elles correspondent aux lieux où sont susceptibles d'être découverts les individus que nous recherchons ou que nous surveillons. »

Mais ce 25 novembre, à 15 heures, le commissaire David avait reçu le billet de Le Blanc et fonçait en direction du XIXe arrondissement. Depuis la rue de Belleville, les véhicules de police traversaient à vive allure les quartiers populaires. Le commissaire David se dit que les communistes devaient grouiller par ici. Mais l'affront de Barbès allait être lavé.

Maintenant, la brume enveloppait la capitale. Il faisait très froid pour la saison.

XI

LA DESCENTE DE POLICE

Boulevard Sérurier, les inspecteurs de la Brigade spéciale se séparèrent en trois groupes. Chez My, Constance Rappeneau, la tenancière, qui portait gaillardement ses soixante-deux ans, vit débouler une dizaine d'inspecteurs en armes. Ils investirent l'unique pièce du bistrot, puis la cave qui se trouvait en dessous. Un autre groupe se précipita dans l'immeuble d'en face où logeait l'Alsacien Scheffer, tandis que le commissaire David et ses hommes pénétraient dans l'immeuble du n° 5, avenue Debidour.

Grimpant les marches quatre à quatre, hurlant l'habituel « Police, ouvrez! », la Brigade spéciale se dispersait dans tous les étages. Le commissaire David frappa à la loge qui se trouvait au rez-de-chaussée, face au parc. La concierge, Mme Boursier, ainsi que son ami Coulibœuf, ouvrirent. Minutieusement, les inspecteurs fouillèrent l'endroit. Le commissaire David sortit de la poche de son manteau la photo de Brustlein. Il la présenta au couple.

– Cet individu est venu dans la maison mais j'ignore chez qui, dit Coulibœuf.

– Cette tête-là ne m'est pas inconnue, répondit Mme Boursier.

Le commissaire exigea, alors, de visiter le garage à bicyclettes, situé au fond du couloir. Dans un coin, il découvrit un lit-cage refermant un matelas et un traversin.

– C'est à moi, je n'ai plus de place dans la loge, expliqua Coulibœuf.

Tous se dirigèrent, ensuite, dans l'appartement du rez-de-chaussée, face à la loge.

L'habitation, composée principalement d'une grande pièce vide de meubles, reposait dans la pénombre. Le commissaire David fit ouvrir l'unique fenêtre. Un peu de lumière se faufila dans les lieux, et le chef de la Brigade spéciale commença l'inspection. Dans le placard de la cuisine, sous l'évier, il localisa deux cartouches non percutées de calibre 7.65 mm et 6.45 mm. Puis, en allant vers la fenêtre, le commissaire vit, aux côtés de baguettes de bois utilisées pour les installations électriques, une boîte rectangulaire laissant apparaître deux morceaux de fil isolant. Elle dissimulait une quarantaine de bâtons de dynamite.

Sur la cheminée, dans un paquet ficelé, David reconnut un engin incendiaire. Sous ce paquet, un poignard de marque Pradel était camouflé. Un peu plus loin, il découvrait, planqué dans une affiche du ministère de l'Éducation nationale célébrant le cent cinquantième anniversaire de la Révolution, une série de documents : « Une carte d'état-major de la région de Beauvais. Un article découpé dans un journal intitulé *Aidons la police*. Un contrat d'électricité en date du 5 octobre 1941 au nom de M. Journé. Un volume d'instruction militaire destiné au corps des chemins de fer de campagne nommé *École de voies ferrées, 2e partie, Superstructure*. Une carte routière de Paris et environs, une autre représentant la France, et un plan Paris-Banlieue. »

Le commissaire se dirigea vers le fond de la pièce, en direction de la penderie. A deux mètres du sol, une étagère, au montage rudimentaire, surplombait une petite console en bois blanc. Là, un paquet dissimulait deux revolvers à barillet de calibres 7.65 mm et 6.35 mm. Il observa quelques instants la paroi et pensa qu'il touchait au but. Une ligne à peine perceptible courait du sol au plafond.

Plus tard, il notait dans son rapport : « Nous procédons à des sondages par percussion et nous constatons que nous sommes en présence d'une cloison légère qui sonne creux. Nous chargeons un inspecteur de se rendre dans le couloir au niveau correspondant à celui du placard et de procéder à une percussion identique de son côté. Aucun son ne nous parvient : derrière la cloison, il existe un espace libre. Nous démontons la console et l'étagère en pressant fortement à gauche de la ligne verticale. Nous obtenons l'ouverture d'une porte. Elle pivote de l'avant vers l'arrière, les gonds sont situés le long de la ligne verticale. A l'intérieur, nous trouvons une cavité partant du sol et montant jusqu'au plafond d'une profondeur d'environ trente-cinq à quarante-cinq centimètres.

A l'aide d'une lampe électrique, nous examinons le contenu de l'intérieur du placard. Sur le sol, soit en vrac, soit dans un sac, nous retirons une centaine de revolvers, pistolets automatiques, etc. Sur les étagères, nous remarquons la présence de paquets qu'un examen rapide nous permet d'identifier comme étant des paquets de dynamite, tolémite, etc. Nous découvrons également des bouteilles pleines d'un liquide incolore. Étant donné la nature dangereuse de la manipulation de ces objets, nous avisons les services du laboratoire municipal de chimie. »

Le commissaire David éprouvait des sentiments partagés. Il ne tenait pas Brustlein, mais la piste était bonne. Les policiers de la Brigade spéciale quittèrent les pentes sinueuses du XIXe arrondissement. Douze militants étaient enchaînés dans les fourgons.

– Coulibœuf, suivez-moi !

Le concierge se leva brusquement, quitta la salle des détenus, puis talonna l'inspecteur dans les couloirs de la galerie ouest de la préfecture. D'un coup sec, le policier des RG frappa contre la porte. Une voix rauque intima aux deux hommes d'entrer. Coulibœuf se retrouva dans la pièce 38, fief du commissaire David.

Le commissaire poursuivait un double but : retrouver Brustlein et cet homme, mystérieux, à la Légion d'honneur, qu'avaient repéré ses limiers autour du bistrot Chez My.

Les chantages et menaces eurent raison de Coulibœuf. Tandis qu'il parlait, la secrétaire transcrivait rapidement : « Dans le courant du mois de septembre 1941, j'ai revu un individu nommé Ventura que je connaissais depuis six ou sept ans comme jardinier-paysagiste au square de la Butte-Rouge et comme client de Chez My. Il m'a demandé si j'avais dans mon immeuble un logement à louer. Je lui ai répondu qu'il y en avait deux; l'un au rez-de-chaussée, l'autre au sixième étage. Ventura m'a présenté un nommé Journé, qui répond au signalement suivant : un mètre soixante-deux ou soixante-trois, corpulence moyenne, cheveux et sourcils gris, légère calvitie frontale, moustache grise taillée aux ciseaux, cinquante-quatre ans environ. Il porte à sa boutonnière le ruban d'officier de la Légion d'honneur. Journé a visité le logement au rez-de-chaussée et a déclaré qu'il désirait le louer. Je l'ai adressé au bureau de gérance square du Vexin. »

Aux environs du 20 septembre, Journé s'était présenté à la société immobilière SAGI, expliquait encore Coulibœuf. Se faisant passer pour un ancien officier de la Grande Guerre, il affirmait arriver de la zone libre et posséder des fermes en Algérie gérées par ses fils. Il avait versé un an de loyer d'avance.

« Le logement loué, Journé m'a demandé des planches pour confectionner un placard secret. Il m'a déclaré que l'appartement allait servir à des militants vivant dans l'illégalité, de passage à Paris, lesquels en cas de perquisition pourraient se réfugier dans le placard. Il a ajouté que cette planque devait servir à entreposer du matériel, sans en préciser la nature.

Il y a trois semaines ou un mois, Journé a déjeuné ou plutôt dîné Chez My avec un individu qu'il appelait Jean. Ce dernier a logé seul dans l'appartement durant quinze jours. Sur la demande de Journé j'ai fourni un lit-cage. »

Mme Boursier, compagne de Coulibœuf, confirma ces propos. Elle ajoutait, concernant Brustlein : « Il y a une dizaine de jours, mon ami m'a montré un journal du matin portant la photographie du Juif Brustlein. Nous avons, ensemble, reconnu que cet individu était Jean, le jeune militant dans l'illégalité. Le jour même, Brustlein quittait l'immeuble et n'est jamais revenu. »

Les dépositions de Coulibœuf et de son amie confirmaient les craintes du commissaire David : Brustlein s'était évaporé [1].

1. La publication de la photographie avait attisé la méfiance de Brustlein. Quelques mois plus tard, la leçon méditée, le commissaire David fera publier dans la presse la photographie de Marie-Claude Vaillant-Couturier, qui s'obstinait dans le silence. La dame avait été retrouvée amnésique, expliquait cyniquement la légende. Le commissaire David espérait ainsi que les proches, alertés, se manifestent à la préfecture.

XII

L'OFFICIER SANS NOM

Un mystère, et de taille, subsistait : qui se dissimulait sous les traits de Journé ?

Les policiers des Renseignements généraux confrontèrent les signalements fournis par le gardien de la paix Le Blanc à ceux, volontairement imprécis, des militants emprisonnés. Ils interrogèrent le gérant de la société immobilière et établirent un portrait anthropométrique. Le service information de la Brigade spéciale plongea dans les fichiers.

David jugea la pêche miraculeuse : « Il s'agit vraisemblablement du militant communiste Dumont, né le 1er janvier 1888 à Roubaix (Nord), réfugié dans l'illégalité depuis sa condamnation par les autorités d'occupation à six semaines de prison en juillet 40, pour distribution de tracts. Le susnommé a été mensuré et photographié au service de l'Identité judiciaire le 8 juin 40 sous le n° 787.293. »

Dumont ? Ancien officier, il avait dirigé pendant un an et demi la brigade française en Espagne. Responsable de l'Organisation spéciale du Parti communiste, commissaire militaire depuis octobre, il n'hésitait pas, si les troupes manquaient, à participer lui-même aux attentats.

Le commissaire David ignorait encore ces responsabilités mais il lança ses inspecteurs sur les traces du colonel. Les murs de la préfecture de Police se couvrirent du portrait de l'officier. Rapidement, les recherches se concentrèrent autour du domicile de Lucienne Palluy, considérée par la Brigade spéciale comme la maîtresse de Dumont. Le tandem composé des inspecteurs Marché et Peuxten arpenta les environs du 78, rue Sedaine. Tandis que l'un surveillait cette adresse, l'autre interrogeait discrètement le voisinage.

« La femme Mund, que l'on dit couturière, ne semble se livrer à aucun travail rétribué », expliquaient les policiers, ajoutant : « Des renseignements recueillis, il résulte qu'un individu correspondant au signalement de Dumont a été aperçu tout récemment et à deux reprises différentes, 78, rue Sedaine. La première fois, il était seul, et la seconde, en compagnie de la femme Mund. »

Les surveillances ne donnèrent aucun autre résultat. Le 12 décembre 1941, les policiers investissaient le domicile de Lucienne Palluy. Ils découvraient, dissimulé dans une tringle à rideau, un document manuscrit révélant la composition de l'Organisation spéciale à la date du 15 novembre 1941. Le colonel Dumont, dont les RG apprenaient les hautes responsabilités, devenait plus précieux encore.

Dans la terreur d'un interrogatoire, Louis Coulibœuf lâcha le nom de ses complices, les époux Fauveaux. La Brigade spéciale apprenait l'existence de centres d'activités constitués ou en cours de constitution dans les villes d'Angers, Niort, La Roche-sur-Yon, La Rochelle, Poitiers et Biarritz. Odette et Georges Fauveaux, associés à Coulibœuf, étaient chargés d'établir les liaisons entre ces centres et l'organisme central du Parti communiste.

Le 11 décembre, à l'improviste, les troupes du commissaire David envahissaient le domicile du couple au 31, passage Montgallet. Les policiers saisirent un document établissant les « possibilités terroristes dans les départements du sud-ouest de la France » accompagné d'une liste, manuscrite, rédigée à l'aide de mots de passe. Les spécialistes des Renseignements généraux n'éprouvèrent aucune difficulté à découvrir les clefs qui maquillaient les noms. Ils tenaient les responsables des centres de l'axe Angers-Biarritz.

La souricière, tendue au domicile des Fauveaux, se refermait sur un autre complice. Porteur d'une feuille dévoilant l'organisation technique de l'OS communiste, l'homme offrait aux RG une pièce de choix. La Brigade spéciale, secondée par les fonctionnaires de la police nationale, se jeta sur les militants dispersés dans les villes repérées.

On dénombra vingt-neuf arrestations.

Au crépuscule de l'année 1941, la police parisienne brandissait fièrement son bilan : depuis le mois d'août, elle avait procédé à près de 900 envois au dépôt et 1 735 internements.

Les encouragements venus du ministère de l'Intérieur s'abattaient sur la Brigade spéciale, principale responsable de ces arrestations. Le caractère politique des organisations démantelées imposait une réforme. Désormais, ce sont les Renseignements généraux, et eux seuls, qui auraient la charge de la répression.

Quelques mois de tâtonnements avaient été nécessaires après la surprise de l'attentat de Barbès. L'amateurisme déployé au cours de l'opération Chez My laissait place à un système terriblement professionnel, confié à l'élite de la préfecture. La création, un mois plus tard, de la Brigade spéciale 2 parachevait cette remise en ordre.

Dans leur rapport *Communisme et Terrorisme 1,* les Renseignements généraux laissaient entrevoir une victoire prochaine. La prose mérite d'être méditée tant elle est révélatrice du climat de l'époque mais aussi d'un certain triomphalisme policier : « Le dossier qui est ouvert montre combien est clair maintenant le mystère terroriste. Ses sources, ses voies, ses replis, ses points d'activité, son personnel sont notoires. Il paraît superflu de dire combien de courage et de raison ont impliqués les investigations et la répression contre un ennemi fuyant et audacieux dont le crime lâche parce que toujours inavoué est le signe désormais éprouvé de son activité. La population sait maintenant ce qu'a fait la police du gouvernement. Elle sait quelle tâche écrasante elle a accomplie et par quelle ingratitude il lui a été trop souvent répondu, à elle qui a pourtant ses deuils aussi.

La police française vient de faire les preuves que l'on doit compter sur elle. Mais de cela le public doit conclure qu'il ne doit compter que sur elle. Agissant dans les cadres de la doctrine du gouvernement, elle en constitue en quelque sorte l'armée en face de l'ennemi intérieur. A cette armée, la population a le devoir d'apporter son adhésion absolue et de créer autour d'elle la solidarité puissante qui seule pourra rendre la force et la sécurité de la Nation.

La préfecture de Police n'ignore pas la grandeur du rôle qui lui est confié. La France et Paris peuvent compter sur elle. »

Le commissaire David était plus nuancé. Bien sûr, l'OS était demantelée, et le Parti lui-même semblait désorganisé. Mais les communistes n'en continuaient pas moins à agir, tout en tirant les leçons qui s'imposaient. Et puis le colonel Dumont et son jeune protégé Brustlein pouvaient continuer à frapper sous d'autres cieux.

XIII

UN COUP À LA TÊTE

A mesure que Lucien Rottée lisait la note posée sur son bureau, l'intérêt grandissait. En somme, rien ne remplacerait jamais la vigilance policière. Ce 5 janvier 1942, le gardien de la paix Rondeau, du Xe arrondissement, révélait la présence à Paris du nommé Pican, ex-secrétaire de la région normande, membre du Comité central du Parti communiste.

« Il doit prendre des contacts », se dit le directeur des Renseignements généraux. Il songeait déjà à une vaste filature qui, remontant aux cadres du Parti, sonnerait le glas de la direction. L'entreprise s'annonçait complexe : l'homme circulait dans Paris, voilà tout ce que l'on savait. Aussitôt, la Brigade spéciale entamait ses recherches. Onze inspecteurs, nantis d'une photographie, se lancèrent dans la capitale. Pendant deux semaines, ils écumèrent la ville.

Les Renseignements généraux débutaient l'année 1942 sous les meilleurs auspices. Avec la naissance de la Brigade spéciale 2, se trouvaient unies trois sections coordonnées sous les ordres d'un directeur adjoint et sous l'autorité directe du directeur général :

– la 1re section : renseignements et informations concernant les milieux communistes;

– la Brigade spéciale 1 : répression anticommuniste;

– la Brigade spéciale 2 : répression antiterroriste.

Le 21 janvier, une surveillance établie au café du Rond-Point, porte d'Orléans, révélait la présence d'un homme aux traits identiques à ceux de Pican. Soudain, un inconnu s'approcha. Les inspecteurs notèrent que des rides profondes striaient sa figure osseuse.

Les deux suspects sortirent du café en début d'après-midi. Ils s'engagèrent dans le métro, et gagnèrent le domicile du nouveau venu, dans le Xe arrondissement. Le « supposé Pican », filé toute la journée, fit preuve d'une remarquable adresse. Faux départs dans une direction puis retour sur lui-même... Changement de trottoir et retour... Descente dans les escaliers du métro, puis, brusquement, sortie à l'air libre... Faux-semblant d'embarquement dans une rame... Erreur volontaire dans les couloirs de correspondance... Déjouer ces ruses de clandestins était, pour les RG, l'enfance de l'art.

Albert Lozinguez, qui travaillait en tandem avec l'inspecteur Louis, s'accrochait aux pas de Pican. Versé à la 1re section des Renseignements généraux en compagnie de tous ses camarades de promotion au début de l'année 1940, on l'avait spécialisé dans les surveillances. Le commissaire Cougoule, peu de temps avant la défaite de juin 1940, l'avait intégré d'office à la Brigade spéciale. De jour en jour, en dépit de phrases jugées gaullistes et antinazies qu'il clamait aux premiers jours de l'Occupation, il gagnait la confiance de Rottée. Dans la troupe, on remarquait aussi Henri Giorza, réputé pour les vols qu'il commettait lors des perquisitions.

En soirée, porte de Clignancourt, les policiers « logeaient » Pican. Ils notaient dans leur rapport : « A 22 heures 45, il est entré au tabac sis au coin de la rue Letort et de la place de la porte de Clignancourt où il n'est resté que quelques secondes; puis il s'est rendu au 34, rue Letort. Quelques instants plus tard, la fenêtre du troisième étage de cet immeuble s'allumait (à noter que, avant son arrivée, le présumé Pican avait remué dans sa poche un trousseau de clefs, ce qui laisse supposer qu'il savait où il allait). Les renseignements recueillis ont permis de savoir qu'il s'était rendu au domicile des époux Jourdan. »

La filature s'éternisa tout au long du mois de février. En dépit des ruses déployées, Pican conduisit les policiers vers une vingtaine de militants.

Au même moment, d'autres équipes de la Brigade spéciale découvraient dix-sept dépôts de matériel de propagande dans la région sud de la capitale. Ils procédaient à l'arrestation d'une cinquantaine de personnes. L'opération résultait d'une perquisition effectuée au domicile de Robert Girardo, soupçonné d'appartenir au Parti communiste, ainsi que de la surveillance exercée à l'encontre de Maurice Olivier, responsable politique pour le XVe arrondissement.

Sur les visages des militants, les inspecteurs notèrent un profond désarroi. D'heure en heure, les précautions se firent plus étroites. Les policiers pressentirent des départs en direction de la province.

Le 14 février, autour de 20 heures, Pican, lourdement chargé de trois valises et accompagné d'une femme, se rendit à la gare Montparnasse. Au guichet des grandes lignes, l'inconnue changea un billet de cinq mille francs, demanda un ticket pour Le Mans, au train de 8 heures, et fit enregistrer les bagages sous le n° 2485.

Lorsque le couple regagna le nouveau domicile de Pican, situé au 3, rue du Buisson-Saint-Louis, dans le Xe arrondissement, les inspecteurs de la Brigade spéciale reçurent l'ordre de patienter quelques heures encore. L'assaut était prévu dans la nuit, vers 3 heures.

Lucien Rottée avait établi un plan de toute rigueur. Il obéissait à plusieurs impératifs. Éviter d'abord la fuite du moindre militant. Dans la mesure du possible, ne pas arrêter les résistants à leur domicile : la porte se serait ouverte après que le suspect aurait détruit les documents établissant sa culpabilité.

Les arrestations devraient se produire dans la rue, avec discrétion, afin que les « chandelles », les veilleurs postés aux abords des planques, ne fussent averties. La leçon apprise Chez My servait de contre-exemple. Les RG connaissaient maintenant leur métier.

Dispersés dans Paris, aux abords des rendez-vous suspects, soixante inspecteurs se préparaient à intervenir. Ils piétinaient, souvent inquiets, car ils savaient que les communistes n'hésitaient pas à tirer.

Les tracts diffusés par le Parti étaient clairs : « Les policiers ne sont que les mercenaires de la Gestapo ; on peut les abattre sans crainte, car alors on agit en état de légitime défense », disait l'un. « Faites un dernier effort, précisait l'autre, il sera dur, mais ensuite ce sera fini. Peu importe la personnalité des Allemands qui seront abattus ; officiers ou soldats, tous doivent tomber sous nos coups. Les usines doivent sauter, les chemins de fer doivent être désorganisés, le sabotage doit battre son plein partout, les traîtres, policiers ou hommes d'État, doivent être exécutés. Dans la période que nous allons vivre, chaque membre du Parti doit être prêt à sacrifier sa vie si cela est nécessaire. »

De son côté, descendu en silence d'une voiture, le commissaire David s'engageait dans la rue Saint-Maur. Le domicile de

Pican se trouvait à quelques dizaines de mètres. Les lampes de poche d'une dizaine d'inspecteurs dispersaient leur faible lumière sur les pavés détrempés. Le commissaire David s'arrêta soudain. Fixant les policiers, il ordonna l'attaque.

André Pican, surpris dans son sommeil, tenta d'absorber une feuille sur laquelle était griffonnée une liste de rendez-vous. Prestement maîtrisé, fouillé (ses chaussures dissimulaient une enveloppe, un tract et cinq mille francs), on le conduisit au dépôt de la préfecture de Police.

Le savoir-faire des Renseignements généraux se voyait récompensé. Les foudres de la Brigade spéciale s'abattaient sur dix-neuf militants. L'opération surprenait des personnalités aussi importantes que Danielle Casanova et Marie-Claude Vaillant-Couturier, Felix Cadras ou les époux Politzer.

Felix Cadras, au moment de son arrestation, occupait les fonctions de responsable politique au sein du Comité central. En ce qui concerne Georges Politzer, professeur agrégé de philosophie, Hongrois naturalisé français, la Brigade spéciale notait : « L'habileté consommée, la science et les qualités intellectuelles de Politzer, sa foi révolutionnaire en font l'agent de propagande le plus efficace du Parti. Il était secondé dans son activité par sa femme, qui assurait les liaisons entre son mari et Cadras. »

La veuve de Paul Vaillant-Couturier, ex-député communiste et ancien rédacteur en chef de *L'Humanité*, était considérée comme la responsable de la branche Solidarité. Repérée dans la filature, baptisée « Vincennes », elle assurait les liaisons entre Cadras et divers membres de l'Organisation clandestine. Danielle Casanova, agent de liaison sur le plan national, assumait les fonctions de responsable des jeunes pour la France.

Tous, transis, affamés, roués de coups, choisirent le silence. L'application acharnée et méthodique déployée par la Brigade spéciale ne servit à rien.

Mais la technique policière triomphera du courage : les perquisitions permettront de combler le trou creusé par l'absence d'aveux.

XIV

LA COURSE DE VITESSE

Les documents saisis la nuit de la grande rafle amenèrent les RG sur les traces de militants éparpillés en France. Chez Cadras, outre certaines adresses, la Brigade spéciale découvrit des fragments de cartes postales ou des morceaux de carton, découpés d'une manière particulière. Il s'agissait de passes : une moitié était destinée au militant de province, l'autre appartenait à l'agent de liaison venant de la part de la direction.

Lucien Rottée et le commissaire David confièrent aux meilleurs inspecteurs de la Brigade des missions de confiance. Objectif : se substituer aux agents de liaisons, prendre contact avec les militants, les suivre le plus loin possible. Goût du risque, sang-froid, culot, connaissance parfaite du milieu communiste étaient les qualités requises pour cette chasse à l'homme.

Un passe découvert chez Cadras portait l'indication : « Mesnil Jules, avenue de Paris, Cherbourg. »

Muni de cette pièce, se faisant passer pour un membre du Comité central, un inspecteur se présenta au domicile du militant.

– Mon frère est responsable du secteur, dit Jules Mesnil, confiant. Aujourd'hui, une réunion doit se tenir chez moi en compagnie des responsables du Calvados et de la Manche.

Un par un, les chefs communistes arrivèrent. Cinq personnes, au total, assistèrent à la conversation, sans s'étonner des questions de cet envoyé du Comité central, lequel, décidément, voulait tout savoir.

Brusquement, l'alerte fut donnée. Stupéfaits, les militants assistèrent au débarquement des agents de la police nationale, dissimulés aux alentours.

Un autre jour, fort d'une moitié de carte postale sur laquelle était écrit : « 20, rue Montbret, Rouen », un inspecteur frappa à la porte de Madeleine Dissoubray. Le policier des RG tendit le bout de carton. La jeune femme disparut quelques instants dans l'appartement et, souriante, réapparut, l'autre moitié du papier entre les mains. Au cours de la discussion qui s'engagea, l'enquêteur apprit l'adresse d'une réunion qui se tenait le soir même. Le responsable pour la propagande devait y participer. Cinq personnes tombèrent, ce soir-là, entre les mains de la police.

Dans la région de Nantes, à Donges, Lucien Biale, qu'il suffisait de demander dans un café, livra en toute innocence le nom du responsable de la région. Le nommé Guégan, chargé des sabotages industriels, fut arrêté.

Un autre passe, au nom de Noël David, livrait l'adresse suivante : 8 *ter*, boulevard du Jardin-l'Évêque, Évreux. Le couple accueillit chaleureusement l'envoyé de Paris. Fièrement, ils affirmèrent s'occuper de la branche Secours populaire et diriger la région de l'Eure.

Une fois encore, l'heure d'une réunion approchait. L'homme de la Brigade spéciale y assista et, bientôt, la ronde des arrestations et perquisitions, menées en collaboration avec la police nationale, démantela l'appareil communiste.

L'ouragan déchaîné par les RG culmina avec l'arrestation d'Arthur Dallidet.

– Au secours! A bas la guerre! criait-il. On m'arrête parce que je suis communiste. A moi, hommes! Ne me laissez pas emmener! Ils vont me faire fusiller!

L'inspecteur Louis reçut un violent coup de coude dans l'estomac, s'écarta, chancela et repartit à la charge. Les inspecteurs Goossens et Lozinguez, qui s'accrochaient aux bras, pliaient sous les coups de pied. Il avait la puissance d'un taureau, cet Arthur Dallidet, métalo forgé au chaudron.

L'inspecteur Thillon, à deux pas, tressautait sous les coups de Marguerite Lamy. Décidée à s'enfuir, la femme imitait son camarade. Le gardien de la paix Henri Vervin, du poste de Picpus, légèrement blessé à la main, se précipita au café le plus proche, composa le 17, réclama un car de police secours.

Il était 20 heures, le 28 février 1942, et deux cents personnes, à l'angle de la rue de Reuilly et du boulevard Diderot, assistaient à l'empoignade. Impressionnée, la foule grognait, tantôt prête à intervenir, tantôt faisant un pas en arrière. La lutte se poursuivait encore lorsque Dallidet, à bout de souffle, entendit les sirènes du car de police.

Les badauds s'écartèrent en silence. Le couple disparut à l'intérieur du véhicule.

Arthur Dallidet avait été repéré le matin même, place du Trocadéro, en compagnie de Claude Gaulue. Depuis le mois de janvier, en raison de son attitude suspecte, ce dernier, logé au 49, rue Geoffroy-Saint-Hilaire, était filé journellement : « Gaulue a pris le métro, est descendu à Alma-Marceau. Il est entré au café à l'enseigne Au Grand Comptoir, place de l'Alma, en est ressorti à 17 heures 30. Il s'est dirigé vers la place du Trocadéro où il a rencontré un individu que nous identifions, grâce à une photographie, comme étant Dallidet Arthur, militant particulièrement influent du Parti communiste clandestin. »

Plus tard, à son propos, les policiers des Renseignements généraux noteront : « Militant convaincu il a, depuis la dissolution du Parti communiste, joué un rôle très important, bien qu'il ne possède pas une culture générale très développée. Il est doué, en effet, de qualités de discernement et d'autorité qui lui ont permis de juger sainement les possibilités que pouvaient offrir les militants lorsqu'il destinait ceux-ci à jouer un rôle de chef ou de responsable. »

La filature de Dallidet, responsable des cadres et de la propagande du Parti, se poursuivait : « Après une discussion animée, tous deux sont retournés au Grand Comptoir. Ils en sont ressortis à 18 heures, accompagnés d'un autre individu qui les a quittés pour prendre le métro. »

Conversant, les deux hommes s'engouffrèrent dans la bouche du métro. Ils stationnèrent cinq bonnes minutes dans le hall de distribution des billets, avant de se séparer, Gaulue en direction du Pont de Sèvres, Dallidet vers Montreuil.

A la station République, le haut responsable communiste flâna sur le quai encore quelques instants, s'assura que personne ne le suivait, ignorant la présence des quatre inspecteurs cachés plus loin. Le peuple de Paris, privé d'automobile, s'entassant sous terre, dissimulait les policiers des RG. En cette année 1942, un milliard deux cent quarante millions de voyageurs prirent le métro.

Dallidet s'engagea dans les couloirs, en direction de la porte de Charenton. Un peu plus tard, il descendit à la station Reuilly-Diderot. Là-bas, il marcha sur le boulevard, retourna sur ses pas, entra dans une brasserie. Les inspecteurs s'amusèrent du ballet.

Il en sortit à 19 heures, s'immobilisa pendant un quart d'heure sur le trottoir, fila vers le métro, patienta dans le hall où, à 19 heures 25, Madeleine Lamy le retrouva. Tous deux retournèrent au café.

A 19 heures 40, tandis qu'ils quittaient les lieux, s'apprêtant à se séparer, les quatre inspecteurs, convaincus de l'inquiétude manifestée par Dallidet, décidèrent d'arrêter le couple. Au moment de sa « mise à disposition », il était porteur d'une fausse pièce d'identité au nom de Lesormeaux, de documents concernant la province, de tracts, et d'une enveloppe renfermant, sans que l'on puisse en déterminer l'origine, mille dollars.

– Je refuse de vous indiquer mon domicile, se borna à dire Dallidet. Je refuse de vous donner l'origine de mes ressources.

Fidèle lieutenant de Duclos il resta, malgré d'effroyables interrogatoires, inflexible. Enseveli dans l'ombre, il consumait ses dernières forces. A ceux qui l'incitaient à quitter sa planque, Jacques Duclos répondait : « Dallidet ne parlera pas. »

Le 2 mars 1942, grâce aux divers carnets d'adresses découverts, la police procédait à l'arrestation des militants en liaison avec Dallidet. Parmi eux, les époux Salomon, fille et gendre du professeur Langevin, activistes dans les milieux intellectuels et universitaires. Claude Gaulue, filé depuis son domicile, fut arrêté autour de midi, place de la Bastille. La chute était d'importance : « L'arrestation a amené une perquisition à son domicile où il a été découvert une véritable centrale de fabrication de fausses pièces d'identité : plus de quatre cents faux cachets d'autorités diverses, françaises et allemandes (mairies, préfectures, sous-préfectures, commissariats de police, centres de réformes, centres de démobilisation, Feldkommandantur). »

Au cours de ses aveux, extorqués, on s'en doute, à un prix terrible, Claude Gaulue expliqua le fonctionnement du service qu'il avait en charge : « Jules m'a chargé de la confection des fausses cartes d'identité, des fausses cartes d'alimentation, des faux certificats destinés aux militants communistes réfugiés dans l'illégalité. A cet effet, il m'a remis petit à petit le matériel nécessaire à la confection de ces fausses pièces. Il me fournissait, outre la photographie des intéressés, les directives concernant la confection des fausses pièces à établir. Quelques fois, je remettais à Jules lui-même les fausses pièces demandées mais, le plus souvent, je les remettais à différents militants avec qui il m'avait mis en liaison.

– Nous vous représentons la photographie du sieur Dallidet Auguste, actuellement arrêté. Ne le reconnaissez-vous pas comme étant le prénommé Jules dont vous faites état?

– C'est exact. Toutefois, je me dois de vous faire savoir que je n'ai jamais connu cet individu sous le nom de Dallidet », conclut Gaulue.

Au total, tant à Paris qu'en province, la Brigade spéciale revendiquait cent treize arrestations de dirigeants communistes, membres du Comité central du Parti, responsables régionaux et agents de liaison.

« Il se confirme bien que ces dirigeants du sommet contrôlaient tous les milieux susceptibles de militer, écrivait le rédacteur des Renseignements généraux. Il n'est, pour s'en convaincre, que de constater l'importance que les responsables ont attachée à cette affaire puisque, enfreignant toutes les consignes données jusqu'alors, ils n'ont pas hésité à faire état dans leurs tracts, récemment tombés entre les mains de la police, des militants " qu'il importe de libérer ". »

La perquisition menée au domicile de Claude Gaulue amenait par ailleurs la découverte d'un projet de manuscrit à paraître dans *L'Humanité*, numéro spécial de mars. Si ce texte mentionnait, d'une part, l'arrestation de Marie-Claude Vaillant-Couturier, il intéressa surtout les RG par la vigueur de son appel : « Constituer partout des groupes de partisans, des francs-tireurs qui, appuyés par la population, mèneront la vie dure à l'occupant, une guerre de guérilla qui, de la ligne de démarcation au coin le plus reculé du pays, ne laissera aucun répit à l'ennemi. »

Pour la première fois, le Parti communiste revendiquait sa participation à l'action terroriste. Jugeant mûre l'opinion publique, il abandonnait la stratégie du silence. Cette déclaration de guerre totale, dont l'objectif déclaré était de créer un climat « pré-révolutionnaire », plaçait la police au premier rang de l'ennemi à combattre. Pour les fonctionnaires du ministère de l'Intérieur s'ouvrait l'ère de la terreur.

Le rapport des Renseignements généraux *Communisme et Terrorisme 2* expliquait : « Les responsables apportent un soin particulier à identifier les policiers et à rechercher leur domicile. Ce travail de repérage est commencé depuis plusieurs mois et, selon les directives données aux militants, il doit être poursuivi avec célérité. La " neutralisation " des policiers chargés d'assurer la surveillance des établissements visés en cas d'insurrection est l'une des consignes essentielles données aux membres de l'OS. Ce fait est confirmé par plusieurs documents saisis.

D'autre part, au cours de son interrogatoire à la préfecture de Police, le terroriste Micaud Lucien a déclaré : " Le Rouquin (Thierret, autre terroriste arrêté) m'avait également chargé de m'enquérir des domiciles des policiers habitant Asnières. Il m'avait expliqué qu'en cas de mouvement populaire, il faudrait pouvoir les neutraliser rapidement. Le moment venu, chaque membre de l'AP (Armée populaire) aurait été chargé d'abattre un policier. " »

Compagne tenace, la peur se glissait entre les policiers et les résistants.

Le 5 mai, en soirée, le gardien de la paix Mattei, de faction devant le bureau de placement allemand, 190, avenue d'Italie, vit deux individus, cherchant une indication, se présenter à lui. Un troisième homme, dissimulé dans la pénombre, le frappa à la tête. Solide comme un roc, le policier poursuivit son agresseur. Il reçut plusieurs coups de revolver qui, tirés maladroitement, ne purent l'atteindre. Des hirondelles, gardiens de la paix en vélo, se précipitèrent à la poursuite des deux fuyards. L'un réussit à s'enfuir. L'autre fut conduit au commissariat le plus proche. Dans les jours qui suivirent, ses deux complices, identifiés, le retrouvèrent en prison.

Ce n'était qu'un fait divers, en somme. Il n'y avait pas mort d'homme, mais les RG s'alarmèrent : « Cette affaire confirme les renseignements déjà recueillis qui font connaître que les membres des groupes terroristes ont reçu pour mission de s'attaquer aux policiers, qu'ils soient en tenue ou en civil. »

Dans les mois qui suivirent, trois inspecteurs de la Brigade spéciale, procédant à des arrestations, furent blessés, alors que deux gardiens de la paix décédaient.

La propagande, destinée aux policiers, resserrait les rangs. Se faisant l'écho d'un document saisi sur un militant, on se rassurait : « Nous avons, devant nous, bien des jours durs », avouait le Parti clandestin.

Devant sa promptitude à renaître, les RG s'interrogeaient aussi : « Des causes morales, psychologiques ou matérielles permettent au Parti de recruter des éléments nouveaux. Devant le péril du communisme, devant le dynamisme de ses chefs, devant la foi des militants, devant l'armée révolutionnaire, doit s'élever la volonté ardente de lutte, non seulement des policiers mais de tous les échelons des corps hiérarchisés au service de l'État. »

TROISIÈME PARTIE

L'AFFICHE ROUGE

XV

À LA BOTTE ALLEMANDE

Le 7 juin 1942, marqués d'une étoile jaune à six pointes, des milliers de Parisiens circulaient dans les rues. L'étoffe, portée visiblement sur le côté gauche de la poitrine, solidement cousue sur le vêtement, devenait obligatoire, en zone nord, pour tous les Juifs de plus de six ans.

Quelques mois plut tôt, en janvier, les chefs nazis avaient planifié la solution finale. A terme, tous les Juifs des zones occupées devaient être exterminés. En France, les services d'Eichmann prirent contact avec René Bousquet, secrétaire général à la police du maréchal Pétain. Le 2 juillet, au nom de Vichy, il donnait son accord aux autorités allemandes pour que les policiers français arrêtent eux-mêmes les Juifs ressortissants étrangers.

C'est ainsi que s'engageait, le 16 juillet 1942, l'opération Vent printanier. Dès l'aube, neuf cents équipes de policiers ordonnaient à 12 000 personnes (3 031 hommes, 5 802 femmes, 4 001 enfants), aux yeux effarés, aux bagages dérisoires, de grimper dans les bus.

Cloîtrés dans les véhicules, ils traversèrent Paris. Ils n'observèrent aucune colère, n'entendirent aucun cri. Ils rencontrèrent tout juste des regards vides. A l'image de sa police, la ville faisait comme si tout cela relevait de l'ordinaire. Au moins, à Amsterdam, les racistes néerlandais avaient écrit sur les murs : « Enlevez vos sales pattes de nos sales Juifs [1]. »

La veille, il y avait bien eu quelques actions individuelles :

1. Gilles Perrault, *Paris sous l'Occupation*. Éd. Belfond, 1987.

dans le XIe arrondissement, quelques policiers avaient prévenu des Juifs du quartier du danger imminent qui les menaçait. Ce 16 juillet, quelques gendarmes et gardiens de la paix sabotèrent leur mission, laissant libres des issues de secours ou rabattant, en pleine rue et d'un coup de main, les étoiles jaunes au revers des vestes.

Mais d'une manière éclatante, l'opération Vent printanier révélait la collaboration entre les polices française et allemande. De mois en mois, la pression s'était faite plus forte sur Vichy. Dès sa nomination, en mai 1942, Oberg avait réclamé une tutelle plus étroite de ses services sur la police de Vichy. Très vite, selon lui, les chefs devaient être remplacés par les militants des partis nazis français.

Le 19 juillet 1941, René Bousquet, accompagné de préfets régionaux et d'intendants de police, déjeunait chez Oberg. Les deux hommes aboutirent à un compromis : les Allemands s'engageaient à ne plus donner directement d'ordres aux fonctionnaires de l'administration française ; en retour, la police française s'obligeait à mener activement la répression des « menées antinationales ».

En novembre 1942, les troupes hitlériennes franchirent la ligne de démarcation. Un nouveau texte, le 18 avril 1943, fixait les directives générales du « travail en commun des polices allemande et française » :

« Leur tâche est de maintenir le calme et l'ordre d'une façon toujours efficace, sur le domaine d'opérations de l'armée allemande dans les territoires nouvellement occupés ; de combattre préventivement et préserver avec tous les moyens dont elles disposent la sûreté de l'armée allemande et les intérêts du Reich allemand, aussi bien que la collaboration pacifique du peuple français, contre les attaques des communistes, des terroristes, des agents de l'ennemi et des saboteurs ainsi que de ceux qui les poussent : Juifs, Bolcheviques et Anglo-Américains. La police française, dans ce domaine, mènera le combat contre ces adversaires sous sa propre responsabilité, et en même temps aidera les services du Höhere SS und Polizeiführer, en leur transmettant immédiatement toutes informations utiles et en les assistant dans tous les autres cas. Les services de police allemands informeront de leur côté les services de la police française des indications qui leur seraient parvenues et qui pourraient avoir de l'importance pour prendre des mesures policières [1]... »

L'ordre allemand régnait sur tout le territoire. Le tournant

1. Jacques Delarue, *Histoire de la Gestapo*, Fayard, 1981.

était d'importance : il faut bien comprendre que la fin de la zone libre sonnait le glas de l'armistice, et donc de la légitimité des pouvoirs qui l'avaient signé.

L'invasion, en quelque sorte, ridiculisant Vichy, consacrait le général de Gaulle et la Résistance, installés à Alger depuis le débarquement anglo-américain. Ces hommes devenaient de plus en plus l'incarnation de la patrie souffrante.

Quel camp les Renseignements généraux allaient-ils choisir ?

XVI

LA FILATURE

20 juillet 1943. L'inspecteur spécial Émile André, du cinquième groupe de la BS 2, traînait boulevard Soult. Des bouffées de vent frais venaient du bois de Vincennes. Les heures coulaient lentement, la journée languissait. « Au fond, songeait Émile André, ça se passe plutôt bien à la BS 2. Déjà une année de service, depuis mon arrivée en novembre 1942, et trente-huit arrestations au palmarès! »

Filoches et planques. Depuis des mois, dissimulé dans une camionnette ou dans un camion bâché, camouflé en ouvrier, en agent de la STCRP, la société des bus parisiens, en employé des PTT ou même en clochard, Émile André traquait consciencieusement les terroristes. Pour mieux brouiller les pistes, les inspecteurs de la BS 2 n'hésitaient pas, également, à revêtir l'étoile jaune.

Les RG travaillaient en tandem. Généralement, le duo était composé d'un cerveau et d'un exécutant. L'inspecteur Constant accompagnait Émile André. Tous les jours, ils remettaient un rapport. Quotidiennement, ils téléphonaient à l'inspecteur Barrachin, rendaient compte de leur travail et recevaient les ordres.

Ceux de Barrachin étaient clairs. Au cours d'une précédente affaire, qui touchait spécialement les jeunes communistes juifs, un militant identifié comme étant Marcel Rayman avait été perdu de vue. Une indicatrice, Lucienne Goldfarb, utilisée par les services d'informations du commissaire Labaume, avait indiqué aux policiers le domicile de Simon Rayman, le frère, et de sa mère, au 68, boulevard Soult. Tous deux vivaient sous la fausse identité de Rougemont.

La mission des inspecteurs André et Constant se résumait ainsi : « loger » Marcel et le « filocher ». En ce premier jour, ils rédigèrent un rapport plat et monotone, à l'image de cette journée d'été : « Une surveillance établie aux abords du n° 68, boulevard Soult ne permet pas d'apercevoir " Marcel " de la journée. " Simon " sort à 14 heures 25 et prend le métro à la station Porte de Vincennes. Il rejoint son domicile à 19 heures 20. »

Au moment où Émile André vit pour la premièrer fois Marcel Rayman, le 21 juillet, il fut frappé par la blondeur des cheveux et l'assurance qui se dégageait du jeune homme.

Constant écrivait : « " Marcel " est aperçu rentrant au 68, boulevard Soult à 10 heures 10. " Simon " en sort à 10 heures 45 et prend le métro à la Porte de Vincennes, change à Nation et descend à République. Il descend avant que la rame ne s'arrête et prend la sortie en courant dans les couloirs déserts. Nous le perdons de vue à la sortie. Il n'a pas été revu boulevard Soult. »

Ainsi, le cinquième groupe de Gaston Barrachin repérait l'un des combattants les plus importants de la MOI, la Main-d'œuvre immigrée.

La surveillance des frères Rayman, qui mènera à l'hécatombe entrée dans la légende sous le nom de *L'Affiche rouge*, décimera cette brigade composée d'hommes et de femmes à l'accent étranger, débarqués en France quelques années plus tôt, fuyant les dictatures et les totalitarismes, combattant en Espagne, pour enfin se jeter dans la bataille contre le Reich. De ces Juifs dirigés par Missak Manouchian qui, ayant vu tous les leurs embarqués dans les grandes rafles de 1942, se réservaient les missions les plus périlleuses, ne redoutant pas que les pavés de Paris se couvrent du sang de leur sacrifice.

Le 27 juillet 1943, à 10 heures 45, Marcel Rayman retrouvait le domicile du boulevard Soult. Figure téméraire de l'équipe spéciale de la MOI, l'unité d'élite chargée des attentats les plus spectaculaires, il n'était pas apparu à son appartement depuis près d'une semaine, trop occupé à harceler les troupes allemandes.

Depuis le mois de juin, un jour sur deux, le détachement Manouchian frappait l'occupant. La guérilla urbaine, à coups de grenades lancées dans les hôtels et les restaurants réquisitionnés, de coups de feu sur les troupes ou les officiers supérieurs, visait à saper le moral des envahisseurs.

« " Marcel " sort à 11 heures 50, prend le métro à Porte de Vincennes, change à Bastille et descend à Porte de Pantin. Il se rend dans un restaurant 39, avenue de la Porte-de-Pantin à 12 heures 23. »

Aussi incroyable que celui puisse paraître, les frères Rayman gardaient leurs habitudes dans la clandestinité. Ils se retrouvaient régulièrement Aux Platanes. Parfois, ils préféraient Chez Bouboule, au 80, boulevard Diderot.

Marcel Rayman n'hésitait pas à se rendre à la piscine. Il faisait chaud cet été-là, et les inspecteurs de la BS 2 le virent se détendre au bassin de Pantin, le 10 août, puis à celui des Tourelles, les 16, 20 et 28 août. N'oublions pas qu'ils avaient vingt ans, ces gaillards, et qu'elles étaient belles ces Parisiennes aux jambes peintes, pour remplacer les bas, et recouvertes jusqu'aux genoux seulement par de jolies robes bouffantes.

Le 29 juillet, Marcel préféra se rendre sur les bords de la Marne. Il était accompagné de « Blondinet », en fait André Terreau, jeune militant, grand ami de Marcel, repéré par les inspecteurs Constant et André au restaurant de la porte de Pantin.

« A 14 heures 20, dit le rapport, ils arrivent à la mairie de Charenton où ils rencontrent un jeune homme qui attendait à proximité. Ensemble, ils se rendent à pied à la baignade de Charenton où ils pénètrent à 15 heures. Ce dernier rendez-vous n'ayant pas présentement un caractère politique, nous n'avons pas donné de signalement à ce jeune homme. " Marcel " et " Blondinet " sortent de la baignade à 17 heures 20, vont prendre le métro à la Mairie de Charenton. Ils changent à République et descendent à la Porte des Lilas. »

Échelonnés tous les cinquante mètres environ, chacun sur un trottoir, les inspecteurs André et Constant suivaient leur victime. Un travail de routine : spécialisés dans le repérage des silhouettes, ils reconnaissaient leurs proies de dos ou de profil. Les inspecteurs des RG maîtrisaient parfaitement le portrait parlé, cette méthode de police codifiée à la fin du XIXe siècle par le préfet Berthillon.

Entamée sous des auspices bucoliques, la journée du 29 juillet 1943 s'acheva en apothéose pour André et Constant. Marcel avait rendez-vous avec Léo Kneler.

Militant communiste en Allemagne dès les années vingt, contraint à l'exil, combattant de la 11e brigade internationale en Espagne, Léo Kneler était l'homme le plus expérimenté au sein de la section spéciale MOI. Les policiers ne parvinrent pas à l'identifier : ils le baptisèrent « Aumaire ». Bien souvent, les fileurs des Renseignements généraux surnommaient leur cible du nom de la rue où s'achevait la surveillance.

Suite du rapport : « " Marcel " pénètre 296, rue de Belleville. " Blondinet " achète un journal puis rejoint son ami dans cet immeuble. Quelques minutes après, " Marcel " sort portant un paquet et se rend sur les terrains vagues à la porte des Lilas, face à la rue Haxo. Il rejoint à cet endroit trois hommes qui étaient assis sur l'herbe, il est 18 heures 30. Ils répondent au signalement suivant : l'un que nous appellerons " Aumaire " : trente-cinq ans, un mètre soixante-cinq, corpulence forte, cheveux bruns, coiffés d'une casquette de couleur gris clair, visage rond et fortement coloré, entièrement rasé. Vêtu d'une veste grise ayant une tache de graisse dans le milieu du dos. Pantalon de bleu de travail. Souliers noirs. Il porte à la main une serviette en toile cirée noire. »

Au deuxième homme, baptisé « Piat », Marcel remit un paquet. La troupe se sépara.

« " Aumaire " et " Piat " vont ensemble à la porte des Lilas où ils prennent le métro. " Piat " descend à la station Pyrénées et se rend rue Piat où il pénètre à 19 heures 25 au n° 32, 1er étage, couloir gauche. " Aumaire " quitte le métro Arts-et-Métiers et pénètre à 19 heures 30 rue Aumaire, escalier de droite. Une surveillance exercée à proximité de ces deux domiciles n'a pas permis de revoir sortir les intéressés. »

Le lendemain, 30 juillet 1943, les inspecteurs André et Constant se fixèrent au 97, avenue Simon-Bolivar, au domicile de « la nommée Zenenbaum ». L'équipe de Gaston Barrachin avait logé le dénommé « Julien », connu également sous le sobriquet de « Legris ». Comment la BS 2 échouait-elle avenue Simon-Bolivar? Là encore, la dénonciation est l'hypothèse la plus crédible.

Qui se dissimulait sous le pseudonyme de « Legris »? Les traits étaient ceux d'un jeune homme de dix-neuf ans, né le 14 février 1914 à Lodz, en Pologne. Lajb Goldberg, de son vrai nom, avait pris contact avec la Résistance un an plus tôt, peu de temps après la déportation de sa famille. Il rejoignit d'abord le deuxième détachement puis, à sa chute, se mêla au détachement des dérailleurs.

Ce 30 juillet 1943, la surveillance ne donna aucun résultat. Le 2 août, les inspecteurs Plancheneau et Blanchin succédaient à leurs collègues. Ils eurent plus de chance et identifièrent Goldberg.

C'était un très bon fileur, Albert Plancheneau. Affecté d'office à la BS 2 en août 1942, fidèle à Barrachin, il répugnait au matraquage. Lui se réservait les planques, les longues traques. Sa spécialité, c'était plutôt le pillage à domicile. Au cours des arrestations, ce Breton farfouillait dans les tiroirs et commodes, embarquant sans scrupules les objets de valeur. Il savait bien que ces femmes et hommes conduits dans les bureaux de la BS, on ne les reverrait pas de sitôt.

D'un style télégraphique il notait : « " Legris " entre au 97 Av. Simon-Bolivar à 12 heures 25. Il sort à 16 heures 40 et se rend 82 bd de la Villette dans une librairie. Dix minutes après, il quitte ce magasin et revient 97 Av. Simon-Bolivar qu'il ne quitte plus de la soirée. »

Plancheneau collait à la silhouette de Goldberg. Le 3 août, dans l'après-midi, il le suivit jusqu'à l'hôpital psychiatrique de Villejuif. Là-bas, le jeune homme, paraissant habitué des lieux, se débarrassa de sa serviette en cuir. En soirée, il se rendit à pied dans une bijouterie. Puis regagna le domicile de sa fiancée, qu'il ne quitta plus. Sans doute la jeune fille glissa entre ses doigts une bague scintillante. La mort aux trousses, l'amour gardait ses droits.

Le lendemain matin, vêtu d'un costume gris clair et d'une chemise col Danton, chaussé d'une paire de cuirs jaune et blanc, Goldberg se rendit à pied dans la librairie de la rue de la Villette. Lorsqu'il sortit de la boutique, il portait sous le bras plusieurs livres. Dans l'après-midi, habillé d'un blouson vert et d'un pantalon de golf, il retourna à la librairie, se procura d'autres ouvrages, et regagna l'avenue Simon-Bolivar.

« Cet homme aime la lecture ou planque des informations », se dit Plancheneau.

Jusqu'au 11 août, si l'on en croit l'inspecteur, Goldberg ne quitta pas sa planque. Il ne se savait pas filé. De temps à autre, il fit quelques apparitions à la fenêtre, voilà tout. Il quitta son refuge à 14 heures 40. Il emprunta le métro jusqu'à la station Reuilly-Diderot et s'enferma au 9 *bis*, passage Stinville.

Constant et Lavoignat attendaient depuis une heure lorsque Goldberg, accompagné de deux hommes, ressortit dans la rue. Un frisson d'excitation parcourut les inspecteurs. Aucun doute : ces yeux si clairs et cette démarche volontaire, c'était bien « Marcel » et l'autre « Blondinet ». Tous deux portaient une serviette.

Boulevard Voltaire, Simon Rayman, mêlé à la troupe, disparut et prit le métro à Bagnolet. L'inspecteur Constant abandonna la trace de Goldberg, suivit Marcel Rayman et son compagnon, André Terreau : « Ils se rendent au 296, rue de

Belleville où ils pénètrent à 16 heures. " Simon " les rejoint à 17 heures. Ils ressortent tous trois à 17 heures 10, démunis de leur serviette et prennent le métro à la porte des Lilas. " Simon " descend au Père-Lachaise et " Blondinet " à République où " Marcel " change et descend à Saint-Philippe-du-Roule. A 18 heures, devant l'église Saint-Philippe, " Aumaire " les rejoint. Il est vêtu d'une cotte bleue et porte un béret. »

L'inspecteur Constant en eut le souffle coupé. Marcel Rayman, Lajb Goldberg et cet « Aumaire », non identifié, se retrouvaient au cœur du Paris allemand! Ça grouillait de pancartes gothiques par ici, les drapeaux à l'emblème nazi claquaient au fronton des hôtels réquisitionnés et, pourtant, une troïka de terroristes osait flâner au milieu des occupants!

A 18 heures 10, le trio se sépara place de la Madeleine. L'inspecteur Constant choisit de suivre « Aumaire ». Empruntant le métro, Léo Kneler (alias Aumaire) descendit à Strasbourg-Saint-Denis et se rendit rue Papin.

Là, un homme baptisé tout simplement « Papin » le retrouva. Un certain « Belgrand », qui n'avait pu être identifié dans une autre affaire, apparut aussitôt. « Papin » disparut à son tour.

Rebondissant de silhouettes en silhouettes, l'inspecteur Constant s'attacha à ses pas. Il le vit échanger des papiers autour de Denfert-Rochereau, retrouver une jeune femme de vingt ans à la porte d'Ivry, que l'on baptisera « Violine », puis se rendre, tranquille, au 1 ou 2, rue du Nord, à Ivry.

Ainsi, patiemment, au cours de filatures en apparence insipides, les RG identifiaient-ils de plus en plus de « terroristes » et, ne les lâchant pas d'une semelle, parvenaient à les loger.

XVII

L'ENCERCLEMENT

Au fil des jours, le contentement affiché par l'inspecteur Gaston Barrachin se muait en une insidieuse exaspération. Soir après soir, ses hommes rédigeaient les mêmes lignes anodines. Les « terroristes » menaient une vie d'une banalité confondante. Restaurants, piscine, achats divers, tout juste pouvait-on leur reprocher les petits mots échangés à la dérobée, dans les couloirs du métropolitain. Aucun doute, la filature s'enlisait. Marcel et les autres ne menaient pas la police sur les traces des grands chefs. Au lieu de quoi, on lisait : « 16 août 1943. " Blondinet " et " Simon " prennent le métro. A 14 heures 40 ils sortent à Opéra et cinq minutes après, pénètrent dans le cinéma Olympia 24, boulevard des Capucines. »

Dans les salles de cinéma, le spectacle continuait. A chaque séance, le Parisien avait droit, entre deux coupures de courant, à un documentaire, des actualités et un long métrage. En ce mois d'août 1943, Clouzot, après *L'Assassin habite au 21*, présentait *Le Corbeau*, le portrait d'une petite ville de province aux allures balzaciennes, traumatisée par des lettres anonymes pleines de fiel.

« A 17 heures 20, poursuivait le rapport, ils en sortent et reprennent le métro à Opéra, pour le quitter à la porte des Lilas. Ils gagnent la piscine des Tourelles où ils pénètrent à 17 heures 55. »

1er septembre 1943.

« " Marcel " sort à 9 heures. A 11 heures, nous retrouvons " Dupont " et poursuivons la surveillance de ce dernier. »

Ces quelques lignes, rédigées sans enthousiasme par l'inspecteur Plancheneau, sortaient la filature de l'enlisement. Les policiers ignoraient que sous le surnom de « Dupont » se dissimulait Joseph Dawidowicz, commissaire politique du deuxième détachement, repéré le 29 avril lors de la chute du groupe Krasucki. Particulièrement méfiant, il avait échappé à plusieurs tentatives d'arrestation. Promu commissaire politique de l'ensemble des FTP-MOI parisiens, Dawidowciz affichait la prudence des vieux routiers.

Une fois encore, ce 1er septembre, il se déroba. Pendant près d'une semaine, rue de Vanves, les inspecteurs Plancheneau et Blanchin, nouveau venu, tentèrent, en vain, de retrouver « Dupont ». Ils abandonnèrent cette piste.

Ils avaient tort. Les FTP-MOI, affaiblis par les arrestations du début de l'été et la dissolution du deuxième détachement, s'acharnaient contre l'occupant.

Le 3 septembre, les dérailleurs de la MOI, du quatrième détachement, sabotaient le Paris-Reims, tandis que les francs-tireurs du troisième détachement abattaient huit Allemands dans quatre lieux différents.

Le 8 septembre, le premier détachement embrasait, à la grenade, deux camions allemands. Le vacarme recouvrit les communes de Saint-Ouen et Stains.

Ce matin-là, Goldberg se rendit à pied au square des Buttes-Chaumont.

A 11 heures, autour de l'allée circulaire du lac, il rencontrait un homme de taille moyenne, le visage barré d'une petite moustache à la Charlot, engoncé dans un complet marron. Les inspecteurs André et Lavoignat l'appelèrent simplement « Chaumont ».

Tout au long de la journée, cet homme, filé, mena la BS2 sur les traces de quatre combattants spécialisés dans les déraillements : « Bongrain », « Nicolas », « Laporte », « Vincennes ». Dans la soirée, « Chaumont » et « Nicolas » furent logés au 10, rue Saint-Nicolas. A 18 heures, 15, avenue de la Porte-de-Vincennes, « Chaumont » rejoignit deux individus, nommés logiquement « Vincennes » et « Laporte ».

La filature de « Laporte », alias Emeric Glasz, allait se révéler capitale. Né à Budapest en 1902, ouvrier mécanicien, il avait rejoint les FTP-MOI en 1942. Sous le pseudonyme de « Robert » et la fausse identité de Bognard, il occupait de hautes responsabilités chez les dérailleurs.

Le lendemain, toujours au départ du domicile de Goldberg, les policiers retrouvaient Glasz, au cours de Vincennes.

« " Laporte " prend l'autobus 113 qui le transporte à la place d'armes à Neuilly-sur-Marne. En se méfiant, il emprunte la route qui passe au pont de Neuilly où il rencontre fortuitement un homme qui circulait dans sa direction. Ensemble, ils prennent une route absolument déserte menant à Noisy-le-Grand par le long de la Marne. Ils arrivent dans ce pays où ils se séparent face à la rue de la Baignade, l'inconnu entrant dans un pavillon et " Laporte " prenant la rue de la Baignade est brusquement perdu de vue. Comme il n'y a qu'une maison à cet endroit, il est à supposer qu'il est entré dans ce lieu. Il n'y a aucun numéro. C'est la première maison à gauche dans la rue de la Baignade. Il est 19 heures 25. En raison de la désertion *(sic)* absolue de cet endroit, il nous est impossible de continuer notre surveillance. »

Réfugié dans une maison à quelques kilomètres de la capitale, Glasz, en véritable professionnel, se méfiait à chaque instant. A mesure que les hommes des RG quittaient Marcel et ses jeunes camarades, ils se trouvaient en face de solides guerriers.

20 septembre 1943. A midi, Lavoignat et André retrouvèrent Glasz à son restaurant habituel, rue de Charonne « Il en sort à 13 heures 30 avec un paquet sous le bras. Il prend le métro à Bastille et descend à Italie. Par des voies détournées, il se rend rue Nationale où, entre la place Nationale et la rue Tolbiac, il rencontre " Laporte " et " Legris ". Il est 14 heures 30. " Laporte " tient un sac noir à la main. " Chaumont " a toujours son paquet sous le bras. A 14 heures 40 ils se séparent à l'angle de la rue Nationale et Tolbiac. »

Les inspecteurs suivaient Glasz : « Il pénètre dans l'immeuble sis au n° 37 de la rue Nationale. A 14 heures 55, il en sort avec une femme. Il n'a plus son sac. Signalement de la femme : nu-tête, châtain, veste grise, jupe bleue, assez forte de corpulence. La rue étant déserte, nous n'avons pu l'approcher afin de donner un signalement plus complet. La femme prend le métro à la porte d'Ivry. " Laporte " se rend avenue de la Porte-d'Ivry où à 15 heures il rencontre un individu que nous surnommerons " Ivry ". »

« Ivry » ? Cette silhouette ne disait rien aux inspecteurs de la Brigade spéciale. En pourtant, cet homme s'appelait Francis Boczor, chef du quatrième détachement. Son groupe, le jour même, avait provoqué à Nemours le déraillement d'un train de marchandises. Il fut logé à l'hôtel des Deux-Avenues, au 9, rue Caillaux.

A 17 heures, au square Painlevé, face à la Sorbonne, Glasz retrouvait deux hommes. L'un, nommé « Lerouge », était vraisemblablement Alfredo Terragni, dit Secondo, responsable technique de la MOI, troisième membre du triangle de direction composé de Dawidowicz, responsable politique, et Lissner, responsable aux cadres.

Le 22 septembre, à 8 heures du matin, André et Lavoignat virent Boczor sortir de son domicile. Il retrouva Glasz au quai Conti. Les inspecteurs, le jugeant plus important, le filèrent. Ils en profitèrent pour loger un autre individu : « Mouffetard ». Les piliers de la citadelle vacillaient.

Le lendemain, au square Painlevé, « Mouffetard » retrouva Boczor, embarrassé d'une musette. « Mouffetard » s'absenta quelques instants, puis réapparut en compagnie d'un jeune homme baptisé « Beauvais ». Quand Boczor, à son tour, s'éclipsa, les policiers filèrent le jeune inconnu qui, s'arrêtant pour regarder derrière lui, revenant sur ses pas, s'évanouit dans l'obscurité des ruelles du Marais.

24 septembre 1943.

« " Ivry " sort à 8 heures, il porte une musette qu'il détenait la veille. Il prend le métro à Tolbiac et descend à Jussieu. En se méfiant, il se rend à pied rue Lanneau, n° 1 *bis*; il y séjourne quelques minutes et sort sans musette. Il est à noter que 22 courant en suivant " Mouffetard " nous avions aperçu " Ivry " circuler rue des Carmes sans paquet, s'engager rue Lanneau et ressortir avec un paquet. Nous pouvons donc considérer cette adresse comme un dépôt de matériel. Après être allé rue Lanneau, " Ivry " prend le métro à Luxembourg et descend à Bourg-la-Reine. Il attend vingt minutes à la sortie et à 9 heures 20 est rejoint par un homme que nous surnommerons " Bourg ". Il répond au signalement suivant : trente-huit ans, un mètre soixante-cinq, corpulence forte, cheveux bruns bouclés coiffés en arrière, teint mat, type oriental, nez fort, sourcils épais. Vêtu d'un complet noir, chaussures jaunes. Porte une petite serviette noire.

Ils entrent au café, puis dans une boutique d'alimentation. Ils prennent alors la route de Paris. Ils arrivent ainsi à Montrouge où il s'assoient sur un banc. Ils achètent des fruits dans une boutique et arrivent à la porte d'Orléans. A cet endroit, ils échangent des papiers et se séparent à 11 heures 30. " Bourg " met des lunettes et se rend au coiffeur, avenue d'Orléans. Il fait quelques emplettes dans le quartier et à 12 heures 30, pénètre rue de Plaisance, au n° 11. Nous ne le voyons pas sortir. »

Ce 24 septembre 1943, les inspecteurs André et Lavoignat, involontairement, sans le savoir, logeaient le chef de la MOI, Missak Manouchian. Bientôt, il y aurait moins de lutte armée dans les rues de Paris.

Quelques jours passèrent et, le 28 septembre 1943, les inspecteurs de la Brigade spéciale marquèrent un nouveau point.

La scène se déroula aux alentours de la gare de Mériel, dans l'Oise. A 10 heures 10, ce matin-là, Manouchian prit le métro à Alésia, se retourna fréquemment, courut dans les couloirs, descendit à la gare du Nord. Il traîna quelques instants face au tableau des horaires, s'installa à la terrasse d'un café. Les inspecteurs André et Lavoignat, dissimulés dans la foule, le jugèrent dépité. Sans doute avait-il raté son train.

Autour de midi, il grimpa dans un compartiment. Le train s'ébranla et, une heure plus tard, Manouchian descendit, laissant tous les passagers devant lui. A la sortie de la gare, il rencontra un inconnu. Les inspecteurs l'examinèrent de dos. Voici leur signalement : « Trente-cinq ans, un mètre soixante-cinq, corpulence moyenne, blond, calvitie en couronne derrière la tête, vêtu d'une gabardine bleu marine à ceinture, pantalon marron, souliers noirs. »

Les deux hommes empruntèrent la route de L'Isle-Adam.

Après une halte dans un café, tandis que le ciel se couvrait de nuages noirs et épais, ils ressortirent accompagnés d'une femme à la corpulence assez forte, aux souliers jaunes. Elle les abandonna à la sortie du village.

Ils traversèrent un pont et, au milieu des bosquets, s'enfoncèrent dans un étroit sentier. La boue collait aux chaussures, le terrain glissait. Les inspecteurs notaient : « Notre surveillance devient extrêmement difficile. Nous les suivons à distance et d'après les traces de leurs pas. Ils s'arrêtent à un endroit situé à environ deux cents mètres du pont. Craignant d'être aperçus, nous faisons demi-tour pour nous cacher dans les bosquets afin de les voir passer dans le cas où ils seraient revenus en arrière. Après quelques minutes, n'ayant rien vu, nous reprenons le sentier dans leur direction. Nous ne les suivons alors qu'à la trace de leurs pas. Au bout d'un certain temps, nous perdons tous éléments de poursuite. »

Les Renseignements généraux avaient fait un nouveau pas en avant. L'inconnu qui avait rencontré Manouchian n'était autre que Joseph Epstein, responsable FTP de l'Île-de-France.

XVIII

LES DÉRAILLEURS

Concentrant leurs efforts sur le groupe d'hommes plus âgés et plus expérimentés qu'ils venaient de découvrir, les RG abandonnaient la surveillance des domiciles de Marcel Rayman et de ses amis.

Le 18 octobre 1943, partant de Boczor, les inspecteurs André et Constant distinguèrent, à l'entrée du cimetière de Bagneux, les visages de Dawidowicz et Secondo.

Le 21 octobre, en suivant toujours Boczor, de son domicile, ils assistèrent, gare de l'Est, aux retrouvailles de neuf dérailleurs. Six voyageurs (Legris, Chaumont, Pailleron, Gare, Mouffetard, Zone), par équipes de deux, prirent le train de 11 heures 45 pour Troyes.

Arrivés à destination, ils empruntèrent, après s'être restaurés dans une brasserie, la route de Dijon, toujours deux par deux, séparés d'une centaine de mètres. Lorsque la petite ville de Saint-Julien-les-Villas se couvrit de brouillard, les résistants, enveloppés dans l'obscurité, échappèrent aux inspecteurs.

Au petit matin, les policiers retrouvèrent les voyageurs à la gare de Troyes. Les pieds étaient boueux. Au dos, les sacs paraissaient vides. Dans la nuit, un train avait été saboté à Chaumont.

Un peu plus tard, les dérailleurs se dispersèrent tranquillement dans les rues de Paris.

« Le 26 octobre 1943, à 4 heures 44, le train de marchandises n° TP 1102 allant de Troyes à Paris a déraillé au PK 65.250, commune de Grandpuits sur la ligne Paris-Bellefort. Le sabotage est dû au détirefonnage du rail gauche de la voie sur une longueur de quinze mètres. »

Depuis deux jours, le commissaire de police de Sûreté Alfred Jouraneau enquêtait sur l'attentat qui avait coûté la vie à deux Allemands, détruit vingt-sept wagons remplis de blé, de bois et de moteurs d'avions. Jouraneau agissait conformément aux instructions du commissaire divisionnaire, chef du service régional de police de Sûreté à Paris. Trois hommes du gang des dérailleurs, Amédéo Usseglio, Willy Schapiro et Léo Goldberg, alias « Legris », croupissaient dans ses services. La Sûreté, au détriment des Renseignements généraux, pouvait s'enorgueillir d'une prise de choix, facilitée, il est vrai, par l'incroyable laissez-aller des « terroristes ».

Jouraneau poursuivait : « Le commissaire Bozon, chef de la Sûreté de Melun, en se rendant sur les lieux du sabotage, avait remarqué trois individus qui lui avaient paru suspects. En rentrant d'effectuer les constatations, il les rencontre à nouveau, vers 11 heures 40, circulant sur la RN 446. Interpellés, ces trois individus présentèrent des cartes d'identité établies par des commissariats de police d'État de Seine-et-Oise. »

Les suspects, fouillés au corps, dissimulaient deux pistolets et, dans leur sac, des outils de sabotage. Leurs cartes d'identité, bien sûr, se révélèrent fausses. Conduits à la brigade régionale de police de Sûreté, à Paris, ils déclinèrent leur véritable identité.

« Goldberg, dit le compte rendu, a indiqué que ses parents et son oncle ayant été arrêtés comme Israélites et se trouvant, de ce fait, sans ressources, il avait accepté les propositions d'un inconnu qu'il a rencontré dans un cinéma. Cet inconnu lui a proposé de faire partie d'un groupe de " Patriotes ". Cet inconnu lui a remis la fausse carte d'identité dont il était porteur au moment de son arrestation. Goldberg était appointé à raison de deux mille trois cents francs par mois. De plus, on lui fournissait des tickets d'alimentation et on lui remboursait ses frais de voyage. Ce même inconnu lui a dit également que dorénavant il s'appellerait " Julien ". »

Goldberg et Usseglio avouèrent leur participation à deux autres attentats. Salomon Schapiro indiqua d'abord qu'il travaillait, aux environs, dans une ferme. Deux jours plus tard, à son tour, il fit des déclarations complètes.

Ces arrestations, les premières depuis le début de la filature, consolidaient l'encerclement de la MOI. Au cours des interrogatoires, les policiers recueillirent les signalements des autres dérailleurs. Ils s'intéressaient plus particulièrement à celui qui faisait figure de chef, « André », auquel correspondaient les traits de Boczor.

Sous l'inculpation de sabotage de voie ferrée, les trois compagnons furent mis à la disposition de M. le procureur de la République et conduits au dépôt de la préfecture de Police.

La Brigade spéciale 2 reconnut immédiatement Goldberg et Schapiro.

Ce 26 octobre 1943, au moment où la Sûreté s'emparait des trois dérailleurs, les Renseignements généraux décidaient, tout en poursuivant les surveillances, d'interpeller Dawidowicz.

Les inspecteurs André et Constant le filèrent de son appartement, situé à Clamart, jusqu'à la gare de Conflans-Sainte-Honorine. Ignorant encore l'importance de leur proie, ils l'arrêtèrent. Ils s'étonnèrent simplement de la somme d'argent enfouie dans son paletot : trente-trois mille francs.

La visite domiciliaire, au 2, rue de la Fontaine, provoqua la stupeur de la Brigade spéciale. Les policiers saisirent trois ordres du jour adressés aux FTP, une note destinée au comité militaire régional, une autre au comité militaire interrégional, deux comptes rendus de la MOI du 1er au 20 août 1943, un rapport financier pour le mois de septembre. Ils découvraient, par ailleurs, deux listes d'effectifs, et un état numérique dactylographié de divers détachements.

La cinquième section de Gaston Barrachin se mit au travail. Une planque, un rendez-vous, des responsables : Dawidowicz devait parler. Était-ce la peur de la torture ou la torture elle-même ? Au deuxième étage de la galerie sud, dans la pénombre de la salle 35, Dawidowicz parle :

– Qui fait quoi ?

– Qui est qui ?

Ces deux questions tracassaient l'inspecteur Barrachin et son équipe, familiers de la troupe MOI depuis tant de semaines. Y répondre, c'était mettre un terme à la filature. Car « les comploteurs balkaniques », comme les surnommait la presse, menu fretin, frétillant dans Paris, ne captivaient pas les Brigades spéciales. Les RG voulaient les chefs. Qu'ils s'effondrent un par un ! Et, quelque part, il y aurait bien Duclos !

Les aveux de Dawidowicz permirent de mettre au point l'organigramme des FTP-MOI. A sa tête, Manouchian. Ce dernier rencontrait Epstein, son supérieur, tous les mardis. Le couperet se fixait au-dessus de la tête de l'Arménien.

Des inspecteurs des Brigades spéciales à l'âme résistante envoyèrent, à des adresses différentes, deux pneumatiques. Ils signalaient, d'une part, l'étendue de la filature entreprise contre les membres de la MOI, de l'autre, les aveux « d'un Juif ». Les avertissements restèrent sans résultats.

En attendant la mise à mort, les journées, ordinaires, s'écoulaient lentement à la préfecture de Police. Dans les bureaux des RG, on se passionna pour le numéro de l'hebdomadaire *Toute la Vie* qui, dans son édition du 29 octobre, glorifiait les forces de l'ordre. Un reportage photo en dix épisodes révélait le plan d'intervention mis en place par la préfecture de Police. « Trois minutes pour isoler un arrondissement du reste de Paris », exultait le journal :

« 1. Le 5 octobre, rue Mogador, à une heure très matinale, un courtier en diamants est assassiné par deux malfaiteurs. Tandis que l'un détrousse, l'autre fait le guet. Mais une dame voit la scène. Elle téléphone au 17, numéro d'alarme.

2. M. Hennequin, directeur général de la police municipale à qui Paris doit sa signalisation électrique, son réseau d'avertisseurs, ses postes de police-secours et que ses subordonnés surnomment « l'Américain », a doté la région parisienne, depuis l'an dernier, d'une puissante organisation automatique pour la capture de malfaiteurs.

3. A la préfecture de Police, le bureau des transmissions ordonne à l'instant le blocage du IXe arrondissement et de l'îlot-attentat.

4. Nuit et jour, dans les postes de police-secours, un effectif nombreux de gardiens est sur le pied d'attente.

5. Aux avertisseurs, les hurleurs appellent les agents en service qui reçoivent l'ordre de se rendre à des points précis.

6. Un car dépose des gardiens qui se déploient en barrage sur trois rues. Il faut maintenant présenter ses papiers.

7. Des cyclistes ont repéré les malfaiteurs. Ils tirent. L'un est tué, l'autre se réfugie dans l'immeuble.

8. L'investissement s'organise. Il s'agit, en outre, d'éviter la fuite par les toits voisins.

9. Le meurtrier se hisse sur les toits par le vasistas du sixième.

10. Vaine retraite. Des gardiens arrivés par les toits voisins le guettent, revolver au poing. Le criminel aux abois se rend. »

Destiné aux malfaiteurs, ce « plan d'intervention », précisait le journal, pouvait servir contre les terroristes. La propagande policière, hélas, ne mentait pas.

XIX

LA CHUTE

Le mardi 9 novembre 1942, les inspecteurs André et Constant suivirent Manouchian jusqu'à la gare de Lyon où, compagnons involontaires, ils embarquèrent par le train de 8 heures 2.

Descendus à Brunoy, les policiers aperçurent, à la sortie de la gare, Epstein, alias « Mériel », dont ils firent un portrait précis : « Trente-cinq ans, un mètre soixante-deux, râblé, cheveux blonds très clairsemés sur le dessus, figure osseuse, chapeau mou marron, complet marron, raglan gris-noir, aspect petit-bourgeois.

Ils se rendent à Épinay-sur-Senart puis font demi-tour et se rendent dans un café devant la gare de Brunoy où ils demeurent cinquante minutes. Ils se séparent à 11 heures 30. " Bourg " prend le train en direction de Paris. " Mériel " se rend chez un coiffeur, 5, place de la Mairie, d'où il sort un quart d'heure plus tard. Il prend alors le train et descend à Combs-la-Ville à 12 heures 30. »

Epstein retrouvait un autre individu. Les deux hommes se promenèrent avant de retourner à Paris où, rue de Bercy, ils se séparèrent. Epstein se dirigea vers un restaurant : « En flânant, il se rend au tabac situé à l'angle du quai de la Râpée et du boulevard Diderot, puis au Clairon de la Bastille. Ce café ayant trois sorties, nous ne le voyons pas ressortir. »

Epstein et Manouchian se savaient traqués, encerclés. Les jours suivants, les inspecteurs André et Constant notaient dans leur rapport : « " Bourg " regarde derrière lui avec insistance, nous abandonnons la filature par crainte d'éveiller son attention. »

Ce même 9 novembre 1943, la Brigade spéciale n° 2 arrêtait Paulette Berger-Lewin, alias « Solange », repérée lors de la filature du printemps, agent de liaison de la direction MOI en Île-de-France. Les rescapés, eux, poursuivaient l'action.

Le 12 novembre, sept combattants du troisième détachement attaquaient, rue Lafayette, un convoyeur de fonds allemand. Postées sur les lieux, les forces de la police et de la Feldgendarmerie ouvrirent le feu. La fusillade, terrible, provoqua l'arrestation de Rino Della Negra, grièvement blessé. Son compagnon, Robert Witchitz, réfugié dans une cave rue de Provence, dénoncé, fut capturé dans l'après-midi.

A mesure que les heures passaient, un par un, les membres de ce groupe tombaient aux mains des forces de l'ordre. Comment expliquer une pareille hécatombe? Les Renseignements généraux connaissaient le lieu et la date de l'attentat.

Le 16 novembre 1943, le commissaire Barrachin, accompagné des inspecteurs André, Constant, Lavoignat et Chouffot, guettait, à proximité du 11, rue de Plaisance, le départ de Manouchian. Barrachin dictait ses derniers ordres. Le souffle de sa voix, qu'il avait sourde et bourdonnante, formait des nuages de brume dans l'air froid et humide. Ce mardi 16 novembre 1943, Manouchian et Epstein devaient se rencontrer.

Lorsque le responsable militaire régional des FTP-MOI parut, les policiers se dispersèrent. Barrachin, le port de tête altier, regardait droit devant la nuque de Manouchian, grignotée par des cheveux broussailleux. Tous, glacés, arrivèrent gare de Lyon.

Ils quittèrent le train à la commune d'Évry-Petit-Bourg. Manouchian vit Epstein qui s'enfonçait en direction de la Seine. Il le suivit. Les cinq hommes de la Brigade spéciale le talonnaient. Epstein accéléra le pas. Il descendit vers les berges, grasses et couvertes de flaques. Les policiers se séparèrent : deux pour Manouchian, trois pour Epstein. Retrouvant une allée au sol dur, Epstein se mit à courir. Gaston Barrachin et ses acolytes, échelonnés tous les quatre-vingts mètres, se lancèrent à sa poursuite.

L'inspecteur Chouffot tira le premier. Plusieurs coups de feu furent nécessaires avant qu'Epstein, pareil à un solide animal, puisse être maîtrisé. Menotté dans le dos, il se débattait encore.

Un peu plus loin, Manouchian, cerné par les deux inspecteurs, se rendit à la seconde sommation.

En début d'après-midi, Marcel Rayman, Olga Bancic, responsable du dépôt d'armement, et Josef Svec furent arrêtés. Dans les poches du jeune homme, les policiers saisirent une feuille sur laquelle était consigné l'emploi du temps du commissaire David, prochaine cible de l'équipe spéciale.

La Brigade spéciale 2, en ce mois de novembre 1943, réussissait son coup le plus magistral : sur les trente-cinq militants repérés depuis des mois, cinq seulement échappaient à ses griffes. Le détachement des dérailleurs? Entièrement décimé. L'équipe spéciale? Anéantie. Seul Léo Kneler échappait à la rafle.

Les policiers des Renseignements généraux ne se contentaient pas de décapiter la MOI. Les FTPF, à partir d'Epstein, sombraient à leur tour. Non que ce dernier ait parlé. La BS 2 savait, comme en témoignent les rapports, qu'elle tenait le responsable militaire interrégional FTPF. Qu'il parlât, et tout le comité militaire national tombait!

Epstein, en dépit d'effroyables tortures, refusant même de décliner son nom, ne dit mot. Mais quelques carnets de papiers à cigarettes, couverts d'une écriture microscopique, dont il n'avait pu se débarrasser, conduisirent les RG vers d'autres militants. Du 23 novembre au 10 décembre, une filature provoqua le démantèlement du « groupe spécial ». Au total, quarante autres résistants tombèrent entre les mains des RG. Vingt-neuf d'entre eux, condamnés à mort, furent exécutés au Mont-Valérien.

Le 15 février 1944, devant la cour martiale du tribunal allemand auprès du commandant du Grand-Paris, s'ouvrit le procès des vingt-trois, considérés comme le noyau dur de l'organisation FTP-MOI. Les villes de France se couvrirent d'une affiche rouge sur laquelle se détachait, en médaillon, le visage de dix accusés. Les photos, légendées, indiquaient pour chacun le nom, la nationalité et le nombre d'attentats reproché. Au mot « Libérateur? », en haut, répondait, en bas, « La libération par l'armée du crime ».

Le quotidien *Le Matin* du samedi 19 février 1944, sous la plume de Pierre Malo, rendit compte du procès : « Il devait sans doute être difficile pour ceux qui l'avaient vu une fois d'oublier le visage de Manouchian. Des cheveux de jais, des yeux de nuit, des sourcils touffus dont les pointes s'allongent sur les tempes où elles rejoignent les pattes, la partie inférieure du visage avancée comme un groin. »

Paris-Soir, dans son édition du 21 février, en rajoutait dans la zoologie, prouvant que l'action des Renseignements généraux recevait l'appui d'une certaine opinion : « Alfonso a le visage classique du terroriste : teint olivâtre, cheveux corbeau, œil vif et mauvais (...)

Le Hongrois Boczor, visqueux individu au visage de chouette, le plus réussi peut-être de cette horrible galerie de terroristes. »

La presse se déchaînait contre les « bandits de vingt ans ». Pierre Malo, décidément expert, confiait ses états d'âme : « Une inexprimable angoisse, je l'avoue, m'étreint au moment de satisfaire le lecteur. Il y a des moments où le métier de reporter est écrasant. Je cherche... J'ai beau chercher... Une seule expression répond à mes impressions sinon aux circonstances : les accusés se comportent comme des enfants pris en faute (...). Ils répondent d'un meurtre comme d'une peccadille. J'en ai même vu sourire, d'un sourire contraint, d'un sourire niais, d'un sourire épouvantable. »

Le 21 février 1944, une angoisse, bien réelle celle-là, dut saisir les condamnés à mort. Sur les vingt-deux corps qui roulèrent au pied des arbres du Mont-Valérien, Pierre Malo n'aurait pu distinguer un seul sourire niais. Quant à Olga Bancic, seule femme du procès, envoyée dans une prison à Stuttgart, elle fut décapitée à la hache.

XX

DAWIDOWICZ

Deux hommes en armes traînaient un cadavre. Ils traversèrent les ruelles éteintes d'une cité de banlieue, Bourg-la-Reine, en direction d'un terrain vague. Là, ils déposèrent la dépouille, la recouvrirent tant bien que mal. Sous les amas, s'étalait Joseph Dawidowicz, quarante-trois ans, exécuté par la direction de la MOI.

Quelques semaines avaient suffi pour que le parti clandestin soit convaincu de la culpabilité de cet homme. Le 3 décembre, les poignets ensanglantés, la manche de l'imperméable trouée par deux balles, il s'était présenté au domicile de Sarah Rozencwaig, militante du XIXe arrondissement. La règle voulait qu'on se méfiât, *a priori*, de toutes les évasions. Les services de renseignements de la MOI, épargnés par les chutes, dirigés par Cristina Boico, une intellectuelle roumaine, avaient observé Dawidowicz. Selon Boris Holban, chef militaire des FTP-MOI de Paris, Dawidowicz avait commis deux fautes.

Alors qu'il avait réclamé un jeu complet de pièces d'identité, il fit parvenir une photo retouchée en atelier. Un évadé, traqué, a pour habitude d'utiliser un appareil Photomaton. Contrairement aux ordres de la direction, il était, en deuxième lieu, sorti, un matin, de sa planque, y réapparaissant dans l'après-midi. Ce jour-là, on le vit téléphoner. Par ailleurs, peu de temps avant sa réapparition, un policier résistant avait fait passer le message suivant : « Attention, un FTP juif a parlé. » Trop de soupçons pesaient sur Dawidowicz.

Cristina Boico se présenta au refuge du « traître » et adressa un rapport sur les événements de la nuit au Parti. Les noms, par sécurité, ont été remplacés par des clefs. A la lettre *S* correspond Dawidowicz, *C* Epstein, *T* Holban, *M* Manouchian. *Les mots soulignés le sont par l'auteur.* « Mercredi 29 décembre, à 18 heures 50, j'étais introduite chez S par la camarade chez qui il habitait. Mon accueil fut peu enthousiaste. D'abord, il me déclara qu'il ne s'attendait pas à ce que ce soit moi qui vienne le trouver; ensuite, il me demanda si j'assurais actuellement les liaisons. Je répondis à toutes ces questions et j'essayais en même temps de lui montrer mon contentement de le retrouver; ainsi que mon admiration pour son courage. Il s'anima un peu et, pendant un quart d'heure, il m'entretenait uniquement de sa femme, ses besoins matériels et sa santé. Aucun mot sur les camarades qui sont dedans ou sur l'organisation.

Je lui posai alors quelques questions. Il me déclara évasivement n'avoir vu personne en dehors de C, avec lequel il n'avait pas parlé, mais avait été confronté. Il était au courant du fait que C avait été arrêté avec un responsable, un mardi matin, qu'il était armé, qu'il n'avait pu se servir de son arme, qu'ils avaient été abordés par quatre inspecteurs à la fois. Après quoi, il me dit :

– Maintenant, vous chômez, n'est-ce pas? D'ailleurs vous auriez dû cesser tout travail aussitôt après mon arrestation.

J'en profitai pour lui dire que c'était précisément la crise d'effectif qui nous obligeait à prendre contact avec lui. Bien qu'il fût recherché par la police. En même temps, je l'avertis du rendez-vous fixé le soir même, dans la nouvelle maison que nous mettions à sa disposition.

Il se montra surpris, puis mécontent. Il nous reprochait de ne pas l'avoir prévenu la veille. Il souleva la difficulté des papiers. A ces mots, je sortis ceux qu'on lui avait préparés. Il était bien content de revoir une carte d'identité et me raconta que la précédente carte était si bien faite que jamais la police n'avait voulu admettre qu'elle était fausse, étant persuadée qu'elle avait été fabriquée par un policier. A partir de ce moment, et comme je lui disais être pressée, il commença à s'habiller, tout en me disant qu'il ne coucherait en *aucun cas* dans la maison où je l'introduisais. Enfin, il insista encore pour que j'ajourne au lendemain matin ce rendez-vous. »

Cristina Boica usa de toute sa persuasion pour rassurer Dawidowicz. Il avait les gestes tendus, sa main s'attardait dans ses cheveux, son regard s'attardait sur la glace du salon.

Enfin, pareils à un couple, ils quittèrent l'appartement, s'engouffrèrent dans le métro. Porte d'Orléans, Dawidowicz, se dirigeant vers la sortie, disparut dans la foule. Cristina le retrouva, le pas énergique, se faufilant vers l'escalier.

– Je t'ai confondue avec une autre personne, expliqua-t-il.

Le reste du trajet se déroula sans incident.

« A 20 heures 30, selon les instructions reçues, je me trouvais avec S devant la maison. Jusque-là, sa méfiance n'avait nullement été éveillée. Même la vue de la maison, plongée dans l'obscurité, ne le fit pas reculer.

Une fois dans la maison, une attaque organisée et foudroyante l'immobilisa. Ensuite, les bras et les jambes attachés, il a été introduit dans une pièce absolument isolée. Sorti de l'abrutissement dans lequel cette attaque l'avait plongé, il vit trois revolvers dirigés contre lui. Après une fouille minutieuse, l'interrogatoire commençait.

– Tu es ici pour nous déclarer exactement ce que tu sais, ce que tu as fait depuis le jour de ton arrestation, jusqu'à présent. Nous savons que notre organisation est en danger. Parle honnêtement, dis-nous ce que la police sait, ce qu'elle recherche et où nous devons nous défendre. Si tu as commis des fautes ou des faiblesses, le Parti est prêt à te les pardonner, te donner la possibilité de t'enfuir pour échapper à la police, et recommencer ta vie. Si tu essaies de nous tromper, tu crèveras au fond d'un canal, en lâche et en salaud, couvert de mépris et de honte. Et la police ne pourra rien faire pour toi. Réponds aux questions suivantes : Quand, où et comment tu as été pris? Est-ce qu'on savait ce que tu faisais?

– J'ai été arrêté mardi 26 octobre à Conflans. Emmené au poste de police de la ville, de là aussitôt dirigé vers la préfecture de Paris, et interrogé par la Brigade spéciale. Elle est divisée en deux parties. Celle qui s'occupe des FTP est la BS 2. J'ai été interrogé le lendemain matin. Je me trouvais au deuxième étage, escalier D ou E. Ils savaient tout de moi, et notamment mon grade de commissaire. Ils m'ont montré un plan qui contenait une liste de mes rendez-vous. J'avais sur moi la somme de trente-trois mille francs. Tout de suite, ils m'ont montré des photos.

– Qu'est-ce qu'on te reprochait?

– L'action du boulevard Malesherbes où fut arrêté un camarade égyptien. On m'a dit qu'après cette action j'ai eu un rendez-vous avec Paul, porte Dauphine. Ils m'ont parlé aussi de toutes les actions.

– Comment ont-ils attrapé ta femme?

– Ils connaissaient son adresse du 30. La police française ne l'a pas prise, mais les Allemands l'ont arrêtée il y a quatorze jours.

– Quand es-tu sorti ?
– Vendredi soir, un jour après l'arrestation de ma femme.
– Avez-vous été confrontés ?
– On m'a présenté ma femme à Fresnes, où j'étais transféré depuis le 17 ou 18 novembre. Je n'ai été interrogé que par les Français. Pas par les Allemands.
– Qu'est-ce que la police t'a proposé ?
– Rien.
– Depuis quand as-tu accepté d'être à leur service ?
– Je ne vois pas ce que tu veux dire.
– Comment tu t'es échappé ?
– On m'a confronté à Fresnes avec C. Je n'ai rien reconnu. On m'a battu. Ensuite, on m'a présenté ma femme. Elle pleurait. On lui a dit que c'est par ma faute qu'elle était arrêtée. On ne m'a plus battu, mais la nuit j'ai fait une crise durant laquelle je criais, pleurais, tapais contre les murs de ma cellule. J'étais sûr de mourir.

Le lendemain, ce fut pareil. Ils ont appelé leur infirmière. Je pensais qu'ils voulaient me transporter à l'infirmerie. Mais ils m'ont transféré à la Pitié. A 18 heures, je quittais la prison dans une voiture de tourisme, accompagné par deux militaires allemands. Je me trouvais au fond de la voiture. J'ai remarqué que notre moteur était dérangé. Peu de temps après, il y a eu une panne. Les Allemands sont sortis avec leur lampe électrique et, ne pouvant rien faire, ils se sont mis à attendre le passage d'une voiture pour les dépanner.

Je me suis rendu compte de la situation. J'ai essayé d'arracher mes menottes. La main droite fut libre. Lorsqu'un camion s'est approché, j'ai profité de l'inattention de mes gardes pour m'échapper. Ils se sont aperçus de mon absence et se sont mis à tirer. La nuit me protégeait. Je me retrouvai sur un champ. Je me suis renseigné : j'étais à Antony. Je suis arrivé à la porte d'Orléans vers 19 heures 30 et, une heure plus tard, je débarquais chez la camarade qui m'a hébergé. Les voisins m'ont aidé à retirer la seconde menotte.

– Comment as-tu obtenu des tickets de métro pour venir chez la copine, après ton évasion ?
– En m'envoyant de la préfecture à Fresnes, on m'a rendu tout ce que je possédais, sauf la carte d'identité et l'argent. A Fresnes, j'ai réussi, avant la fouille, à cacher un peu de tabac, des allumettes, un crayon et les billets de métro : je pensais que mon devoir était de m'évader pour prévenir les camarades en danger.
– Qu'est-ce que tu avais à nous dire d'urgent ?

– Je voulais dire que tous ceux qui restent sont en danger. Que la filature a continué. Que le travail doit cesser. »

Ici, Dawidowicz livrait les noms, codés par les lettres F, Z, O, X, XX, de militants surveillés.

« En quelle qualité on te racontait tout ceci ?

– Puisque j'étais gardé par les inspecteurs, j'ai surpris leurs conversations. je les ai entendus parler de Lucie (la provocatrice juive du Second détachement). Au début, disaient-ils, elle avait bien travaillé !

– Quelles autres choses intéressantes avais-tu à nous dire ?

– Qu'il faut changer les hommes. D'abord T qu'ils considèrent comme l'âme des FTP depuis un an et demi.

– Si tu avais des choses très importantes à nous dire, pourquoi voulais-tu reculer ce rendez-vous ?

– Je voulais parler avec la direction de la MOI », répondit Dawidowicz.

L'interrogatoire, presque cordial, changea brusquement de ton. Dawidowicz s'obstinait :

« Il y a des provocateurs professionnels, et des provocateurs par faiblesse. Dès le premier jour de ma sortie j'ai voulu vous parler, car je sais que le Parti prend des mesures et contrôle la situation de ceux qui se sauvent. Malgré cela, dès le premier jour que je me suis trouvé à la préfecture, j'ai compris le danger qui menaçait le Parti : ma seule pensée se dirigeait vers l'évasion, ma seule pensée était de sauvegarder la vie de l'organisation. J'ai vu que, quinze jours après ma chute, les arrestations commençaient. Je n'avais pas parlé. Au moment de mon interpellation, j'avais avalé la liste des douze rendez-vous qui se trouvait sur moi. Aucun camarade n'a eu à en souffrir. Ils ont trouvé sur moi tout le reste...

– Nous ne voulons plus écouter des histoires et des mensonges. Réponds à ceci :

1. Ce que la police a demandé aussitôt sur nous, et ce que tu as donné ?
2. Depuis quand es-tu à leur service ?
3. Quand ont-ils promis de te relâcher ?
4. Avec qui es-tu en liaison ?

– A partir du moment où ils ont eu la liste de l'effectif, ils sont venus me dire : “ On te connaît maintenant. Avec qui es-tu en liaison ? ” J'ai répondu avec un camarade de la MOI. On m'a demandé si c'était M, si c'était un rédacteur d'un journal juif. J'ai répondu que je ne savais pas, mais que je le voyais en général trois fois par semaine, qu'il assurait la direction politique de la région. A côté de cela, je voyais un camarade français avec lequel j'avais une liaison plutôt administrative. Il nous passait l'argent, les tickets, etc. Le camarade français actuel s'appelait Jacques.

J'ai dit que, de la part de la MOI, je ne savais si c'était M ou K que je voyais. La police m'a dit que K était secrétaire général du MOI, tandis que M assumait la responsabilité des FTP. Ils m'ont montré un interrogatoire de E qui travaillait dans la solidarité et était près de la direction de la MOI. Celui-ci aurait déclaré que la direction était assurée par un secrétariat composé de K, M et N.

On m'a demandé avec lequel j'étais en liaison. J'ai répondu que je ne savais pas. On m'a demandé par la suite ce que signifiait la liste d'argent. J'ai répondu que je la tenais de la vente des tickets. Ils voulaient savoir ce que je faisais comme travail au moment de mon arrestation. Ils savaient que j'étais monté plus haut que je ne l'étais en juin. Ils savaient tout sur le Second détachement.

Ils m'ont interrogé et battu pendant trois jours et trois nuits. Aussitôt après mon arrestation, ils m'ont montré des photos.

– Y avait-il les photos de ceux qui ne sont pas dedans?

– Non, personne. »

Et Dawidowicz, cerné, s'effondra.

XXI

L'AVEU

« Depuis quand ils t'ont embauché ?

– Depuis Fresnes. Ce sont les Allemands qui m'ont proposé de travailler avec eux. J'ai refusé. Quand C est venu, j'ai compris que j'étais perdu. Ils ont emmené ma femme. J'ai protesté : Ma femme n'a rien fait, elle n'a jamais travaillé !

On m'a dit qu'on ne lui ferait rien à condition que j'accepte de travailler pour eux. Sinon, ils la fusilleraient. On a parlé et on m'a demandé de trouver T, M, K, N et D.

Ils savent que X n'est pas dans les FTP. En ce moment, *ce n'est pas la base qui les intéresse, mais la direction.*

Si tu sors, m'ont-ils dit, tu sauveras ta peau. Nous avons encore des hommes dehors qui travaillent pour nous. On m'a parlé d'un Polonais. Je ne sais pas qui il est, mais il paraît qu'il a déjà donné une certaine XXXX.

Après ces menaces, en voyant ma femme, j'ai attrapé une crise. Ils m'ont interrogé toute la nuit. On m'a menacé de terroriser ma femme devant moi.

Vu la situation du Parti, le danger couru par la MOI, j'ai accepté leur proposition, pour sauver le Parti et ma femme.

– A quelle date as-tu accepté ?

– Le dernier jour. Je n'ai donné aucun logement de camarade. Je n'ai rien d'autre à dire. Ma femme fut arrêtée jeudi. Dans la nuit, j'acceptais ces propositions.

– Qu'est-ce que tu as accepté ?

– On m'a juré de relâcher ma femme le jour où j'emmènerais les résultats. Et je suis parti promettant de chercher la direction de la MOI.

– Qu'est qu'ils ont donné comme argent?

– Rien. J'en ai demandé, je n'ai rien obtenu. Je devais aller chez la concierge et commencer la vie comme un homme qui se sauve. On m'a refusé des papiers. Selon eux, la MOI me les procurerait. Une fois la carte d'identité délivrée, je devais leur téléphoner : Ély. 24.10, le Stürfuhrer Wiro.

Je pouvais le joindre vers 19 heures 30, car il mangeait là-bas. J'ai téléphoné vendredi dernier. Il m'avait donné quinze jours pour reprendre les liaisons. J'ai téléphoné en disant que tout allait bien, que j'avais déjà vu un représentant de la MOI, mais je n'avais pas de papiers. Je demandais le relâchement de ma femme. Wiro voulait une entrevue personnelle. J'ai refusé sous le prétexte que je n'avais pas encore de papiers.

– Quel a été le plan de travail?

– Il fallait que je loue une chambre, ensuite une autre assez bien où j'aurais la possibilité de rencontrer Wiro. Il m'a dit qu'il avait, personnellement, pris le risque de mon relâchement, qu'il avait confiance en moi, mais que si je tentais de me sauver, il parviendrait toujours à me retrouver. Je devais le voir cette semaine ou, au plus tard, en début de semaine prochaine.

– As-tu donné l'adresse où tu le recevrais?

– Non.

– Quelles garanties avaient-ils de te revoir?

– Ma femme.

– Comment ont-ils organisé ton évasion?

– Ils m'ont transporté vers un hôpital et ont réellement tiré sur moi. Personne, pas même le surveillant de la prison, ne devait être au courant de notre plan. Ils ont dit qu'ils me transportaient à Drancy. De Fresnes, je suis sorti comme un vrai prisonnier. Dans la voiture, ils m'ont expliqué que je devais apparaître comme quelqu'un criblé de balles. Les Allemands se sont arrêtés. Ils ont arrêté les phares. Nous sommes sortis en rigolant, l'Allemand m'a dit : “ On va te fusiller. ”

Il a pris la manche de ma gabardine et a tiré. Voyant qu'il ne m'avait pas touché le bras, visiblement déçu, il la tiré un peu plus bas. Là encore, il m'a raté. Nous sommes alors partis en voiture jusqu'à la porte d'Orléans. Ils ont voulu simuler une évasion, mais il y avait trop de monde.

L'Allemand m'a simplement arraché la menotte droite, ayant soin d'attraper la peau pour que cela paraisse plus vraisemblable.

A propos de Wiro, je sais seulement qu'il mange à l'hôtel Bradford. Il y vit peut-être. Il est grand, âgé de trente-huit ans à peu près. Il m'avait donné un autre numéro : Anj. 84.25. Je pouvais le joindre dans la journée. Je devais m'annoncer par le nom de César.

C'est tout ce que j'ai à dire. J'ai dit la vérité.

– Ce n'est pas vrai que tu as accepté cela pour le Parti. Tu as voulu sauver seulement ta peau. Tu es allé jusqu'à vendre ta femme, pour qu'ils aient une garantie contre toi.

– J'ai voulu sauver ma peau, d'accord, mais j'ai beaucoup pensé à vous. Je n'ai rien d'autre à ajouter. »

Cristina Boico concluait :

« Après ces mots, nous avons décidé de passer à l'exécution. Jusqu'à la fin, S n'a pas quitté son attitude basse, lâche et sale. En l'absence de T et de moi-même, il a essayé d'attendrir les deux autres camarades en parlant de sa vie de militant et de vieux révolutionnaire. Ceci lui paraissait d'autant plus facile que *les camarades U et A ont montré une certaine faiblesse qui se manifestait par exemple dans le fait que, tout en gardant le revolver dirigé contre lui, ils lui parlaient presque en copain, et non comme le traître et le criminel qu'ils étaient amenés à juger et exécuter.*

Malgré cela, si la première étape de sa déclaration pouvait laisser un certain doute dans l'esprit de ces camarades, la seconde partie nous a révélé sa lâcheté et son crime, et les camarades ont participé à cette exécution avec tout leur cœur. »

QUATRIÈME PARTIE

LES POLICIERS RÉSISTANTS

XXII

LES « TRAÎTRES » DES BRIGADES SPÉCIALES

L'inspecteur Albert Lozinguez, de la BS2, était en quelque sorte un agent double. Tandis qu'il participait à l'arrestation, mouvementée, d'Arthur Dallidet, il entrait en contact avec le mouvement de résistance Défense de la France.

Jusque-là, mêlant conscience et possibilité d'action, il agissait selon son inspiration. Affecté aux XIIIe, XVIe et XVIIe arrondissements, il subtilisait des documents, prévenait, par pneumatique ou téléphone, des militants, fournissait des cartes d'identité.

En 1941, Victor Fleming adaptait à l'écran le célèbre *Docteur Jekyll et Mr. Hyde*. Albert Lozinguez, lui, prévenait, résistant, la sœur du suspect Ventura, recherché dans le cadre de la surveillance du café Chez My, alors que, policier, il empochait deux cents francs de prime pour son comportement exemplaire lors des affaires Pican et Dallidet.

Lozinguez travaillait au coup par coup. L'inspecteur Joseph Curinier, de la BS1, devait, lui, jouer un rôle d'agent de liaison autrement plus important. Il avait été chargé de retrouver le colonel Dumont, l'officier sans nom. La veille de l'assaut provoqué par le coup de feu du gardien de la paix Leblanc, il s'était volontairement fait griller devant l'immeuble de la rue Debidour. Le colonel avait été surpris par la silhouette maladroite du policier. Du regard, accentuant le caractère insolite de sa présence, il lui intima l'ordre de déguerpir.

Joseph Curinier, en septembre 1941, avait été affecté d'office à la Brigade spéciale. L'espèce d'emprise charismatique qu'exerçait le commissaire David sur ses subordonnés n'avait aucun effet sur le jeune inspecteur. Fidèle à l'appel du général de Gaulle, Curinier répandait les mots d'ordre de la radio de Londres. Un jour, il fit une demande de changement de service.

« Je casserai les reins impitoyablement à tout inspecteur de la BS qui, à l'avenir, fera une demande de changement de service », répondit le commissaire Baillet.

On n'échappait pas aux Brigades spéciales. Entrant aux Renseignements généraux de la préfecture, les inspecteurs prêtaient serment d'allégeance. Fidélité à David, Rottée et Baillet, disait le pacte.

L'inspecteur Curinier en tira toutes les conséquences. Puisqu'il ne pouvait quitter les Brigades spéciales, que ce poste lui servait d'observatoire privilégié, il informerait la Résistance. En écho, les organisations clandestines répondaient : « Il est du devoir des policiers de rester à leur poste, de ne pas attirer l'attention, de mériter même la confiance des chefs, afin de rendre le plus de services possible. »

En avril 1942, une douzaine d'inspecteurs, parmi les plus zélés, émules de Jacques Doriot, se retrouvèrent dans la section spéciale des fileurs. Joseph Curinier intégra le cercle jusqu'à la Libération.

A partir de 1943, David eut la certitude que des traîtres – selon son mot – noyautaient les BS. Dès lors, les grandes affaires se résolvèrent dans le secret du bureau du commissaire. Curinier, lui, poursuivait sa subtile mission. Tandis qu'il brillait dans les arcanes de la préfecture, il informait la Résistance.

En mars 1943, l'inspecteur Thilloux, de la BS1, contactait Curinier. Les deux hommes, las du rôle qu'ils exerçaient jusqu'alors, souhaitaient travailler en véritables agents de renseignements. Que d'arrestations n'avaient pu être évitées, faute d'une liaison en temps et en heure! Ces silences, souvent, condamnaient à mort. Mais qui contacter? Aux yeux des réseaux, les inspecteurs pouvaient apparaître comme des provocateurs. Sans oublier les indicateurs, infiltrés dans les mouvements, susceptibles de trahir les policiers.

En juillet, le petit groupe adhérait au mouvement Ceux de la Résistance. Quelques journées s'écoulèrent avant que les responsables ne soient arrêtés. Ces chutes retardèrent, là encore, la pleine activité des policiers résistants. Un mois plus tard, se formait aux Brigades spéciales le groupe Auto-Défense, comprenant cinq inspecteurs de la BS1, huit de la BS2. Ils contactèrent le service de renseignements de l'armée secrète, les réseaux Marco-Polo et Béarn.

A deux reprises, chaque jour, des liaisons transmettaient les renseignements recueillis dans les coulisses des Renseignements généraux. L'atelier du serrurier Richard, enserré entre les deux bras des rues du Cardinal-Lemoine et des Fossés-Saint-Bernard, servit de boîte aux lettres. L'endroit était idéal. Situé à quelques centaines de mètres de la préfecture, on y pénétrait et on en sortait par le jeu d'une double issue. Le matin, un policier déposait les renseignements dans le tas de ferraille du serrurier. Vers midi, un agent du réseau récupérait le courrier, laissant d'éventuels ordres.

La liaison du soir, à 19 heures 15, était assurée dans la foule du métropolitain. A la montée de la rame, en une opération aussi rapide que discrète, deux hommes se passaient un journal plié contenant des papiers.

Ces informations, au rythme des liaisons, étaient adressées à un bureau central du réseau, lequel avait à sa disposition des équipes d'alerteurs, prêtes à courir chez les militants en danger.

Ainsi passèrent plusieurs centaines de papiers par mois. Face à la police, les résistants n'étaient plus seuls.

XXIII

LE DOUBLE JEU

A bien des égards, 1943 fut une année terrible. Tandis que sur le front de l'Est la Wehrmacht connaissait la défaite, la France de Vichy pourrissait. Les miliciens français pactisaient ouvertement avec la pègre. Ces cliques, couvertes par le gouvernement du maréchal Pétain, révoltaient une partie des fonctionnaires de police. S'il s'agissait de servir des bandes de voyous, et non plus l'État, il ne fallait plus compter sur eux.

Le directeur des Renseignements généraux André Baillet, lui, choisit ouvertement son camp. Il quitta Paris pour Vichy. Laval, en mai 1943, lui confiait la direction des Renseignements généraux au ministère de l'Intérieur. A son arrivée, en étroite collaboration avec René Bousquet, secrétaire général à la police, il prit le train pour Chambéry et Annecy et entreprit une vaste opération contre le maquis naissant de Savoie [1]. Au ministère, le zèle déployé par André Baillet, souvent, choquait.

Le 30 décembre 1943, le chef de la Milice, Joseph Darnand, était promu secrétaire général au Maintien de l'ordre. Bien souvent, sa milice se substituait à la police. Les fonctionnaires apprécièrent modérément.

On pressentait la ruine du régime. Vercors, dans son ouvrage *Le Silence de la mer*, recourait à l'allégorie. Évoquant la fin de la puissance de Macbeth, il citait Shakespeare :

1. Une quinzaine de jours après l'opération de Savoie, une réunion, autour d'André Baillet et René Bousquet, déterminait les modalités d'exécution des mesures d'internement. Lorsque les préfets de Haute-Savoie et Savoie – MM. Trémeaud et Maillard – refusèrent de signer les arrêtés d'internement, René Bousquet déclara qu'il signerait lui-même lesdits arrêtés, endossant ainsi la responsabilité de 159 internements. In *Archives Nationales* série Z657, dossier de la procédure suivie contre André Baillet.

« *Angus* : – Maintenant il sent ses crimes secrets coller à ses mains. A chaque minute des hommes de cœur révoltés lui reprochent sa mauvaise foi. Ceux qu'il commande obéissent à la crainte et non plus à l'amour. Désormais il voit son titre pendre autour de lui, flottant comme la robe d'un géant sur le nain qui l'a volée. »

Les policiers, eux aussi, obéissaient à la crainte. Parfois, ceux-là mêmes qui poursuivaient frénétiquement les communistes en 1940-1941 sabotaient les opérations.

La Résistance, aussi, changeait de visage. Les petits gars de Belleville répondaient aux messieurs élégants du Conseil national de la Résistance, mis en place par de Gaulle et Jean Moulin. Déjà, on désignait les futurs préfets. Ça les rassurait, ces policiers élevés dans le sérail de l'anticommunisme.

Une circulaire de Heinrich Himmler, datée du 16 décembre 1943, adressée à Hitler, illustrait bien ce trait. En relevant que, entre les mois de janvier et septembre, sur les trente mille arrestations effectuées, un quart l'avaient été par les services allemands, les trois quarts par les Français, la missive concluait : « La police française est utilisable, dans une certaine mesure, dans le travail contre le communisme. Elle n'est pas sûre dans la répression des menées nationales françaises. »

Faut-il ajouter qu'au patriotisme des uns se mêlait l'opportunisme des autres? Déjà, on parlait d'un débarquement. Les raids aériens qui endeuillaient la capitale affichaient la toute-puissance des Alliés. Les sirènes faisaient peur, mais elles annonçaient aussi la Libération.

Il y aurait bientôt des comptes à rendre...

A la Libération, expliquant leur entrée dans les mouvements de Résistance, les inspecteurs des Brigades spéciales proclamèrent leur viscéral attachement à la République. Pour bon nombre de policiers, les motivations furent plus terre à terre. Ça suffisait, les pénuries. On manquait de tout. Les policiers avaient eux aussi des gosses à nourrir.

L'entrée en résistance prit parfois les formes d'une révélation. Joseph Kessel raconta l'arrivée, dans son réseau, d'un dénommé Leroux. Quelques mois plus tôt, le fonctionnaire participait à une opération en compagnie de la Gestapo : « Deux voitures amenèrent les agents allemands et français à un PC de réseau qui abritait un poste émetteur, un dépôt d'armes et une dizaine de personnes. Les agents de la Gestapo dirigeaient la perquisition. Les Français obéissaient sans parler. Leroux voulut ouvrir le sac que tenait une jeune femme. Elle le lui a jeté au visage en criant :

– Boche, sale Boche !

La jeune femme avait une belle figure, fine et fragile, où l'on ne décelait aucune trace de peur.

– Je ne suis pas un Boche, a dit le policier malgré lui.

– Alors c'est pire, dit la jeune femme.

J'ai senti que je me cassais de l'intérieur, m'a raconté Leroux, j'avais les yeux brouillés à cause des larmes (...). Je me rappelais ce à quoi depuis deux ans j'avais prêté les mains sans réfléchir, par routine, quand je revoyais tous les braves gens, toutes les femmes de cœur que j'ai mouchardés, arrêtés, donnés aux Boches, il me semble que j'avais la lèpre [1]. »

Le policier Leroux songea à se donner la mort. Un ami lui proposa une forme de rachat en contactant la Résistance. Son attitude y fut exemplaire. La force de cet homme, et de ses camarades, pourrait ainsi être résumée : « Leur formation policière faisait certes merveille dans un service secret, mais il y avait en eux autre chose que cela : il y avait le désir profond d'en faire plus et mieux que les autres résistants, pour dédouaner un corps auquel ils étaient passionnément attachés et qu'ils savaient voué à l'opprobre du fait qu'il agissait pour le compte de l'ennemi ou des collaborateurs de l'ennemi [2]. »

Les services rendus à la Résistance ont été très variés. Léon Théus, l'un des plus importants acteurs de la lutte, en a établi une liste : « Délivrance des cartes et pièces d'identité ; indication de toutes opérations et arrestations prévues ; établissement de procédures ou rapports erronés faussant les recherches ; émissions et réceptions radio ; réparation et transport de postes émetteurs ; communications avec les détenus ; évasions ; relevés de fortifications, d'emplacements de troupes avec effectif et armement ; hébergement et transport de résistants ; transport d'armes, munitions, explosifs et documents ; détection des provocateurs se présentant comme des résistants traqués ; surveillance pendant les mises en place des sabotages ; préparation d'attaques, départs clandestins par avion, sous-marin ou passage frontières ; surveillance des sièges et dépendance des services de la Gestapo pour repérer le personnel, relever les numéros des véhicules et découvrir les traîtres [3]... »

On aurait aimé écrire que les RG furent à la tête de ce combat-là.

1. Cité par Alain Guérin in *La Résistance. Chronique illustrée*, Livre Club Diderot, 1976.

2. Marie-Madeleine Fourcade, *Pages d'Histoire, 1939-1945 ; les policiers français dans la Résistance*. Ouvrage édité par la Confédération nationale des policiers et anciens combattants, 1965. Cité par Alain Guérin, *op. cit.*

3. Cité par Alain Guérin, *op. cit.*

XXIV

LES RG CONTRE LES POLICIERS RÉSISTANTS

Vers la fin du mois de décembre 1943, la BS1 des Renseignements généraux procédait à l'arrestation de seize militants communistes et à la saisie d'un important matériel de propagande. Une des militantes, laissée sous surveillance, conduisit les fileurs vers de nouvelles proies.

Le 17 février 1944, se déclenchait une opération qui amena la chute d'une trentaine de résistants. L'affaire, qui prenait sa source dans l'appareil technique interrégional du Parti, se scindait en deux branches : la branche communiste proprement dite et la branche Front national de la préfecture de Police.

En raison de ses attaches avec le Parti communiste, le Front national-police ne pouvait qu'être l'ennemi juré des Renseignements généraux. Les Brigades spéciales dénichèrent son chef, Arthur Airaud, le 18 février 1944 dans une planque du XIIIe arrondissement. L'interrogatoire, mené dans la salle 37 des BS, ne le fit pas avouer. « Un inspecteur se présenta avec un nerf de bœuf et dit aux autres : " Retirez-lui sa veste, enveloppez-lui la tête avec et couchez-le sur cette table. " Ils me tenaient à cinq ou six pendant que ce dernier me battait de toutes ses forces à coups de nerf de bœuf sur les reins [1]. »

Son second, Alfred Michaud, responsable régional pour la police parisienne, était lui aussi interpellé. Des documents, trouvés en sa possession, révélaient le fonctionnement de l'organisation. En termes sybillins, ils prévoyaient les mesures

1. Archives nationales, cote $Z^6$34, dossier de la procédure suivie contre Lucien Rottée.

à adopter en cas d'insurrection nationale : « Ne se laisser encaserner à aucun prix, tenir coûte que coûte dans les postes jusqu'à l'arrivée des masses insurrectionnelles et fusionner avec elles. Aider ces masses à s'emparer des points stratégiques. Encadrer les flics par le FTP. Désarmer les chefs, abattre les traîtres. »

Ces menaces plongèrent-elles les commissaires David et Rottée dans l'effroi ? Non, ils chassèrent loin de leur esprit ces consignes de vengeance, tout aussi sûrement qu'ils riaient des diatribes de la BBC à leur égard. Aux Brigades spéciales, on se flattait de recevoir un petit cercueil en bois.

Serge Lefranc, alias « Gérard », succéda à Arthur Airaud.

Le 4 mars 1944, l'inspecteur Euzenat, de la BS1, remarqua, à proximité de son domicile, la présence d'un homme et d'une femme. Menacé de mort à plusieurs reprises, il saisit son téléphone.

– Passez-moi Turbigo 92 00, dit-il à l'opératrice.

Une équipe des Brigades spéciales quitta en hâte la préfecture de Police. Rejoint par ses collègues, Euzenat procéda à l'arrestation des deux suspects. Il devait se féliciter de son flair. L'homme, nommé Briffaut, se présenta comme le responsable du service des renseignements FTP. Les Renseignements généraux pénétraient au cœur d'un service qui les concernait directement : « Il avait pour objet la surveillance et la filature des personnes considérées comme dangereuses par le Parti communiste : ennemis politiques, collaborateurs, policiers chargés de la répression anticommuniste et antiterroriste... Les indications recueillies au cours de ces filatures et ces surveillances (signalements, habitudes) étaient ensuite transmises par le service de renseignements à l'un des responsables de l'interrégion parisienne des FTP qui les faisait parvenir à des groupes spéciaux chargés de l'exécution de personnes mises en cause. » Une brigade spéciale du Parti, en somme.

Le passage de Briffaut dans les locaux des Brigades spéciales, en vertu de l'immuable théorie des dominos, déclencha l'arrestation de plusieurs de ses complices.

Le 7 mars, l'interrogatoire du militant Denis Morin détaillait le fonctionnement du Front national-police. On y retrouvait Arthur Airaud. « Vers mai ou juin 1943, avoua Morin, j'ai créé ce que nous appelons le " service spécial " et qui en réalité porte le nom de " Comité de la France combattante des administrations publiques et de la police de la région parisienne ".

A l'époque, un certain " Montigny ", dont le véritable nom est Airaud, qui est bien l'individu dont vous me présentez la photographie, m'a rencontré fortuitement. Il m'a appris qu'il avait la possibilité de contacter différents policiers avec lesquels il pourrait constituer un embryon de Front national au sein des administrations de la police. Il ne s'agissait à l'époque que de gardiens de la paix et nous ne comptions pas, alors, avoir des possibilités de renseignements.

Ces comités de Front national ont pris immédiatement de l'importance : des gendarmes et des inspecteurs y ont adhéré (...). Par " Montigny " j'ai obtenu des renseignements sur Gautherie, David, Rottée, Bony... Par son canal, j'ai obtenu des renseignements sur les rafles prévues dans tel ou tel arrondissement, sur la destination donnée à nos camarades qui étaient arrêtés.

" Montigny " m'avait fait part de son espoir de contacter deux inspecteurs des Brigades spéciales. »

Le 14 mars 1944, à la suite d'une indiscrétion émanant d'une liaison, quatre inspecteurs de la BS2, dont Albert Lozinguez, furent arrêtés. Inculpés en vertu du décret-loi du 26 septembre 1939 pour aide aux organisations communo-terroristes, ils croupirent à la prison de la Santé jusqu'à la Libération.

En mai, la Gestapo s'empara de huit policiers de la troisième section des Renseignements généraux.

L'inspecteur Joseph Curinier témoigne de l'intensité de la lutte : « Le commissaire David, qui croit que la tête du mouvement de Résistance se trouve dans sa brigade, fait des efforts inouïs pour nous détecter. Pièges avec indicateurs dans les affaires sabotées, intrusions de nouveaux et jeunes éléments à sa dévotion pour nous surveiller et, au besoin, nous filer, épiant nos moindres gestes. Ses speechs sont de plus en plus violents : il ne manque pas une occasion de parler des traîtres de sa brigade. Il nous recommande de nous surveiller mutuellement, promettant à ces traîtres de les livrer " au bras séculier ", et de se faire justice lui-même.

Les affaires en cours sont tenues de plus en plus secrètes et seuls en ont connaissance quelques initiés en qui David a absolument confiance. Selon les directives de mon chef de SR, il faut que je sois au courant de toutes ces affaires. Pour cela, je fais équipe avec un inspecteur, ex-cagoulard, homme de confiance de David, qui ne se méfie guère de moi. »

Les chutes du printemps 1944 coupèrent le contact avec le réseau Béarn. Le groupe Auto-Défense des Brigades spéciales se tourna en direction du service de renseignements du Mouvement de libération nationale (MLN). A nouveau, les informations purent circuler. Crevant les filatures, détectant les indicateurs, pourchassant les agents de la Gestapo française de la rue Lauriston, fournissant un rapport sur l'activité des inspecteurs des BS, le réseau des Renseignements généraux poursuivit sa mission.

XXV

VERS L'INSURRECTION

Le 21 avril 1944, les escadrilles alliées vrombirent sur la capitale. Un torrent de feu détruisit la gare de la Chapelle. Le maréchal Pétain, encadré par des voitures allemandes, protégé par des inspecteurs des Brigades spéciales, monta à Paris pour les obsèques des 641 victimes. Le 10 mai 1944, la BBC rendit compte de cette visite.

Aux Renseignements généraux de la préfecture, il était 21 heures 15 lorsque le policier chargé des transcriptions des radios étrangères prit la plume. Bientôt, la note atterrit sur le bureau de Lucien Rottée, auprès d'une grenade montée en presse-papier portant gravés les mots « lutte et succès communs », remise par les services du commandant Moritz.

« Les Français parlent aux Français, avait entonné le speaker. La tragédie commence le vendredi 28 avril, la brigade des acclamations, commandée pour le voyage du maréchal Pétain, prend son repas. Il n'est pas trop tard pour commémorer cette journée. Aussi, le préfet de police de Vichy s'entretient avec Hennequin, directeur de la Police municipale, qui donne l'ordre d'arrêter onze gaullistes, qui seront livrés à Darnand.

Quelques heures plus tard, Hennequin rend compte des arrestations faites en vertu de la loi de Vichy, article 8, et ajoute : “ Les onze poteaux et les onze cercueils sont prêts. ” Mais, dans l'intention de diminuer sa responsabilité, il fait signer les mandats d'arrêt par le sinistre et sanglant Rottée, directeur général des RG politiques. Condamnés à mort le 30 avril, ils furent exécutés par des miliciens. Quand on vint les chercher, un silence solennel se fit dans la prison de la

Santé. *La Marseillaise* fut chantée. Face au poteau, face aux miliciens, face aux assassins, ils crièrent " Vive de Gaulle ". Il fallut deux salves pour les achever. »

Chacun savait que l'année 1944 serait celle du combat décisif. Vichy et ses miliciens pratiquaient la politique des otages. La résistance comprenait que les collaborateurs se battraient jusqu'au bout. L'heure n'était pas encore à la fuite. Les semaines qui suivirent ne pouvaient être qu'épouvantables. Trop de sang séparait les deux France.

Au même moment, une note classée très urgente et confidentielle parvenait aux responsables FFI et FTPF : « A tous les échelons et dans tous les services renforcez les mesures de sécurité. L'ennemi, à un moment décisif, engage dans la poursuite implacable de la répression toutes ses forces. »

Le Parti communiste soumettait au Conseil national de la Résistance des conseils de sécurité destinés, en priorité, à faire face à la police. Le texte s'appuyait sur le travail du Front national-police : « Les flics se tiennent essentiellement là où se trouve la foule et aux points de passage fréquentés : marchés, queues, lieux publics, cafés... Ils sont affectés à certains quartiers, lignes de bus ou métro : ils arrivent ainsi à connaître les habitués et à mieux remarquer les anomalies. Les flics affectés aux filatures opèrent rarement seuls : en général ils se relaient. Quand on sort de chez soi, ou que l'on y rentre, il faut toujours s'assurer qu'il n'y a rien d'anormal. La seule façon d'en être absolument certain est de prendre des rues désertes, en partant du principe que tant qu'il y a une personne dans la rue (une femme, un homme, un jeune), on peut avoir affaire à un policier car personne ne leur ressemble plus que le passant le plus ordinaire. Si on a le moindre soupçon, il faut immédiatement abandonner son domicile.

La police utilise des renégats de la bande à Doriot pour les glisser dans des organisations dont ils connaissent déjà les méthodes. Elle utilise de faux patriotes et des Juifs (vrais ou faux) qui provoquent en jouant les persécutés. Telles sont les méthodes principales de la police. Elle cherche bien sûr à les améliorer et les renouveler. A nous de faire de même pour ne jamais être en retard. »

Le Parti lança un manifeste contenant les directives pour « la préparation et la conduite de l'insurrection nationale ». Les Renseignements généraux prirent connaissance de ces longues pages. Ils se penchèrent sur la consigne n° 4. Elle ordonnait : « Abattre ou faire prisonniers les miliciens de Darnand, désarmer les gendarmes, gardes mobiles et policiers qui ne voudront pas combattre aux côtés des patriotes et distribuer leurs armes à ces derniers. »

L'avertissement était clair.

Le mardi 6 juin, une nouvelle insensée parvint au bureau de Lucien Rottée. C'était loin bien sûr, là-bas en Normandie, mais les Alliés avaient débarqué. Sitôt informés, les chefs des Renseignements généraux comprirent que, militairement et politiquement, la partie était jouée. Ce serait une question de jours. Soixante-quinze exactement. Les Brigades spéciales se savaient assiégées. Quelques policiers se rendirent aux « banquets des condamnés à mort », donnés par les collaborateurs notoires.

Le travail, lui, continuait. Le rédacteur des Renseignements généraux expliquait calmement : « Jusqu'ici, la présence dans la capitale de troupes d'occupation et de forces de police relativement importantes a incité les communistes à une certaine prudence mais ils sont résolus à déclencher un mouvement insurrectionnel de grande envergure en cas de départ des troupes allemandes ou si, à l'arrivée des forces anglo-américaines, des mesures militaires n'étaient pas prises immédiatement.

Chez eux, l'opinion généralement répandue est que les Alliés utiliseront à leur arrivée les cadres administratifs existants. Il convient donc, pour le Parti communiste, de parvenir à mettre à temps ses hommes en place.

Ils comptent également sur l'effet de la propagande acharnée qu'ils mènent en vue de jeter le trouble dans l'esprit des fonctionnaires de police et ils espèrent que les forces du maintien de l'ordre, trompées par le caractère patriotique donné à leur action, interviendront sans énergie et sans cohésion.

Il faut alors s'attendre à voir les groupes terroristes, dont beaucoup sont puissamment armés, tenter de s'emparer et d'occuper les ministères, préfectures, services publics, gares, commissariats et postes de police, mairies... »

Le 28 juin 1944, tandis que les V1, les bombes volantes, s'abattaient sur Londres, la Résistance exécuta Philippe Henriot, secrétaire d'État à l'Information et à la Propagande. Des milliers de personnes se pressèrent aux funérailles. En représailles, Georges Mandel, ancien ministre de l'Intérieur, livré par les nazis à Laval et à ses miliciens, fut abattu sans jugement.

Paris chavirait. Le 3 juillet, de la salle Cusco de l'Hôtel-Dieu

– un dispositif réservé à la préfecture composé d'un dortoir pour dix hommes, un autre pour cinq femmes et cinq chambres individuelles –, Arthur Airaud réussit à s'évader.

Aux Brigades spéciales, le système répressif mis en place perdurait. Le 26 juillet 1944, quand Patton et ses hommes campaient devant Avranches, des inspecteurs procédaient à l'arrestation des époux Thuilliers et de la femme Lecompte. Le rapport affichait un ton d'une invraisemblable banalité : « Au terme d'une minutieuse enquête, les inspecteurs des Brigades spéciales viennent de procéder à l'arrestation de trois militants du Parti communiste illégal. »

Les Américains franchirent Avranches. D'un bureau qui plongeait sur les quais de la Seine, les fonctionnaires de police observaient les véhicules qui filaient en direction de l'est. Parfois, Paris tressautait au fracas d'un dépôt de munitions volant en éclats. Dans le bureau de Georges Labaume, ça sentait le roussi, au sens propre. Les Renseignements généraux, eux, brûlaient les archives.

Le préfet de police Bussière, agacé, répondait nerveusement aux sollicitations. « Mais oui, disait-il au téléphone, je ferai remettre aux agents des Brigades spéciales trois mois de solde et une carte d'identité en blanc. Disparaissez et ayez confiance. Avant un mois on aura besoin de vous tous pour remettre les communistes à la raison. »

Le 15 août 1944, le Comité de libération de la police parisienne, composé du Front national-police, Police et patrie et Honneur de la police, ordonnait la grève générale pour toute la police parisienne : « La Gestapo vient de donner l'ordre de désarmer les policiers parisiens et de les interner, disait le tract. A cette mesure de provocation tout le personnel de la PP actif et sédentaire devra cesser le travail dès mardi matin 15 août à 7 heures. »

La ville était totalement assiégée. Plus de poste, de métro, plus rien. Les murs se couvrirent des affiches de la Résistance. Pourtant, le préfet de police Bussière déclarait encore, au mess Bertin-Poirée : « On vous a dit que les Américains vont arriver, si tant est qu'ils arrivent un jour. »

Quand les SS quittèrent la préfecture de Police, Joseph Curinier subtilisa le livre de fouilles et le livre des affaires traitées par les BS. « Ces documents, que je remis à mon chef de SR, furent rendus à Airand (faute de typo, il faut lire Airaud), inspecteur général de la préfecture de Police. »

Le 19 août, l'insurrection plongea Paris dans un tourbillon.

L'inspecteur Curinier et ses compagnons guidèrent les FFI sur les traces des miliciens. L'inspecteur Albert Lozinguez, à la prison de la Santé, fit partie d'une délégation qui intervint auprès du personnel pénitentiaire afin qu'il se rallie aux prisonniers politiques. Libéré, il arrêtait l'inspecteur Leblanc, un collègue des Brigades spéciales, et se précipitait, lui aussi, à la poursuite des miliciens.

Les policiers des mouvements de Résistance se retranchèrent à la préfecture. Après une trêve de deux jours, le 22 août 1944, les affrontements reprirent avec plus d'intensité. Quatre cents barricades se dressèrent dans Paris. Le jeudi 24, un avion lâcha un message lesté : « Tenez bon, nous arrivons. »

Le 25 août 1944, tôt le matin, les troupes de la 2e DB du général Leclerc entraient dans Paris. Comment les Renseignements généraux vivraient-ils cette nouvelle phase de leur tumultueuse histoire ?

CINQUIÈME PARTIE

PAR-DELÀ LE BIEN ET LE MAL

XXVI

LA VENGEANCE À HUIS CLOS

– Vous comparaissez ce jour devant la commission d'épuration pour y répondre des faits qui vous sont reprochés. Vous étiez à quelle BS? dit Arthur Airaud qui présidait les débats.

– A la BS 1, répondit l'inspecteur Pierre Lemaître.

– Vous étiez volontaire?

– Oui, j'y suis allé sur ma demande à la suite d'une maladie de ma femme, afin d'avoir plus de temps libre.

– Quel costume portez-vous? s'étonna Airaud.

– Celui de la 2e division blindée du général Leclerc.

– Vous vous êtes empressé de vous engager après la Libération. Vous êtes resté ici juste le temps qu'il fallait pour faire le travail que les Allemands vous commandaient de faire et, pris de frousse, aussitôt après la Libération, vous vous êtes engagé dans l'armée Leclerc, assura Airaud, déjà irrité.

Les lèvres de Pierre Lemaître frémirent. Il se défendit, expliquant qu'il n'avait jamais été pris de frousse, qu'il s'était présenté à son service aussitôt après la Libération.

– Cela ne vous a pas empêché au préalable de participer à de nombreuses arrestations de patriotes.

– Combien en ai-je fait?

– Vous devez le savoir mieux que moi! s'exclama Airaud.

– Non, je ne vois pas du tout combien j'en ai fait, insista Lemaître.

– Vous en avez tellement fait...

– J'ai réalisé de nombreux rapports de mise à disposition.

– Je vous en compte vingt-cinq, dit Airaud.

– Il y en a sûrement cinq fois moins, grommela Lemaître.

Cette salle de l'Inspection générale des services, située à l'hôtel préfectoral, l'écrasait. Le président Airaud, entouré de deux membres de la commission, annonça l'entrée d'un témoin.

Mise en place par Arthur Airaud, maintenant adjoint du préfet de police Luizet, la commission d'épuration s'était occupée, depuis la Libération, de près de six mille dossiers. Trois mille policiers passèrent entre ses mains. L'heure était à la purification. De l'assainissement devait naître une police nouvelle. « Les gouvernements passent, les sociétés passent, la police est éternelle », écrivait Balzac.

Le 1er septembre 1944, la quasi-totalité des inspecteurs des Brigades spéciales avaient été révoqués. Ils étaient légalement accusés d'infraction à l'article 75 portant sur le crime d'intelligence avec l'ennemi. La culpabilité s'établissait en deux points : l'initiative personnelle et les violences consécutives.

Les inspecteurs des commissions d'épuration relevèrent sur les « rapports de mises à disposition », restés aux archives de la préfecture de Police, les noms et adresses des militants arrêtés pendant l'Occupation. Ils se rendirent chez les survivants, contactèrent les familles des disparus. Si les victimes portaient plainte, l'affaire pouvait être transmise au Parquet. Au printemps 1945, le châtiment s'abattait sur les Brigades spéciales.

Les deux témoins cités ne purent formellement reconnaître Pierre Lemaître. Demeuraient, à sa charge, neuf autres plaintes pour coups et vols, et l'accusation d'avoir procédé à vingt-quatre arrestations. La commission proposa la révocation sans pension et la transmission du dossier au Parquet. Mais ce n'était là qu'un dossier mineur.

Le 24 mars 1945, l'inspecteur Raymond Percevault comparut devant la commission au motif suivant : « A manifesté des sentiments pro-nazis. Être brutal, il éprouvait un vif plaisir à faire subir les plus odieux traitements aux patriotes qu'il avait arrêtés. L'un d'eux, pour éviter les tortures qu'il lui faisait subir, s'est précipité d'une fenêtre des locaux disciplinaires, se fracturant le crâne et décédant à l'hôpital à la suite de ses blessures. A participé à l'arrestation de soixante-dix patriotes dont neuf ont été fusillés. »

Le 18 juin 1942, l'inspecteur Percevault et son collègue Masson procédaient à l'arrestation de Paul Weisz, lequel, six jours plus tard, se fracassait la tête sur la place du Marché aux fleurs. L'audition fut, pour l'essentiel, consacrée au face-à-face opposant l'inspecteur à la femme du disparu.

– C'est votre mari qui a été arrêté ? demanda le président de la commission, M. Sonnet.

– Oui, répondit Mme Weisz.

– Vous reconnaîtriez les agents qui l'ont arrêté ?

– Oui.

– Vous reconnaissez ce monsieur ?

– Oui, et il y en avait encore un avec lui qui était plus petit et plus corpulent.

Raymond Percevault interrompit :

– Je ne me souviens pas du tout de vous, madame. Je ne pourrais pas dire dans quel quartier vous habitez.

– Madame, lorsque votre mari a été arrêté, reprit le président, les inspecteurs ont-ils été corrects ?

– C'est surtout celui qui était avec monsieur qui a fait tout ce qu'il pouvait pour me faire arrêter moi aussi. Avec mon enfant de trois ans, nous avons été emmenés au commissariat de la rue de Nantes, dans le XIXe.

– Mme Weisz, avez-vous revu votre mari avant qu'il ne se tue ?

– J'ai revu mon mari les trois derniers jours aux Renseignements généraux. Je lui ai porté à manger. J'ai vu mon mari le dernier jour vers 3 heures de l'après-midi ; j'avais un pressentiment, j'avais envie de le revoir et je suis revenue vers 18 heures 30. C'est à peu près l'heure à laquelle il s'est jeté par la fenêtre. Je me souviens bien de la fenêtre, elle se trouve en face du métro. Lorsque je suis arrivée aux Renseignements généraux, on m'a dit que mon mari n'était plus là et qu'il était au dépôt. Le lendemain matin, j'ai appris qu'il était mort. On m'a dit qu'il s'était jeté du cinquième. Un inspecteur que j'ai vu au commissariat de la rue de Nantes m'a dit : « Je suis sûr que votre mari s'est jeté du cinquième étage », ce qui correspondait aux locaux de la BS.

– Vous n'avez pas autre chose à dire ? poursuivit le président.

– Je me souviens que vous étiez deux lorsque vous êtes venus chez moi.

Percevault intervint. Il y avait là quelque chose de cruel.

– Vous êtes certaine que c'est moi ?

– Oui, et un autre plus petit et plus corpulent. J'ai appris les noms au commissariat.

Selon la formule habituelle, Percevault vit son dossier transmis au Parquet.

XXVII

UN ORDRE MUSCLÉ

L'inspecteur Christian Gibier était entré à la BS2 en 1943. Agé de vingt-quatre ans, émule de Doriot, il bénéficiait de la confiance du commissaire David. Ses collègues résistants du groupe Auto-Défense, l'observant tout au long de ces mois, notèrent : « Membre actif du PPF, en liaison avec la Milice et la Gestapo. Tortionnaire sadique. Basse mentalité. Homme de confiance de l'IPA Bouton et des Boches dont il était le mouchard. S'étant signalé avant son entrée à l'administration par son activité antisémite, avec son père, aux affaires juives et aux associations dissoutes. »

En 1943, Christian Gibier quittait volontairement un poste douillet à la 6e section des Renseignements généraux. Son « devoir » l'appelait aux Brigades spéciales. Plusieurs fois, cette année-là, la BBC prononça son nom et celui de son père, les traitant de tortionnaires de Juifs.

Le 27 mars 1945, Clergeot, l'homme qui présidait la commission d'épuration, retint sa colère. Son fils, de vingt ans, avait été fusillé par les Allemands.

– Pendant votre passage à la BS, demanda-t-il, vous avez procédé à combien d'arrestations ?

– Approximativement quinze à dix-sept, dit Gibier en plissant le front.

– Faites entrer un témoin, reprit le président. Mme Millela, quel que soit votre légitime ressentiment, j'insiste pour que vous déposiez sans passion.

– Mon fils, souffla Mme Millela, c'était toute ma vie. Cela va faire un an...

– Madame, connaissez-vous cet homme?

– Oui.

– Dans quelles conditions avez-vous fait sa connaissance?

– Malheureusement l'année dernière, à la veille de Pâques. Je m'en allais avec mon gars.

– Il l'a arrêté à domicile. Il était seul?

– Non, ils étaient deux.

– Après son passage à la Brigade spéciale, vous avez revu votre fils?

– Je ne l'ai jamais revu. Je suis venue à la préfecture de Police. J'ai demandé : « Pourquoi vous l'avez arrêté? Ce n'est pas un bandit. » Un inspecteur m'a dit : « Ne pleurez pas comme cela. Surtout, n'ayez pas honte. Votre gars n'a rien fait de mal. Il faisait partie de la Résistance. » Il m'a fait parvenir un mot de mon fils. Après, on l'a transporté à la Tour pointue. J'ai eu la chance d'y rencontrer un homme, que je voudrais vraiment remercier. Il a accepté de transmettre toute la nourriture que j'apportais matin et soir.

Un jour, ils l'ont transféré à Fresnes. Jusqu'au 15 août, j'y suis retournée tous les jours avec une valise pleine de nourriture et de linge. On me disait : « Pas de faveur, madame. » Quand ils ont vu que j'insistais, ils m'ont dit : « Il n'est plus là. » Alors, on fusillait tous les jours. J'étais folle, je ne dormais pas. J'ai reçu un jour un mot de Fresnes. Mon fils disait : « Ma petite maman, je subis un véritable calvaire. J'ai été quatre mois sans voir le jour. La première fois que j'ai vu le jour, c'était pour mes dix-neuf ans. Tu sais, je suis bien courageux. Si ce n'était pas toi, je me foutrais de tout. » On l'a emmené en Allemagne. C'est tout, je ne sais plus rien.

– Qu'avez-vous à dire? demanda le président.

– Nous avons trouvé malheureusement le fils de madame. Je ne suis pour rien dans cette arrestation. J'y ai participé sur des ordres précis.

Le président se tourna vers Mme Millela, la remercia doucement. Elle sortit. Il promena son regard tout autour de la pièce. Christian Gibier reprit spontanément.

– Je suis passé aux BS avec une arrière-pensée : celle de pouvoir rendre des services. Cela, je l'ai fait chaque fois que je l'ai pu d'une façon positive. Pendant toute la grève et la bagarre, j'ai eu le bonheur de servir sous les ordres d'un camarade de régiment et de faculté. J'ai été arrêté au bureau de réception du préfet, le 24 août, alors que j'étais chargé de mission auprès de M. Minet, secrétaire général au Ravitaillement.

La commission transmit le dossier, qui affichait cinquante arrestations et vingt et une plaintes, à l'autorité judiciaire.

Arthur Airaud se pencha sur la cote n° 7 du dossier concernant Gaston Lacroix, de la BS1. Il lisait : « Le 4 juin 1944, l'inspecteur Lacroix est rencontré dans le métro par Mme Molitor, Marie, elle le connaît car il a arrêté son fils. Comme elle remarque qu'il a une main ensanglantée et lui demande ce qu'il a, Lacroix lui répond : " Ce n'est rien, je viens de faire un petit travail. " »

Voilà la responsabilité personnelle établie, se dit Airaud. Ce gaillard, qui était entré à la BS1 le 7 juin 1943, à l'époque où fleurissait les graines de Doriot, devait frapper.

– Vous êtes resté aux BS jusqu'à la Libération, interrogea Airaud. Vous avez procédé à combien d'arrestations?

– Sept, huit, dix, balbutia Lacroix.

– Non, cent, affirma Airaud, qui ne s'embarrassait pas de principes (le dossier en révélait vingt-huit). Vous n'avez jamais frappé personne?

– Non, je l'affirme.

Arthur Airaud fit entrer le témoin Prosper, arrêté la veille du débarquement, le 5 juin 1944, par Gaston Lacroix.

– Où avez-vous été arrêté? demanda Airaud au témoin. A votre domicile?

– Non. Ils ont fait une souricière. Je suis entré dedans. C'était un dépôt de matériel.

– Monsieur Lacroix, dit le président en se tournant vers l'accusé, vous ne sentiez pas venir la Libération, vous avez voulu opérer jusqu'à la dernière minute!

– Je n'étais pas seul, s'excusa Lacroix.

– Dites-nous, enchaîna Airaud à l'adresse du témoin, lorsque vous êtes entré dans la souricière, comment se sont-ils conduits?

– Ils étaient armés. Quand je suis rentré dedans, son collègue m'a attrapé par-derrière, ils m'ont passé les menottes. Ils ont refusé de dissimuler les papiers qui allaient me faire matraquer le lendemain, c'est-à-dire les enveloppes, toutes mes notes. Je leur ai dit ce qui m'attendait : ils n'ont pas voulu me relâcher.

Airaud se tourna vers l'accusé.

– Croyez-vous que vous n'auriez pas pu faire disparaître les papiers?

– Lorsque nous sommes revenus de la souricière, nous avons été presque insultés car on nous reprochait d'avoir amené quelqu'un qui n'avait rien sur lui.

– Ce n'est rien d'emmener un militant qui possède une note pour son responsable? s'étrangla M. Prosper.

– Je ne connaissais pas du tout l'organisation, protesta Lacroix. Je faisais ce travail à contrecœur. Ce travail ne m'intéressait pas du tout.

– Lorsque je me suis défendu, reprit M. Prosper, il m'a dit : « Si tu te défends, je te casse la gueule! »

– Vous avez dit cela?

– Je ne m'en souviens pas, affirma Lacroix au président.

– Je leur ai proposé une somme d'argent. C'est alors que je me suis aperçu que les quatre-vingt mille francs avaient disparu.

– Vous avez volé? interrogea le président.

– Je n'ai pas volé, je ne suis pas un voleur, se défendit Lacroix.

– Le troisième jour de la Libération, je me trouvais à la BS, pour essayer de retrouver ce qu'on m'avait volé. J'ai eu le déplaisir de voir Lacroix et son collègue avec une superbe croix de Lorraine sur le pardessus. Je les ai fait arrêter. Ils sont en liberté, je trouve cela extraordinaire.

Le président Arthur Airaud soupira. Il y en avait tant, de ces patriotes de la dernière heure! Au témoignage des témoins Prosper et de Mme Molitor, il ajouta une dernière audition. Un témoin affirma avoir entendu Lacroix crier à son collègue, qui courait derrière un militant : « Tire-lui une balle dans la tête. »

Dossier suivant!

L'inspecteur Ernest Tranchant ne cachait pas son enthousiasme pour la collaboration.

– Quelles étaient vos opinions politiques? demanda le président de la commission d'épuration, M. Sonnet.

– J'avais une certaine admiration pour le travail fait dans les régimes totalitaires.

– A quel point de vue?

– Au point de vue de l'intérieur et au point de vue social, ils ont fait des choses très bien.

– Êtes-vous toujours dans la même disposition d'esprit?

– Ne croyez pas que j'approuve les Allemands, mais il y certaines choses qui sont très bien. Je sais qu'ils ont commis des choses atroces, mais de là à dire que tout est mal chez eux, ce n'est pas le cas.

L'idéal fasciste rencontrait un accueil chaleureux aux Brigades spéciales. Pour la commission d'épuration, la propagation de telles idées constituait un acte d'accusation. L'inspecteur André Feydeau était ainsi accusé d'avoir toujours manifesté des idées pro-allemandes.

– Nous considérions M. Feydeau comme un collaborateur, avait dit l'inspecteur Angelot, un de ses pairs. C'était un des agents les plus violents des BS. En parlant des patriotes, il disait toujours : « A supprimer. »

Mais retrouvons Ernest Tranchant, frappé d'amnésie :

– Aux BS, vous n'avez jamais vu de personnes à la figure tuméfiée ?

– Je ne m'en souviens pas.

– Vous n'avez jamais entendu de cris de détenus ?

– Je n'en ai pas souvenance.

– Vous-même, vous ne vous êtes jamais livré à des violences ?

– Jamais.

– Vous n'avez giflé personne ?

– Non.

– Vous n'avez jamais maintenu de personnes, pendant qu'un autre frappait ?

– Je ne m'en souviens pas.

– Merch Moïse, vous l'avez arrêté avec Hadet et Baudet ?

– Je ne me souviens pas.

– Vous étiez avec Hadet et Baudet, cela ne vous rappelle rien ? Vous mainteniez cet homme avec Baudet pendant qu'Hadet le frappait à coups de nerf de bœuf.

– Je ne me souviens pas.

Personne, aux Renseignements généraux, ne se souvenait plus de rien.

XXVIII

LE PRIX D'UN MATRAQUAGE

La commission d'épuration ne pouvait que foudroyer Charles Mesmondet. Aux arrestations s'ajoutaient les vols, aux vols, les violences exercées à l'encontre des résistants. Le président Arthur Airaud fit entrer le témoin Prosper, déjà cité.

– Lorsque vous avez été arrêté, demanda-t-il, vous avez été frappé ?

– Oui.

– Reconnaissez-vous monsieur?

– Oui.

Mesmondet suspendit le face-à-face :

– Moi, je n'ai jamais arrêté personne ni interrogé.

– Voulez-vous attendre que je vous pose des questions, reprit Airaud. Avez-vous été frappé par monsieur?

– Oui. Mesmondet m'avait menacé de me crever le lendemain. Heureusement pour moi c'était le débarquement; il y avait un certain flottement. C'est ce qui m'a évité de recevoir davantage de coups.

La voix du président se fit ironique :

– Ce n'est pas vrai, monsieur Mesmondet?

– C'est faux!

– Vous savez, les témoins n'ont aucun intérêt à venir charger les prévenus, car en ce qui vous concerne, vous l'êtes assez comme cela.

– Je n'ai jamais frappé monsieur!

– Ce sont les témoins qui ont été le plus frappés et torturés qui témoignent avec le plus d'impartialité ! Ils veulent être sûrs qu'il n'y a pas d'erreur possible sur l'individu mis en cause.

– C'est faux, martelait Mesmondet.

Le témoin Prosper releva la tête :

– Je voudrais profiter de mon passage ici pour demander si ce monsieur a perquisitionné dans mon logement, car il a disparu plusieurs choses dont deux serviettes en cuir...

– Tout leur était bon, fit Airaud. Arrêter les patriotes, les martyriser, cela ne leur suffisait pas.

– Le pillage a été complet, dit Prosper gagné par l'agitation.

– Heureusement que toute la préfecture n'est pas comme vous. Ce serait une honte, observait Airaud.

– Vous vous en prenez à moi. Ce n'est pas moi !

– Tout ce que je me souviens, c'est qu'il m'a dit : « Tu diras ton nom ou l'on te crèvera. » Je n'ai pas dit mon nom. J'avais des raisons pour ne pas le dire. Et c'est pourquoi il m'a dit : « On te désossera » ou « On te crèvera », quelque chose comme ça...

– C'est faux, je n'ai pas employé un langage pareil. Faites une enquête. En douze ans d'administration, je n'ai jamais frappé un détenu.

– Si, je vous accuse formellement de m'avoir frappé. D'ailleurs, en arrivant à la Santé, j'ai demandé un constat du docteur Paul, et j'ai encore pour un an de traitement.

L'échange avait assez duré. Le président remercia Prosper, appela le témoin Gouzien.

– Vous reconnaissez ce monsieur ?

– Parfaitement.

– Il vous a frappé ?

– Je pense bien.

– Moi ! s'indigna Mesmondet.

– Qui a conseillé à l'autre de me mettre une balle dans la peau ? Vous me reconnaissez maintenant ?

– Maintenant que vous parlez de balle dans la peau, je revois la scène. Mais ce n'est pas moi.

– Et dans les locaux de la BS, dit Airaud en passant à autre chose, il vous a frappé ?

– Je pense bien.

– Comment vous a-t-il frappé ?

– A coups de nerf de bœuf. J'étais nu sur la table, allongé sur le ventre, un autre inspecteur était à genoux sur mes cuisses et il me frappait à coups de nerf de bœuf sur la plante des pieds. Quand quelqu'un ouvrait la porte, il cessait de me frapper.

– J'étais là ?

– Oui.

– Je ne vous ai jamais interrogé.

– A tour de rôle, ils m'asseyaient sur le bord de la table et ils me donnaient des coups de poing dans l'estomac, dans le foie. J'ai craché le sang par la suite. Il m'a tenu le nez et il m'a fichu des claques à toute volée. Un de ses collègues lui a dit : « Ne l'abîme pas de trop. Il n'est pas encore passé à l'anthropométrie. » J'ai été frappé partout, des pieds à la tête.

La commission, relevant quatre-vingt-treize arrestations et vingt-huit plaintes, proposa la révocation sans pension et la transmission du dossier au Parquet.

Le 22 mars 1945, M. Sonnet, président de la commission d'épuration, lut sans émotion les charges retenues contre Roger Fauste, né le 30 avril 1921, ex-inspecteur spécial à la BS 1 : « Quarante-trois arrestations de patriotes sont dénombrées et imputables à l'activité néfaste de Fauste. On retrouve trace de huit personnes fusillées parmi ceux-ci et de trois déportations. En outre, Fauste s'est signalé par des violences à l'égard des patriotes détenus et par des vols commis au cours des perquisitions. »

Les membres de la commission ne purent s'empêcher de sourire. Ils songeaient à la légende, celle du magicien Faust qui, en échange des biens terrestres, vendit son âme au démon Méphistophélès... A l'origine, il y avait eu un Faust, né à Knittlingen à la fin du xve siècle. Et voici qu'ils en croisaient un autre, damné par les années d'occupation allemande.

Le président énuméra une à une les accusations inscrites au dossier. D'une voix ferme, relevant brutalement la tête pour mieux fixer le regard de l'accusé, il déchiffra la liste des arrestations reprochées. Elle commençait par Ernest Blankopn, né le 25 septembre 1914 à Vienne (Autriche), de confession israélite, fusillé et inhumé à Ivry en septembre 1943, s'achevant par Mme Lehen Juliette, née le 28 mai 1921 à Lorient, arrêtée le 11 août 1944.

Roger Fauste avait débarqué le 1er juillet 1943 aux BS. Quelques mois plus tôt, le 8 mars exactement, il réussissait le concours d'entrée aux services des RG.

– Vous avez été témoin de matraquages? demanda le président Sonnet d'un ton solennel.

– J'en ai entendu parler.

– Vous n'avez jamais entendu des détenus se plaindre?

– J'en ai entendu se plaindre.

– Vous en avez entendu crier sous les coups?

– Non.

– Où étiez-vous ?

Fauste laissa choir sa tête entre les mains, soupira.

– Je préparais mon concours de secrétaire, je travaillais chez moi.

– M. David, si généreux que cela, vous laissait travailler chez vous ? Et le peu de fois que vous êtes venu, vous veniez tous les combien ? reprit le président.

– Je venais tous les jours. Au lieu de prendre à 2 heures, j'arrivais le soir vers 5 heures et demie.

Le président respira fortement :

– C'était la bonne heure. Vous n'avez jamais entendu crier ? M. David, est-ce qu'il frappait ?

– Jamais. Je l'ai très peu vu, M. David.

– Faites attention, car je tiendrai compte de votre véracité. Vous n'avez jamais vu des détenus frappés ? Vous n'en avez jamais entendu se plaindre d'avoir été frappés ?

– Oui, j'en ai entendu se plaindre, mais je n'ai jamais entendu de cris, lâcha l'ex-inspecteur, après s'être raclé la gorge.

Alors M. Soule, témoin, entra. Roger Fauste, le dos courbé, se blottit plus encore dans le siège.

– Voulez-vous nous dire ce qui vous est arrivé ? commença le président.

– J'ai été arrêté le 7 mars 1944, place de la Nation, enchaîna le témoin. J'ai désigné tous les inspecteurs qui m'ont arrêté. Ils sont venus perquisitionner chez moi. Je n'ai pu donner les noms mais je les ai reconnus sur les photos. C'est Desme, un inspecteur, j'ai été confronté avec lui. C'est Desme lui-même qui a désigné ce monsieur. Je ne veux pas l'accuser sans être sûr. J'ai été arrêté place de la Nation, on m'a conduit au commissariat boulevard Voltaire. Ceux qui m'ont battu ont failli me faire mourir. Je me rappelle de tous, sauf d'un. Celui qui m'a matraqué m'a mis à plat ventre sur une table, après m'avoir fait déshabiller. Ils étaient huit ou dix qui regardaient, il y avait même une femme.

– C'était la secrétaire.

– J'ai été matraqué pendant trois heures et demie, je n'ai jamais rien avoué. Heureusement pour moi car j'étais responsable d'une organisation assez importante. Personne n'est tombé par moi, je n'ai rien dit mais je sais ce que cela m'a coûté. J'ai été tellement battu que j'ai une jambe pleine de varices, je suis estropié. Je ne peux accuser cet homme mais je le reconnais. Je sais qu'il était là, il était présent dans la salle, mais je ne peux dire si c'est lui qui m'a matraqué. J'étais à plat ventre et je ne voyais pas celui qui frappait.

– Je n'ai jamais vu le témoin, se défendit Fauste.

– Il a des raisons pour se souvenir de vous! répliqua Peltier.

La voix calme et posée, enveloppé de cette étrange stupeur qui envahit la victime face au bourreau, le témoin reprit :

– C'est Desme qui l'a désigné, il l'a désigné comme m'ayant matraqué.

– Vous ne l'avez pas reconnu? demanda le président Sonnet.

– Non, il me l'a désigné.

Fauste s'obstinait :

– Je nie formellement avoir frappé.

– Je suis sûr que vous avez assisté au matraquage.

– Je ne vous ai jamais vu, répéta sèchement Fauste.

– Vous l'avez vu de dos, il était à plat ventre, conclut le président.

Aussitôt, succédant à M. Soule, le témoin Jouanneau pénétra dans la salle. Le président montra la même scrupuleuse attention et Fauste campa sur son système de défense.

– Il me semble bien le reconnaître, répéta plusieurs fois ce témoin dont le fils, arrêté le 2 octobre 1943 par les inspecteurs Coupée, Desme et Fauste, fut fusillé en mars 1944.

En agitant la main, le père souffla :

– Oui, mon fils a été battu.

Il ajouta qu'il était sans nouvelles de son deuxième fils, déporté en Allemagne, et se plaignit doucement d'un vol de cinq à six mille francs. Lorsqu'à petits pas sa silhouette fragile atteignit la porte, le président Sonnet demanda :

– Vous avez quelque chose à ajouter, monsieur Fauste?

– Non, monsieur le Président.

L'interrogatoire terminé, la commission d'épuration rédigea sa conclusion : « Attendu que l'intéressé a participé à de nombreuses arrestations; qu'il a assisté, sinon pris part à des violences sur des détenus; la commission propose sa révocation sans pension et la transmission du dossier à l'autorité judiciaire. »

Gaston Fauste n'eut pas à subir les fureurs d'une condamnation : le commissaire du gouvernement classa son dossier le 24 janvier 1946. Les autres bénéficièrent du même sort :

« Mesmondet a eu son dossier classé le 7 janvier 1946 par le commissaire du gouvernement. »

« Tranchant a eu son dossier classé le 14 décembre 1946 par le commissaire du gouvernement. »

« Feydeau a eu son dossier classé le 7 janvier 1946 par le commissaire du gouvernement. »

« Lacroix a eu son dossier classé par le commissaire du gouvernement. » (Sans date.)

« Gibier a eu son dossier classé le 24 janvier 1946 par le commissaire du gouvernement. »

« Percevault a eu son dossier classé le 30 novembre 1946 par le commissaire du gouvernement. »

« Lemaître a eu son dossier classé le 12 novembre 1945 par le commissaire du gouvernement. »

A tous, la République accordait la rédemption. Au 10 avril 1946, sur les cent quatre-vingt-neuf dossiers concernant les fonctionnaires des BS, transmis au Parquet, soixante-dix-sept avaient fait l'objet d'un classement ou d'un non-lieu.

XXIX

ÉPURATION OU RÈGLEMENT DE COMPTES?

On entendait, aussi, un autre son de cloche. A la Grande Maison, le climat frisait l'anarchie. L'épuration venue, un policier pouvait, du jour au lendemain, se retrouver en prison. Il y avait certes derrière les barreaux, mêlées aux traîtres de la pire espèce, des personnes dont la culpabilité n'était pas évidente. A la fin de l'année 1944, révocations, arrestations ou suspensions avaient en tout état de cause sanctionné cinq mille policiers. Les directeurs généraux, la plupart des directeurs adjoints, ainsi que les intendants de police, avaient été remplacés.

Au mois de janvier 1945, un groupement baptisé « Les fonctionnaires de la police inculpés d'infraction à l'article 75 » protesta auprès du commissaire du gouvernement :

« Tout d'abord, disait la missive, voici comment ont été opérées la majorité des arrestations : sans ordre précis, sans mandats, dans la confusion et la haine, certains de nos collègues ont été appréhendés et désarmés par leurs camarades de travail et enfermés sous la menace de pistolets et mitraillettes, avec promesse d'une exécution sommaire dans les heures suivantes. Certains d'entre eux ont d'ailleurs été sauvagement frappés au cours de leur arrestation et au cours d'interrogatoires.

Que leur reproche-t-on?

1. Pour une minorité de gradés, d'avoir, au cours de leur service, signalé des gardiens de la paix pour des fautes professionnelles.

2. Pour certains autres gradés et gardiens, d'avoir critiqué

les conséquences des bombardements anglo-américains ou d'avoir cru en la personne du maréchal Pétain.

3. Dans la majorité des cas, il s'agit de policiers ayant participé en service commandé et sur ordre à des arrestations de communistes et terroristes.

Fonctionnaires depuis de longues années, tous ont continué à obéir à un gouvernement qui avait été régulièrement investi par l'Assemblée nationale... Nous avons obéi à une loi qui n'était pas une loi de Vichy mais un texte du 26 septembre 1939. Les policiers parisiens pouvaient donc penser que leur activité était légale et c'est pour cela qu'ils ont continué à l'exercer, d'autant plus qu'elle leur semblait répondre à l'intérêt du pays...

Nous vous prions, monsieur, de bien comprendre : nous n'avons pas attaqué la Résistance pure, celle du maquis organisé et militarisé. Dans la région parisienne, la préfecture de Police n'a arrêté que des communistes qui, sous un prétexte de patriotisme, faisaient le jeu de leur Parti, rien que de leur Parti, sans se soucier de la France... »

La défense adoptée par les fonctionnaires de police reposait donc sur deux axes :

1. Ils n'avaient fait qu'obéir aux ordres : « Il n'y a ni crime ni délit, précisait l'article 327 du code pénal, lorsque les actes constituant en eux-mêmes des infractions étaient ordonnés par la loi et commandés par l'autorité légitime. » Toutefois, le gouvernement d'Alger avait brisé cette protection par l'ordonnance du 27 juin 1944.

2. Ces policiers ont accompli leur devoir : « Ils ont voulu que Paris et sa banlieue vivent dans le calme et la sécurité », écrivaient-ils encore. Pour que la tranquillité recouvre Paris, il fallait chasser les fauteurs de troubles, les communo-terroristes.

Selon eux, l'épuration était la revanche des communistes, qui noyautaient la préfecture. Cette intrusion de l'ennemi dans les murs sonnait comme la justification de la lutte passée.

L'inspecteur André Hadet, de la BS2, arrêté en janvier 1945, expliquait dans son mémoire de défense : « S'il y avait bien un service qu'il fallait épurer c'était les Brigades spéciales qui représentaient la seule force qu'on pût opposer avec efficacité au communisme. C'est à elle que les sbires d'Arthur Airaud s'attaquèrent en premier lieu. Tous les policiers non communistes se trouvèrent qualifiés de tortionnaires et il fut avéré qu'ils s'étaient tous signalés par le fanatisme avec lequel, de leur propre autorité, ils traquaient les patriotes.

Mon dossier se trouva nanti d'un nombre de plaintes en coups suffisant pour motiver mon envoi devant un juge d'instruction. Ces dépositions mensongères peuvent s'expliquer:

– Il y a d'abord ceux qui avaient parlé spontanément au cours des interrogatoires et qui, craignant d'être poursuivis à la Libération, prétendaient que seule la torture leur avait arraché des aveux.

– Il y a surtout ceux qui n'ont fait que suivre les directives du Parti...

Le greffier écrivait à la plume, au lieu de taper à la machine : c'est dire comme on enregistrait peu de chose et comme la lumière pouvait jaillir d'une telle procédure. Le juge d'ailleurs ne tenait pas tellement à se faire une opinion, puisqu'il ne lui incombait point de prendre une décision, ce soin étant réservé au commissaire du gouvernement. »

L'amicale des anciens fonctionnaires de la police française dénoncera, un peu plus tard, les irrégularités qui, selon elle, minaient les commissions d'épuration :

« – Enquête préalable faite uniquement à charge, avec consigne d'éliminer les témoins à décharge.

– Utilisation de faux.

– Absence d'audition par le rapporteur, défaut de communication du dossier avant la comparution.

– Absence de toute comparution devant la commission, les intéressés étant jugés sur pièces sans pouvoir se justifier.

– Refus de l'assistance d'un défenseur.

– Absence de véritables débats contradictoires, le fonctionnaire incriminé ne pouvant ni s'expliquer librement, ni faire entendre ses témoins, ni produire ses pièces puisque étant détenu et privé de tout contact avec sa famille ou un défenseur et étant trop souvent pris à partie par les membres de la commission.

En bref, une partialité manifeste, l'enquête et la comparution n'ayant pour objet que de donner une apparence de légalité à des mesures souvent arrêtées au préalable. »

En privé, les fonctionnaires des Renseignements généraux étaient encore plus catégoriques : le Parti communiste aurait profité des commissions d'épuration pour exercer sur eux une vengeance et les empêcher, désormais, de s'opposer à son action.

XXX

BILAN DES RG : CINQ MILLE ARRESTATIONS

« Arrêté le 15 décembre, après trente ans d'une carrière irréprochable pendant laquelle je n'ai reçu que des éloges, je suis traité comme un criminel, et ce, avant toute enquête. Mis au secret, injurié, frappé, révoqué, mes meubles sont saisis, ma femme et mes enfants sans ressources, sans linge, doivent vivre de la charité de mes amis... Fresnes, cellule 465, écrou 89.36, 1re division. » Le prévenu Lucien Rottée, ce 27 mars 1945, adressait au juge d'instruction Gerbinis une lettre de protestation.

Il écrivait encore : « Fonctionnaire loyal, j'ai toujours exécuté les ordres de mes chefs. Ces ordres m'ont amené, le 6 février 34, au pont de la Concorde, où j'ai barré l'émeute fasciste. Ces ordres ont fait que la police municipale à laquelle j'appartenais alors a protégé de 1936 à 1939 les réunions et défilés du Front populaire. Ils ont fait aussi que mes services ont été amenés à poursuivre la lutte contre l'activité communiste (...). Je n'ai jamais été pro-Allemand. Je n'ai jamais fréquenté – en dehors des obligations de service – des sujets allemands ou des milieux politiques ou privés [1]. »

Lucien Rottée, quatre mois durant, s'était joué des embuscades tendues par la police nationale. Il avait quitté la préfecture de Police le 19 août, après que sa voiture eut été criblée de balles, pour un refuge en Seine-et-Oise. Il avait retrouvé Paris quelques jours, le temps de confectionner une série de faux. Il avait troqué son nom pour celui de Henri Rodier, pro-

1. Archives nationales, cote Z⁶34, dossier de procédure suivie contre Lucien Rottée.

fesseur, et se laissait pousser la barbe. Une carte prétendait : « Le colonel commandant le groupe Jade-Amicol du SR Interallié – certifie que M. Rodier Henri a contribué en tant que collaborateur direct depuis 1942 au travail effectué. » Un ordre de mission l'autorisait à circuler sur le Paris-Bordeaux dans la voiture n° 227 RN2.

Lucien Rottée avait échoué dans la petite commune de Bouscat. Des semaines s'étaient écoulées, sa vigilance avait diminué, tant et si bien que les policiers de la préfecture de police de Paris l'avait localisé. Ils étaient descendus par le train. Ils l'avaient repéré dès les premières surveillances. Au moment de son arrestation, le directeur général des Renseignements généraux de Paris n'avait opposé aucune résistance.

Le rapport de police, rédigé par la section épuration en date du 12 février 1945, l'accablait. « On peut considérer que, par sa fonction et surtout par son impulsion, Rottée est responsable de toutes les arrestations effectuées par les deux BS. Soit un total approximatif de cinq mille arrestations. Plusieurs centaines d'entre eux ont été livrés aux Allemands et fusillés, plusieurs centaines d'autres ont été déportés en Allemagne. »

Dans son courrier adressé au juge d'instruction Gerbinis, Lucien Rottée justifiait : « Je ne puis discuter le chiffre, n'en ayant pas les moyens, mais il représente cinq arrestations par jour pour un effectif de deux cents hommes (deux cent vingt en réalité). Encore faut-il compter dans ce nombre les arrestations faites par d'autres services de délinquants mis à la disposition des RG. »

Ainsi, les Renseignements généraux de la préfecture de police de Paris se seraient emparés de cinq mille résistants. Bien sûr le chiffre sonne trop bien; le brandir relève d'un exercice périlleux. Mais que l'on se réfère aux épisodes précités, à ces périodes d'ouragan où les Brigades spéciales décimaient les réseaux, réalisant – de janvier à juin 1942, par exemple – 3 268 arrestations [1].

Aucun doute : le procès de Lucien Rottée en cour de justice allait être celui des Renseignements généraux. Son chef tenterait de s'expliquer, comme il l'avait fait dans sa lettre : « Je n'ai pas eu à encourager la lutte contre le communisme, poursuivait-il. Les hommes qui en étaient chargés – comme les autres, je pense – se souvenaient sans doute des campagnes antinationales et antimilitaristes de 1939. Ils avaient la preuve – les documents sont conservés – que le patriotisme de fraîche

1. Voir annexe.

date des communistes, que l'offre d'alliance faite au général de Gaulle marquaient la nécessité d'armer le Parti pour ses propres ambitions. Le bout de la route " nationale " empruntée par les communistes n'est qu'une voie de " l'internationale ". »

Lyrique, l'ancien directeur général des Renseignements généraux concluait : « Si je dois être condamné, j'accepte ce sacrifice s'il est utile à mon pays, mais je n'accepte pas que l'opinion publique abusée puisse dire que dans les fossés du Fort de Montrouge, on a exécuté un traître. »

La première audience eut lieu le lundi 9 avril 1945. Les cours de justice – créées tout spécialement par l'ordonnance du 26 juin 1944 – se composaient d'un magistrat président, de quatre jurés, d'un commissaire du gouvernement et d'un juge d'instruction mis à la disposition de la cour. Les jurés étaient désignés par une commission formée du premier président de la cour d'appel ou du président du tribunal civil et de deux membres du Comité départemental de la Libération. Lucien Rottée jouait sa tête. Déjà, ces juridictions avaient prononcé près de trois cents peines de mort.

Élégant, rasé de frais, arborant la rosette de la Légion d'honneur, Lucien Rottée écouta le long cortège des résistants martyrisés par les Brigades spéciales. Il y avait, et cela était terrible, quelque chose de monocorde dans les récits répétés des supplices. La chroniqueuse Madeleine Jacob écrivit dans le quotidien *Franc-Tireur* : « La tête vous tourne, il y a du sang partout : sang des patriotes frappés à coups de nerf de bœuf, sang des patriotes étendus nus et à plat ventre sur deux tables qu'on rapproche afin d'écraser les parties sexuelles, mâchoires fracassées, côtes cassées, coups de poings et de talons sur des poitrines, sur des ventres, jusqu'à provoquer des accidents pulmonaires ou hépatiques. »

Lucien Rottée, jouant avec ses lunettes d'écaille, prétendit ne rien savoir de ces méthodes : « Aussi invraisemblable que cela puisse paraître, j'ignorais ces mauvais traitements ainsi que la présence des instruments de torture dont les témoins ont fait une énumération complaisante. »

Après trois jours d'audience, vingt-cinq minutes de délibération, la cour de justice de la Seine le condamnait à mort.

Le sort du patron étant réglé, restait à s'occuper du commissaire Fernand David, chef de la 1re Brigade spéciale.

Le procès de « David les mains rouges », ainsi que le baptisait la presse, s'ouvrit le 12 avril. On reprochait au commissaire l'arrestation de 2 071 patriotes, dont 495 avaient été livrés à la Gestapo et 128 fusillés. La défense du commissaire était simple : il endossait l'habit du fonctionnaire consciencieux.

Il avait poursuivi des communistes ? Eh bien, il n'avait fait qu'obéir aux ordres, au fameux décret Daladier.

Il entretenait des rapports privilégiés avec les Allemands ? Cette collaboration n'avait rien de criminel : les circonstances dictaient ce travail.

Pour frapper David, le tribunal devait déterminer la responsabilité personnelle de l'inculpé dans les arrestations et les tortures infligées aux résistants. Le commissaire estimait, lui, qu'en matière de police, le procédé n'avait rien d'exceptionnel : « A la BS1, les violences qui ont été exercées – car j'ai appris que des violences avaient été exercées, d'ailleurs dans des délais entrêmement longs après les faits eux-mêmes – ont revêtu le caractère qui a été connu de tous les policiers qui ont fait des affaires de police, ce qu'on a appelé non pas le passage à tabac, le terme est excessif... mais une certaine rudesse... et elles sont nées des inspecteurs eux-mêmes en fonction de l'arrestation de l'individu interpellé.

Vous avez eu des cas, par exemple, qui ont été révélés après. On me disait : " L'inspecteur Untel a frappé Untel. " Je disais : " Pourquoi ? – Patron, ce n'est pas difficile, ça fait trois semaines que je suis derrière lui, je l'interroge, il dit que ce n'est pas vrai ! Il m'a foutu hors de moi, je lui ai fichu une beigne ! " Cela, c'est la violence telle qu'elle naît chez l'inspecteur. »

La salle grondait quand le président demanda :

– En somme, si je vous comprends bien, c'est une violence spontanée ?

– Mais oui, monsieur le Président.

– C'est une violence spontanée, ce n'est pas la violence érigée en système ?

– C'est cela ma pensée.

– Permettez-moi que je vous arrête, reprit le président. Vous ne contestez pas que vous ayez connu les violences et les sévices portés sur les détenus ?

– Oh ! je ne les ai pas tous connus. Je les ai connus par des plaintes.

– Vous n'avez jamais assisté vous-même à ces violences ?

– Jamais.

– Vous n'avez jamais exercé vous-même des violences ?

– A deux reprises. J'ai frappé un jour d'une claque Christodulidès et j'ai donné également une claque à Hautecœur. C'est tout, déclara le commissaire d'une voix rauque.

– Il n'y a qu'un malheur pour vous, protesta le président, c'est que tous les témoignages qui ont été recueillis vous opposent un démenti formel.

On fit entrer le premier témoin à charge. Tout au long de la journée, des résistants martyrisés défilèrent devant le public du Palais. Face à eux, David adoptait un système de défense articulé en deux points :

– Il n'avait pas participé aux sévices.

– Il ne reconnaissait pas le témoin.

Son avocat bataillait, s'acharnant à écarter les dépositions hâtives et imprécises.

Le président appela un homme à la démarche chancelante. Il s'écrasa sur la barre, réunit toutes ses forces. On l'écouta raconter son interrogatoire aux BS :

« Comme je ne parlais pas, j'ai été sommé par deux inspecteurs de me déshabiller complètement. Des tables ont été juxtaposées au milieu de la salle : j'ai été prié de m'allonger sur le ventre, les bras en croix. A tour de rôle, ils ont frappé à coups de nerf de bœuf. Tous les vingt coups, environ, ils me posaient des questions. Les coups ont continué très longtemps. Ces deux inspecteurs, probablement fatigués, sont allés chercher un individu râblé en m'avertissant que, devant lui, j'allais me mettre à table, car personne ne lui avait jamais résisté... Il a frappé avec furie, depuis la nuque jusqu'à la plante des pieds, il était déchaîné. Un inspecteur s'est assis sur mes cuisses et a relevé mes pieds en l'air : j'ai été frappé sur la plante des pieds très longtemps... »

David se souvint que le témoin avait subi plusieurs syncopes. Muni d'un stéthoscope, il s'était penché sur le corps inerte.

Pressé par le président, face à la salle hostile, « David les mains rouges » expliqua la scène : « Un inspecteur qui était de permanence m'a dit : " Il y a quelqu'un qui a été frappé, voulez-vous voir dans quel état il est ? " Les inspecteurs, dans des circonstances comme celle-là, ne sont pas farauds. Alors c'est au patron, auquel on n'a rien dit jusqu'alors, qu'on vient demander de voir comment va le blessé. C'est ce qui s'est passé. »

Au soir de cette première audience, la journaliste Madeleine Jacob écrivit : « Il y a des personnages comme ça dans les contes d'Edgar Poe. Ce n'est ni tout à fait le mort, ni tout à fait le fou, mais à la fois la mort et la folie dont il a les traits hallucinants et cruels. Le visage émacié est blême. Le front fuyant sous des cheveux rares, les yeux glauques exorbités, la bouche largement fendue aux lèvres minces et rouges. La tête est trop grosse et lourde à ce corps de dégénéré *(sic)*. Des mains énormes aux doigts souples comme des tentacules de pieuvre. Le poing est une massue qui s'abat sur la barre du box comme il s'abattait, voici peu de mois, sur des mâchoires qu'il brisait, sur des yeux qu'il fermait, sur des poitrines nues qu'il enfonçait. Depuis l'Inquisition, vit-on jamais bourreau d'une telle allure ? »

Le 13 avril, la police détenue à Fresnes défilait au Palais. L'état-major du commissaire David, emprisonné, levait la main droite et jurait de dire toute la vérité.

On aperçut Georges Labaume, qui prononça des phrases sans intérêt, ou presque, se contentant d'expliquer les rouages de son service information. Son procès viendrait plus tard. Le préfet Bussière, d'un mutisme remarquable, fit acte de présence. On entendit André Baillet, détenu, apporter son soutien à son collègue David. Il qualifia le travail des Renseignements généraux d'inhumain. Le commissaire ne faisait pas allusion aux mauvais traitements infligés aux détenus. Non. Simplement, le nombre d'heures de présence était trop élevé.

David cessa de regarder vers la fenêtre lorsque se présentèrent trois personnes sauvées, par lui, des pattes de la Gestapo. Ainsi, il distribuait ses grâces ! Un avocat affirma qu'il l'avait chargé de prévenir deux de ses confrères, menacés. Un commerçant raconta comment David le fit libérer après son arrestation. Pour justifier son geste, il avait simplement répondu : « Je suis fils d'officier français, je n'aime pas les boches. »

Une cousine germaine du général Leclerc raconta comment un inspecteur du service de David, désirant la protéger, la fit enfermer comme folle à l'hôpital Sainte-Anne.

Mais là ou la défense voyait de la miséricorde, les magistrats apercevaient de l'intérêt. D'ailleurs, si David intervenait, épisodiquement, en haut lieu, c'est qu'il avait là-bas des amitiés particulières. Le spectre de l'article 75, « Intelligence avec l'ennemi », se précisait.

Ce fut à la troisième et dernière audience que le commissaire du gouvernement Lindon prononça son réquisitoire. Un texte cinglant et court : on ne marchande pas la tête d'un David, on l'abat :

« Oui, David avait collaboré avec les Allemands et usé de la torture. Non, il n'y avait pas de distinction entre résistants gaullistes et résistants communistes : " La Résistance était faite de morceaux épars et il est possible que ces morceaux se désagrègent. Mais, pendant quatre ans, la Résistance fut un bloc... " »

Pour conclure, le procureur prit son souffle : « C'est des camps de déportés comme des champs du repos éternel, que des voix agonisantes ou mortes même vous crient ou vous murmurent : " Rendez-nous justice! Rendez justice aux fusillés, aux survivants! Rendez justice au pays! Frappez David! Frappez David! Frappez celui qui s'est condamné en torturant ses victimes, en livrant les patriotes et en trahissant par deux fois son pays! Frappez celui qu'on a nommé ' David les mains rouges ', mais qui en infectant la police de l'esprit hitlérien, en servant sauvagement la cause des nazis, en faisant de la Brigade spéciale n° 1 une Gestapo française, et de lui-même un Himmler parisien, a mérité le surnom de David la chemise brune. " »

Maître Guitard, le jeune défenseur de David, entama sa plaidoirie. D'abord, il fit l'éloge de la fidélité de son client au maréchal Pétain. David n'était pas un nazi, tout juste un Français comme les autres, persuadé que le vainqueur de Verdun était le seul capable de relever et de protéger la France. Mieux, son client aurait tout fait pour préserver l'indépendance de son service :

« L'accusation ne dit pas que David a arrêté un dimanche après-midi, avenue des Champs-Élysées, un agent de la Gestapo qui venait de lui déclarer : " C'est moi qui commande et non les policiers français. "

L'accusation ne dit pas qu'il avait prescrit à ses hommes de n'obtempérer à aucun ordre de la Milice, qu'il avait prescrit à ses hommes d'abattre " comme un chien tout milicien français qui gênerait leur action ". »

Maître Guitard aligna les trente pages de sa défense. Il conclut : « M. le commissaire du gouvernement a demandé la tête de David. Je vous supplie de considérer les conséquences politiques que traînerait après lui un tel arrêt... Vous vous reprocheriez peut-être un jour d'avoir poussé votre pays vers ce cloaque de sang, où pas un ne souhaite le voir s'engloutir. »

Un court silence suivit.

– David, demanda le président, avez-vous quelque chose à ajouter pour votre défense?

– Oui, monsieur le Président.

Le chef de la 1re Brigade spéciale se leva et toutes ses forces se tendirent en un dernier sursaut. On l'accusait d'intelligence avec l'ennemi? Se présentant comme un Français bon chrétien, il affirma haïr les Allemands depuis son enfance. Comment aurait-il pu oublier les blessures des hommes de sa famille, à Verdun ?

Pour finir, il s'attarda sur une scène familiale : « Dans notre petite salle à manger, nous écoutions la radio de Londres. Ma femme allaitait notre jeune bébé qui avait alors trois mois. Brusquement, une voix que nous connaissions bien, elle nous avait souvent apporté de grandes raisons d'espérer en la France, cette voix a crié : " Commissaire David, que la malédiction du sang que vous avez versé retombe sur vous et sur la tête de vos enfants ! " Ma femme avait mon petit Dominique au sein... Elle m'a regardé et elle m'a dit : " Il ne lui arrivera rien ! " »

Le président ordonna à David de s'asseoir. Il poursuivit : « Les débats sont terminés, la cour aura à répondre à deux questions :

1. David est-il coupable d'avoir, à Paris ou sur le territoire national de la France, entre le 15 juin 1940 et la date de la libération du territoire, en temps de guerre, étant français, entretenu des intelligences avec l'Allemagne ou les agents de l'Allemagne, en vue de favoriser les entreprises de toute nature de cette puissance étrangère contre la France, ou l'une quelconque des puissances alliées en guerre contre les puissances de l'Axe ?

2. L'action, ci-dessus spécifiée, a-t-elle été commise avec l'intention de favoriser les entreprises de toute nature de l'Allemagne, puissance ennemie de la France ou de l'une quelconque des nations alliées en guerre contre les puissances de l'Axe ?

La Cour se retire dans sa chambre des délibérations. Je donne l'ordre aux gardes d'en garder les issues.

Gardes, faites retirer l'accusé de l'auditoire.

L'audience est suspendue. »

Le jury délibéra promptement. Dix-sept minutes, exactement, suffirent à condamner le commissaire David.

« Monsieur le Président, dit un juré, voici les réponses aux questions posées à la Cour : oui, à la majorité, sur les deux questions. »

Des applaudissements jaillirent dans le public.

Le 5 mai 1945, une pluie de printemps tombait sur le Fort de Châtillon. La voiture cellulaire, un fourgon composé d'un étroit couloir central, sur lequel s'ouvrent des petits placards étroits, parvint dans les murs de l'enceinte. Fernand David et

Lucien Rottée s'extirpèrent des box et descendirent le chemin qui menait au terrain vague. Une trentaine d'hommes, amassés en cortège officiel, leur faisaient face.

Les deux condamnés se dirigèrent vers le poteau d'exécution. David demanda à Rottée l'autorisation de le tutoyer. Il lui fixa le bandeau sur les yeux, et, livide, se dirigea vers son poteau. Il se mit à prier.

Les premiers mots du Notre Père retentissaient lorsqu'un officier ordonna : « En joue ! Feu ! »

André Baillet, ex-directeur central des Renseignements généraux, prit place quelques semaines plus tard dans le box des accusés. Les comparutions de Lucien Rottée et Fernand David, sanctionnant les crimes des Brigades spéciales, avaient levé le voile. Le « Colonel », lui, était bien plus qu'un fonctionnaire de la préfecture de Police. Son procès promena les jurés de Paris à Vichy, dans les arcanes de la Collaboration.

André Baillet avait conservé pendant six mois son poste à la tête des RG du ministère de l'Intérieur. Le 31 janvier 1944, nommé préfet hors cadre, directeur de cabinet du chef du gouvernement, il accédait à la direction de l'administration pénitentiaire. Sous son règne, le service, détaché du ministère de la Justice et placé sous l'autorité du secrétaire général au Maintien de l'ordre, Darnand, livra aux Allemands 2 445 prisonniers politiques.

Les deux journées d'audience écrasèrent André Baillet. De son séjour à la tête des Brigades spéciales, la commission d'épuration avait relevé 3 547 envois au dépôt, dont 354 personnes remises aux Allemands et 447 internées.

Le 20 juin 1945, la Cour le condamna à mort.

XXXI

UN PRÉFET DE POLICE AU-DESSUS DE TOUT SOUPÇON?

Le 18 juillet 1946, le public du Palais aperçut dans le box des accusés un homme assez épais dont la chevelure blanche enveloppait un visage frais et rose, cerclé d'une paire de lunettes rondes. Amédée Bussière, préfet de police de la Seine du 21 mai 1942 à la Libération, jouait sa tête.

Né en 1886, chef d'escadrille pendant la campagne 1914-1918, Amédée Bussière avait fait partie de plusieurs cabinets ministériels avant d'être nommé, par Marx Dormoy, directeur de la Sûreté nationale. Il avait quitté la préfecture du Pas-de-Calais lorsque Laval, jugeant l'amiral Bard trop mou, l'avait appelé sur les bords de la Seine.

L'accusé comparaissait vingt-deux mois après son arrestation. Dignement, il arborait sur sa veste la rosette de la Légion d'honneur. Il écouta attentivement l'acte d'accusation.

Aux arrestations de réfractaires au STO, d'Israélites, se mêlaient les notes de service stimulant l'ardeur des Brigades spéciales, ou décidant le renforcement de leurs effectifs, les directives et instructions verbales données, bi-quotidiennement, au directeur des Renseignements généraux Lucien Rottée, ou encore, les vins d'honneur offerts aux « héros du devoir » qui s'étaient illustrés dans la répression politique.

Du 1er juin 1942 à la Libération, les divers services placés sous les ordres du préfet de police avaient arrêté 37 121 personnes. Lourd bilan : même si l'on peut considérer, *a priori*, que le préfet n'était pas responsable des exactions de tous ses hommes. Sa Grande Maison comptait deux mille policiers dans les services administratifs et vingt mille dans les services actifs. Elle étendait son autorité aux sapeurs-pompiers, à la Garde républicaine, à la défense passive, au laboratoire municipal, à l'Identité judiciaire, au laboratoire de toxicologie, à l'Institut médico-légal...

Depuis le début de l'instruction, le fantôme de Lucien Rottée harcelait Bussière. Ce procès serait, aussi, celui des Renseignements généraux. La question posée était simple : quelles connivences unissaient le préfet de police aux tortionnaires?

L'accusation fourmillait de petites phrases compromettantes. Dès son entrée en fonctions, s'adressant aux inspecteurs des Brigades spéciales, Bussière clamait d'un ton péremptoire : « Dans la lutte à mort engagée contre l'ordre que nous représentons et les criminels qui cherchent à briser les ressorts de notre pays, vous me trouverez à votre tête. »

Le 26 août 1942 : « J'ai le plaisir d'allouer des gratifications à nos camarades qui ont fait preuve de courage en abattant deux terroristes. »

A un vin d'honneur réunissant des éléments de valeur, il sablait le champagne : « J'aurais aimé être près de vous et partager vos périls. »

Dédicaçant une photo à Lucien Rottée : « A mon ami Rottée, l'as des as, je rends hommage à votre magnifique activité. »

Amédée Bussière répondit longuement, sur un ton de controverse mondaine, aux brèves questions du président Ledoux.

– Vous avez toléré et permis la continuation de sévices, de violences et de tortures de patriotes.

– Si je les avais connus je serais le premier à vous dire que je ne mérite même pas d'être jugé...

– Cependant, continua le président, il y avait des hurlements à travers les murs des Renseignements généraux...

– Je croyais qu'il s'agissait de gens peinés d'aller en prison. J'ai évoqué avec Rottée cette atroce question des tortures. Il avait répondu que ses agents ne s'y étaient jamais livrés. Je ne pouvais pas douter d'un directeur général des Renseignements généraux!

Siégeant si haut dans le saint des saints, le préfet de police ignorait donc tout des horreurs commises à huis clos?

Comment le suspecter, lui qui servit la Résistance? Pas n'importe laquelle. Abhorrant les communo-terroristes, il rendait, quand il le pouvait, des services aux autres.

Bussière affirma en effet que, animé de sentiments anti-allemands depuis toujours, il avait rendu des services à certaines personnes, inquiétées par la police allemande.

Son rôle était celui d'un administrateur. Il exécutait les ordres avec peine quand il ne pouvait se dérober. Son souci : les gardiens de la paix et la population parisienne. L'ennemi? Darnand et la Milice, dont il freinait le zèle.

« Oui, dira un peu plus tard René Bousquet, secrétaire général de la police de Vichy, j'ai collaboré, mais comme le paratonnerre avec la foudre. »

Voilà la pensée de Bussière. D'ailleurs, les deux hommes s'entendaient à merveille : « Nous étions intimement liés. Nous étions en pleine communion d'idée, écrira Bussière. Nous nous entendions comme larrons en foire pour duper et contrer les occupants [1]. »

Une centaine de témoins à décharge défilèrent pour défendre Bussière. Souvent, le préfet les avait soustraits des sévices allemands.

Pourtant, le 25 juillet, le commissaire du gouvernement Vassart prononça un réquisitoire impitoyable. Entonnant la formule : « Rottée, le célèbre Rottée, accuse Bussière par-delà la mort », il s'acharna : « L'accusé était le centre de la toile tendue par les Allemands contre les patriotes. C'était lui l'araignée. Et, dans cette toile, trente-sept mille ennemis du Reich sont tombés (...). Cent témoins contre un seul de mes témoins muets, pauvres soldats morts sans uniforme. Les victimes ne comprendraient pas que vous ne soyez pas condamné à mort. »

Le 29 juillet, après une heure de délibérations, la Cour rendit son jugement. Elle répondait par l'affirmative aux deux questions relatives au crime d'intelligence avec l'ennemi et d'aide apportée sciemment à cet ennemi.

Pâle, le menton tremblant, Bussière, penché en avant, attendait la petite phrase qui déciderait de sa vie.

Le verdict surprit : la Cour condamnait l'ex-préfet de police aux travaux forcés à perpétuité. Le sang de Rottée, David et Baillet suffisait.

1. *La Vie de la France sous l'Occupation*, Institut Hoover, Stanford University, Californie, 1957. Témoignage d'Amédée Bussière le 8 octobre 1951.

[illegible] de Ville, et il [illegible]
[illegible] [illegible]
[illegible] Infante.
[illegible]

[illegible]

[illegible]

SIXIÈME PARTIE

LA RECONVERSION

XXXII

UN ORCHESTRE NOIR?

C'était au procès du commissaire David. Pendant que l'accusé se débattait devant ses juges, une jeune femme, au banc des invités, griffonnait. La plume s'agitait lorsque le président annonçait les noms et adresses des témoins à charge.

Soudain, le commissaire du gouvernement, M. Lindon, reconnut, en la personne de la curieuse observatrice, Christiane Barrachin, fille de l'inspecteur Barrachin, détenu au Fort de Charenton. Il interrompit la séance.

– Mademoiselle, demanda-t-il, qui vous a donné une carte d'entrée?

– C'est maître Guitard, l'avocat du commissaire David et de mon père, répondit la jeune fille.

La salle, tout d'un coup, se scandalisa. Comment, huit mois après la Libération, les Renseignements généraux plaçaient encore leurs espions? Sous les traits d'une innocente jeune fille, les Brigades spéciales sévissaient toujours...

Le président décida l'expulsion de l'espionne, puis adressa une sévère remontrance à l'avocat Guitard. Quand les policiers inspectèrent la serviette de la jeune femme, ils découvrirent neuf chemises renfermant des reproductions photographiques de dossiers subtilisés aux archives des Renseignements généraux. Dans deux lettres rédigées par Gaston Barrachin, l'ex-inspecteur parlait d'une organisation aux buts anticommuniste, antigaulliste, antisémite et antidémocratique. Il évoquait des liaisons, au nombre desquelles se trouvaient des industriels et diverses personnalités. Christiane Barrachin, interpellée, reconnut l'existence du groupement des Quatre anti. Le procureur de la République Vassard, avisé des faits, ouvrit une information pour atteinte à la Sûreté de l'État.

Le 1er mai 1945, le préfet Luizet prit connaissance des premiers résultats de l'enquête : « Le 7 avril 1945, la section épuration de la préfecture de Police apprenait confidentiellement que les détenus politiques du Fort de Charenton, composés en majeure partie d'anciens policiers des Brigades spéciales des Renseignements généraux, d'industriels et de commerçants détenus pour collaboration, se livraient à une activité politique clandestine. C'est ainsi qu'il existerait deux noyaux d'Action française, l'un dit Maurassien roturier, l'autre dit Noble.

L'organisation du mouvement Noble aurait pris naissance dans la grande salle du dépôt à l'époque où environ deux cents individus s'y trouvaient détenus. L'un de ses animateurs serait le vicomte Devillers de la Vernay, détenu, tout d'abord, au Fort de Charenton, puis à Fresnes.

Le Maurassien roturier serait né à l'intérieur du Fort. Son animateur se nomme Gruel André, détenu à Charenton.

Les policiers des Brigades spéciales, détenus au Fort de Charenton, auraient de fréquents contacts avec les animateurs des organisations précitées, soit pendant les promenades, soit grâce à leurs emplois à l'intérieur du Fort. Ils auraient formé un comité d'aide et de défense des policiers victimes de la répression communiste et leur action se manifesterait par la diffusion de tracts imprimés ou ronéotypés. Ce comité grouperait des ex-inspecteurs détenus, en fuite, et des fonctionnaires en activité.

Cette organisation aurait pour but de grouper tous les détenus politiques, les individus frappés d'indignité nationale, les anciens membres des partis pro-allemands et, d'une façon générale, tous les partisans du fascisme et mécontents du régime actuel. Son action aurait pour orientation directe de tirer vengeance immédiatement, soit personnellement, soit par personnes interposées, des responsables d'arrestations de ses membres, de renverser le gouvernement actuel, d'éliminer le général de Gaulle et, suivant les résultats d'élections, de fomenter une révolution à la faveur de laquelle il lui serait loisible d'obtenir, par tous moyens, l'élargissement des détenus politiques.

Les renseignements recueillis sur ce groupement ont fait

connaître qu'il disposerait d'une somme de trois cents millions, d'avions, d'imprimeries, de fausses cartes d'identité et s'emploierait à recruter des hommes de main en vue d'un renversement éventuel du gouvernement. »

L'été 1945 survint. Le 16 juillet 1945, un surveillant de prison vint trouver le directeur de Fresnes : des prévenus, en vue d'une évasion, projetaient de faire entrer des armes dans l'établissement. Un gardien se chargerait, contre rémunération, d'introduire dans l'enceinte une corde de dix-huit mètres ainsi que des pistolets. Confondus, les conjurés furent conduits au quartier disciplinaire.

L'affaire de Fresnes, somme toute ordinaire, évoquait le spectre de la cinquième colonne hitlérienne. Pendant l'hiver, alors que la guerre traînait bizarrement, la France avait été saisie d'une terreur intense. Et si, à la faveur d'une contre-offensive, les Allemands revenaient?

Les prisonniers de Fresnes, dont les maîtres de musique appartenaient aux Brigades spéciales, obéissaient-ils aux ordres d'un orchestre noir prêt à l'offensive?

Dans l'affaire Barrachin, le juge d'instruction, poursuivant l'enquête, arrêta Irène Girard, jeune secrétaire, maîtresse de l'inspecteur Boukaya, des BS, détenu à Fresnes : « Elle servait d'agent de liaison à Charles Delarue, ex-inspecteur des Brigades spéciales, en fuite. C'est elle qui était chargée d'aller chercher le papier destiné à la confection des tracts. Ce papier provient d'un stock appartenant à l'ex-commissaire Thévenin, de Courbevoie, actuellement en fuite. »

Yvonne Bourasseau, elle, était la maîtresse de l'inspecteur Baudet, lui aussi des BS : « Elle a avoué qu'elle se chargeait de taper les tracts au stencil et de les ronéotyper sur un appareil duplicateur, appartenant à son patron. Le matériel a été saisi ainsi qu'une somme de trente et un mille huit cents francs dont la provenance paraît être vraisemblablement le fruit de collectes faites parmi les familles de prisonniers détenus. »

L'enquête établit, surtout, que les neuf documents retrouvés sur Christiane Barrachin, reproduction de dossiers dérobés à la 1re section des Renseignements généraux, avaient été subtilisés par un inspecteur en service, Édouard Sorin.

Interrogé, il expliqua : « Depuis l'insurrection, j'ai été en relation, sur ordre de mes chefs, avec l'ex-inspecteur Picard, incarcéré pour intelligence avec l'ennemi, et, sur sa demande, j'ai dérobé aux archives de ma section une cinquantaine de dossiers remis ensuite à Picard. »

D'après l'enquête, ces documents passaient des mains de Picard à celles de maître Guitard. En présence d'un membre du conseil de l'ordre, le juge d'instruction Collety procéda à la perquisition du cabinet. Les pièces dérobées, à peine dissimulées, y reposaient.

L'inspecteur Joseph Picard, collaborateur de Georges Labaume, était un flic de premier ordre. Dès le mois de février 1940, bien avant l'Occupation, le commissaire Baillet signalait ses compétences au directeur des Renseignements généraux, Jacques Simon : « J'ai l'honneur de proposer aux fins de gratifications l'inspecteur spécial Picard, de ma section. Cet inspecteur est un excellent collaborateur, très dévoué, connaissant à fond le mouvement révolutionnaire. »

L'Occupation accrut la lucidité de Joseph Picard. En date du 1er juillet 1941, on relevait une prime de trois cents francs, puis cent cinquante francs le 18 mars 1942, mille francs le 1er décembre 1943. Son talent éclatait à l'hiver 1942. Georges Labaume le félicitait, ainsi que trois inspecteurs : « Gradés et inspecteurs doués d'excellentes qualités professionnelles et animés du meilleur esprit. Chargés plus spécialement de la branche information, ils s'acquittent parfaitement de leur mission. Des renseignements recueillis par leurs soins ont permis à la BS1 de découvrir et d'arrêter les membres de deux organisations communistes particulièrement importantes (affaire Neve et affaires Cadras, Pican, Politzer). »

A la Libération, le Parti communiste lui consacrait une fiche : « Inspecteur principal des RG (1re section). Est chargé de prospecter les indicateurs dans le PC et d'assurer la liaison avec eux.

A l'insurrection, a pris la fuite et a été arrêté au printemps 45. A cette époque, il était caché dans un centre d'accueil de déportés, sous un nom d'emprunt, en accord avec la direction des RG qui lui payait son salaire. »

Ainsi, selon le Parti communiste, dès 1945, les Renseignements généraux protégeaient des inspecteurs de leurs Brigades spéciales. Emprisonné, l'inspecteur Picard se vantait de conserver au sein même du Parti des hommes de confiance. La mariée était trop belle. Le PC, notant que l'affaire Picard était sur le point d'être classée, poursuivait : « Il est hors de doute que la relaxe de Picard est le résultat de son travail anticommuniste et la possibilité de le continuer. Il y a lieu d'attacher une grosse importance à cette affaire, Picard ayant une valeur personnelle indiscutable, il est certain que la bourgeoisie tient cet homme. Références : Marie-Claude et Mounette, qui le connaissent bien [1]. »

Devant le chiffon rouge, d'instinct, les policiers des Renseignements généraux s'agitaient. Le bras de fer continuait.

1. Si Marie-Claude Vaillant-Couturier et Mounette Dutilleul se portaient témoins, c'est que toutes les deux, au moment de leur arrestation, avaient été introduites dans le bureau de l'inspecteur Picard. Si l'on en croit Germain Vidal, directeur des RG après la guerre, André Baillet se félicitait d'avoir matraqué personnellement des résistants et, spécialement, il aurait ligoté sur une chaise pendant plusieurs jours Mounette Dutilleul. (Archives nationales, cote Z^6, dossier de procédure suivie contre André Baillet).

XXXIII

LES SOCIÉTÉS PASSENT, LES POLICES DEMEURENT

Au mois d'octobre 1944, Germain Vidal avait quitté Marseille pour prendre la direction des Renseignements généraux. Tandis que les mois d'automne étaient meurtriers pour les collaborateurs, les ministères bâtissaient une république nouvelle. La police politique y conservait sa place. Une circulaire du ministre de l'Intérieur Adrien Texier, en date du 15 novembre 1944, précisait :

« C'est aux fonctionnaires des Renseignements généraux qu'il incombe au premier chef d'être à l'écoute et de me rendre fidèlement compte de la situation. La politique gouvernementale ne saurait être efficace si elle ne repose pas sur une information permanente et complète. Le pouvoir central doit être à même de suivre l'évolution de la situation dans les régions et les départements. »

L'épuration? Les fonctionnaires des Renseignements généraux avaient traversé l'entre-deux-guerres, obéi aux ordres du Front populaire et collaboré avec Vichy. Ils serviraient un gouvernement comprenant des ministres communistes. Foin de morale : « L'authentique policier politique est un technicien qui exerce sa spécialité, sa mission d'information, sous les gouvernements divers que peut connaître un État [1]. »

Soixante pour cent des policiers des Renseignements géné-

1. Les fonctionnaires placés sous les ordres de Germain Vidal n'étaient pas les seuls à s'intéresser aux activités des communistes. A la Sûreté nationale, Roger Wybot, résistant, chef du contre-espionnage du BCRA, nommé depuis le 1er décembre 1944, imposait aux policiers de la DST (Direction de la surveillance du territoire) des méthodes strictes et efficaces.

raux en place pendant l'Occupation servirent le gouvernement issu de la Libération.

L'article 5 du décret du 7 juillet 1941 restait toujours en vigueur : « La police politique est plus particulièrement chargée de surveiller les personnes et les groupements suspects, de contrôler l'utilisation des moyens de transport, et de centraliser les informations. »

Dans chaque ville de province, un chef de service des RG s'installait. Leurs rapports échouaient tous les soirs, à partir de 18 heures, sur le bureau de Germain Vidal. Une note de synthèse parvenait le lendemain au directeur général de la Sûreté, lequel avertissait le président de la République, le président du Conseil et le ministre de l'Intérieur.

A la fin de l'année 1945, sous les ordres de M. Pons, cinq à six cents inspecteurs des RG se trouvaient répartis entre les deuxième et cinquième étages des escaliers E et D de la préfecture. Les sections fonctionnaient autour de la direction, alimentée par les informations de la permanence centrale, qui enregistrait les télégrammes envoyés par la direction de la police municipale et les diffusait à tous les services.

Les nominations de la Libération avaient permis au Parti communiste de pénétrer dans la citadelle qui l'avait toujours combattu. Voici le compte rendu de l'un de ses indicateurs : « La 1re section s'occupe des milieux de gauche ou démocratiques (Parti communiste, SFIO, anarchistes, trotskistes, Parti communiste révolutionnaire...).

Elle possède en outre un service colonial (milieux noir et nord-africain). Ses moyens d'action résultent d'informateurs ou indicateurs qui fournissent, en trahissant leur parti, des renseignements sur la marche de la politique et sur les chefs des partis. Ces informateurs sont en relation avec les inspecteurs du service information ou avec le secrétaire ou le commissaire. Ils sont payés par la police, avec des fonds secrets. A côté de ce travail de mouchardage, cette section possède un fichier où sont notés la plupart de nos camarades. Ce fichier est tenu à jour par les inspecteurs grâce aux enquêtes et aux renseignements recueillis près des patrons d'usines. Toutes nos réunions sont suivies et espionnées par des inspecteurs de la 1re section appelée “réunioniste ”. »

Les six autres sections se consacraient aux partis de droite, à l'activité politique des étrangers (surveillance des immigrés espagnols et polonais aux sympathies communistes affirmées) et aux jeux. On trouvait aussi une vague Brigade du contre-espionnage, au titre ronflant, totalement débordée par la DST.

Le service des archives, galerie ouest, deuxième étage, escalier E, groupait une trentaine d'inspecteurs.

« Ainsi, notait le Parti communiste, tous les rapports faits sur nos camarades avant, pendant et après l'Occupation y sont soigneusement conservés. Certains dossiers, confidentiels, ne peuvent être consultés que sur ordre du préfet ou du directeur. »

Le 4 mai 1947, à l'Assemblée nationale, les députés communistes refusèrent de voter la confiance réclamée par le socialiste Paul Ramadier. Ce dernier saisit l'occasion pour congédier les ministres du Parti. La coalition gouvernementale issue de la Résistance éclatait en morceaux. Le pays baignait dans une atmosphère insurrectionnelle. La France entrait dans la guerre froide.

Si les inspecteurs des Brigades spéciales avaient, dans leur immense majorité, échappé à la justice, ceux de leurs chefs qui avaient frôlé le poteau d'exécution purgeaient encore leur peine d'emprisonnement.

En mars 1947, on découvrit dans la prison de Fresnes que le groupe Cavailhé, communiquant avec des agents réfugiés en Suisse et en Espagne, établissait des faux documents signés et portant les cachets allemands, afin de compromettre des personnalités de la Résistance, des ministres et des députés. La cabale, éventée, fit rire.

Le 14 septembre, une mutinerie éclata au camp de Noé. Derrière les portes du pénitencier, mille deux cents détenus purgeaient une peine de travaux forcés. Un matin, ils apprirent la mort de Roger Labat, ancien capitaine de frégate, abattu d'une balle au cœur alors qu'il tentait de s'évader; ils se répandirent dans le camp. Les gardiens, débordés, se retirèrent des lieux.

Le corps de Labat fut placé sur une civière et recouvert de fleurs. Par rangs de dix, les prisonniers formèrent un cortège, sortirent du camp en direction de l'église du village de Noé. Après la messe, la foule des condamnés se rassembla autour du monument aux morts et entonna *La Marseillaise*. Puis, les forçats regagnèrent le pénitencier où ils procédèrent à l'inhumation de leur camarade. Seulement cinquante d'entre eux avaient songé à s'évader.

L'affaire fit scandale. *Le Populaire*, quotidien socialiste, s'alarmait : « Pense-t-on sérieusement qu'il s'agit là d'initiatives individuelles? Ne voit-on pas à l'œuvre un véritable réseau clandestin qui s'efforce de recruter dans les camps et les prisons les hommes de main des prochains coups durs? »

L'Aurore, conservateur, répondait : « La mutinerie du camp de Noé nous rappelle qu'après la répression doit sonner un jour l'heure de la clémence... Il y a dans les prisons et dans les camps des hommes sur lesquels il faut que la justice reporte à nouveau les yeux. Pas de clémence pour ceux qui ont fait couler le sang français. Mais clémence au contraire pour tous les miséreux, sinon les misérables, qui ont été frappés, au début, par une main de fer. Pourquoi ne pas dire l'heure de la réconciliation ? »

Le thème du pardon refleurissait et, confusément, les détenus de Noé savaient que l'heure des grâces allait sonner.

« J'habite un deux-pièces, dans le XVIe arrondissement. J'y ai rassemblé certaines archives des Brigades spéciales. A la Libération, nous avons été quelques-uns à mettre ces dossiers de côté. Depuis, en compagnie d'un ami, je les ai remis à jour et enrichis. »

L'inspecteur Charles Delarue, ancien des Brigades spéciales, se décidait enfin. Une matinée de l'année 1950, il présentait son visage rond et blafard au commissaire Jean Dides, de la 10e brigade territoriale de police judiciaire de la préfecture de Police.

Trois années plus tôt, le 14 septembre 1947, Delarue avait profité de la mutinerie du camp de Noé pour disparaître. Il purgeait là-bas une peine de vingt années de travaux forcés. De planques en planques, bénéficiant de complicités diverses, il avait échoué dans un deux-pièces-cuisine où il se transformait en un sourcilleux archiviste. Rongé par la faim, usé par tous ces mois de clandestinité, il livrait enfin son trésor.

En toute hâte, Jean Dides se précipita dans l'appartement du fuyard des Renseignements généraux. Les dossiers encombraient les lieux. Abasourdi par l'ampleur et la qualité des documents, le commissaire Dides fit part de sa découverte au préfet de police Roger Léonard. Les deux hommes, sous la protection du ministre de l'Intérieur Henri Queuille, qui recommanda prudence et discrétion, transférèrent les archives des Brigades spéciales dans un local commercial du IIe arrondissement. Un service de police parallèle était créé qui répondait à un souci : éviter que les documents ne tombent entre les mains des éléments communistes encore infiltrés aux Renseignements généraux.

Le baptême du service Dides-Delarue fut rapide. L'époque était à la guerre froide et le ministère de l'Intérieur comme le préfet demandaient des études sur les mouvements communistes. Charles Delarue surprit par son savoir et, rapidement, les hommes de Lucien Rottée se retrouvèrent autour de leur compagnon. Les anciens des RG en profitaient pour retrouver, éparpillées chez les uns et les autres, des archives disparues.

Au printemps 1951, sous le règne du préfet de police Jean Baylot, le service connut la consécration. Jean Dides, nommé chargé de mission au cabinet du préfet, introduisait, dans le petit local, des membres du gouvernement.

« Les visites les plus fréquentes seront celles de Charles Brune, ministre de l'Intérieur. Les deux visites du ministre de la Justice Léon Martinaud-Deplat semblent l'avoir convaincu. Devenu ministre de l'Intérieur du gouvernement Laniel, le 28 juin 1953, il aura fréquemment recours à ce service... Enfin, même un président du Conseil fera le déplacement. C'est Antoine Pinay. Charles Delarue lui présentera un schéma sur l'espionnage de toute l'activité nationale par le Parti communiste. Antoine Pinay se dira atterré par l'étendue du danger [1]. »

A mesure que défilèrent les années cinquante, grâce, en particulier, aux perquisitions effectuées au siège parisien du PC, en mai 1952, les archives s'enrichirent. Elles revinrent se poser, un jour, dans les placards des Renseignements généraux. D'autres pièces, rédigées par les Brigades spéciales, atterrirent, elles, dans les sous-sols capitonnés du Parti communiste. Ainsi le témoignage de l'inspecteur des BS, Joseph Curinier, qui avait subtilisé le livre de fouille et le livre des affaires traitées par son service...

Dans leur immense majorité, les hommes des Brigades spéciales réintégrèrent leur emploi. Ils se retrouvèrent aux Renseignements généraux, comme les crabes dans leur panier.

Une loi d'amnistie, très large et sonnant comme une promesse d'oubli, intervint le 6 août 1953. Un pour cent des condamnés, seulement, étaient encore détenus. Par la loi du 29 juillet 1949, le gouvernement avait depuis longtemps mis fin aux juridictions d'exception [2].

Le destin de l'inspecteur Célestin Texier est symbolique de ce retour au bercail. Compromis dans les arrestations de Gabriel Péri et de Dallidet, il avait décampé à la Libération. Les services de la DST l'avaient arrêté à Annemasse, alors qu'il

1. *La Police dans la politique, 1944-1954*, Claude Angeli et Paul Gillet, Éd. Grasset, 1967.

2. Au total, elles avaient eu à connaître les cas de cent soixante mille individus, dont cent vingt-six mille avaient eu à subir un régime d'internement. Elles avaient prononcé sept mille trente-sept condamnations à mort, dont quatre mille trois cent quatre-vingt-dix-sept par contumace, sept cent soixante-sept suivies d'exécutions, trente-neuf mille condamnations à des peines de détentions diverses et quarante mille à des peines d'indignité nationale.

s'apprêtait à passer en Suisse. Interné à Fresnes, mis en liberté provisoire en avril 1948, il avait été acquitté en cours de justice le 24 juin 1948. Il demandait sa réintégration deux jours plus tard. Ouvrier, puis caissier aide-comptable dans une entreprise, il avait retrouvé son emploi d'inspecteur en 1949.

Les autres se dispersèrent. Joseph Picard, qui travailla à la direction des ventes du journal *L'Époque*, fut soupçonné par les communistes d'être en liaison avec le SR américain. Le chef de la Grande Maison, Amédée Bussière, avait quitté les geôles de la IVe République après soixante-dix-neuf mois d'emprisonnement. Il attendit paisiblement la mort.

Quelques anciens rêvèrent de gloire coloniale. Ils choisirent l'Afrique et l'Indochine.

D'autres, comme Georges Labaume, disparurent peu à peu du monde.

ANNEXES

I

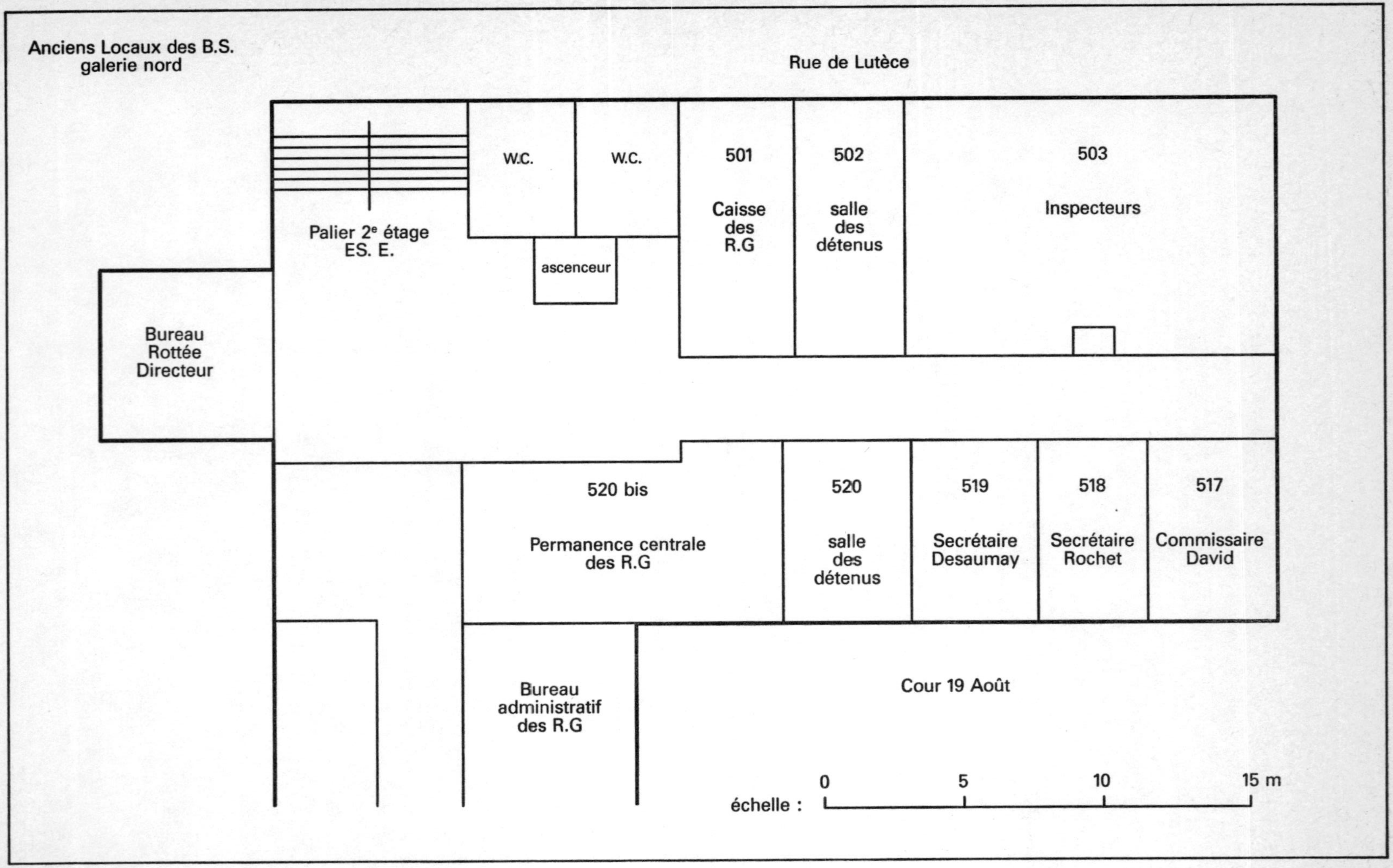

Anciens Locaux des B.S.
galerie nord
Rue de Lutèce
Palier 2e étage
ES. E.
W.C.
W.C.
ascenceur
501
Caisse des R.G
502
salle des détenus
503
Inspecteurs
Bureau Rottée Directeur
520 bis
Permanence centrale des R.G
520
salle des détenus
519
Secrétaire Desaumay
518
Secrétaire Rochet
517
Commissaire David
Bureau administratif des R.G
Cour 19 Août
échelle :
0
5
10
15 m

1°) Chaque fois qu'un individe sera proposé pour l'application du décret du 18 Novembre 1939, faire parvenir à la 1ère Section des Renseignements Généraux une note précise indiquant les raisons qui motivent l'application du décret (une note par individu).

2°) Pour chaque affaire ayant un caractère politique, aviser dès le début la 1ère Section des Renseignements Généraux (Automatique 315 et 316), pour demander qu'un inspecteur spécialisé soit envoyé, afin de coopérer à l'affaire.

3°) Chaque fois que sera constatée une recrudescence de la propagande communiste, ne pas manquer de la signaler, par rapport spécial, à la Direction des Renseignements Généraux, en donnant toutes précisions utiles.

4°) Dans chaque affaire communiste, même lors d'une perquisition sans résultat, se procurer autant que possible, une photographie de l'inculpé ou de la personne qui a été soupçonnée et la transmettre avec un rapport des faits, à la 1ère Section des Renseignements Généraux.

Direction de la
POLICE JUDICIAIRE

N° 206

Paris, le 30 Septembre 1940.

LE DIRECTEUR de la POLICE JUDICIAIRE
à Messieurs les Commissaires de Police des Quartiers
de Paris & Circonscriptions de Banlieue.

Pour faire suite aux instructions qui vous ont été données ce matin, je vous transmets ci-dessus des prescriptions auxquelles je vous demande de vous conformer.

LE DIRECTEUR DE LA POLICE JUDICIAIRE

Charles M E Y E R

6 Janvier 1941

Dorénavant, les Bdes tiendront à jour un contrôle un contrôle des affaires faites par chacun des gardiens piétons de leur brigade

Ce contrôle sera fait de la façon suivante :

Poste		Affaires traitées dans le mois				Brigade
Nom du gardien	N° de Collet	Arrestation	Mendiants	Camelot	Contravention	Observations

Les noms des gardiens ayant fait moins de cinq affaires dans le mois (arrestations, mendiants, camelots, ou contraventions) seront transmis, le 1er de chaque mois à Mr le Commissaire Principal.

La tenue de ce contrôle sera commencé dès aujourd'hui.

A dater de ce jour, les Bdes cyclistes ne fourniront chaque lundi que l'état des cyclistes ayant fait moins de trois contraventions dans la semaine et arrêté moins d'un camelot ou mendiant.

Si le gradé estime que l'agent n'ayant pas atteint ce chiffre a une excuse valable, il fera mention de cette excuse dans la colonne "observations"

Les gardiens cyclistes et civils qui n'auront pas fait preuve d'une activité suffisante au cours de leur service seront proposés pour être relevés de leur emploi.

7-1-1941 Surveillance Etablissements d'Enseignement

Les agents en civil devront se présenter au tous Gradés assurant le contrôle aux abords des Etablissements d'Enseignement

IV/ Vis-à-vis de l'armée d'occupation les gardiens de la paix doivent une déférence « qui se traduira par un salut militaire franc et loyal ».

TURE de POLICE
ction Générale
de la
lice Municipale

Paris, le 21 Avril 1941

O R D R E du J O U R

à LIRE à 3 APPELS aux GRADÉS et GARDIENS de la PAIX

Il m'a été signalé de divers côtés et j'ai pu constater personnellement qu'un trop grand nombre de gardiens de la paix n'avaient pas compris l'importance des recommandations qui leur ont été adressées depuis plusieurs mois déjà, tant au sujet de leur tenue dans la rue que de l'attitude qu'ils doivent observer vis-à-vis des Officiers de l'Armée d'Occupation, vis-à-vis de leurs chefs, vis-à-vis de la population: aux premiers ils doivent une déférence qui se traduira par un salut militaire franc et loyal auquel il est d'ailleurs toujours répondu de la même manière; aux administrés, ils doivent de la sollicitude qui se témoignera suivant les circonstances par des recommandations et des avertissements courtois et par une aide momentanée que tous sauront apprécier et qui fera considérer les gardiens de la paix comme des amis et des soutiens.

Si quelque gardien croit devoir comprendre autrement son rôle et oppose dans un esprit que je ne puis admettre quelque résistance à ces recommandations, il lui est possible de s'y soustraire en démissionnant d'un corps où il n'y a plus de place pour lui. Mais quiconque veut y poursuivre sa carrière doit se soumettre sans xxxxx arrière pensée aux instructions reçues et les Chefs de Service, Commissaires, Officiers de Paix, Inspecteurs Principaux devront commenter fréquemment ce dernier avertissement donné dans l'intérêt et pour le bien de tous et rappeler notamment que la police Municipale ne conservera sa force et son autorité que dans l'esprit de discipline, le respect de la hiérarchie et la bienveillance à l'égard des faibles et des deshérités.

Le Préfet de Police,

MARCHAND

Brugnon — Rapport du 30-10-41 — Sect II

22. A

I.— Au sujet du coup de la Mosquée :

Ce coup est extrêmement simple :

nous avons remarqué que les Allem vont souvent visiter la mosquée accompagnés d'un Autobus ; il suffira donc de placer 1 paquet de phosphatine allumé avec une mèche de 10 minutes à l'intérieur de l'autobus et s'en aller par le jardin des plantes.

nous avons décidé d'effectuer ce coup Dimanche après-midi avec le groupe de Benoît.

II.— Coup du Poste d'essence. St Sabin :

-A.- Renseignements :

a) il s'agit d'1 petit poste d'essence contenant environ 1000 à 2000 l. de carburant.

b) C'est une boutique à l'intérieur de laquelle sont 2 pièces habitées par des soldats allemands (v. plan 1) cette boutique est située Bd Richard Lenoir entre les rues St Sabin et Sedaine.

On entre par une porte qui communique avec la 1ère pièce ; on trouve au fond de celle-ci une sorte de réservoir (v. plan 1). c'est ce réservoir qui contient le liquide.

c) Il n'y a presque pas de surveillance étant donné le peu d'importance du poste. Les 2 soldats sont armés : l'un d'1 poignard et l'autre d'1 revolver il est possible qu'ils aient d'autres armes, mais cela m'étonnerait. Il faut signaler que R. St Sabin il y a 2 flics près du Cinéma mais ceux-ci sont assez éloignés. Il conviendra néanmoins de surveiller les les Avertisseurs proche.

Il faut signaler également qu'une voiture passe de temps en temps à 6h1/2 avec 1 s.-off et 1 soldat pour les visites.

B – Plan des Opérations : 22 b

a) il s'agit de porter à la fois un coup matériel et moral !

b) il faudrait pour effectuer ce coup : 11 FT ! soient : 6 exécutants, 1 gpe de réserve (4) et 1 chef de section.

c) on procèderait de la façon suivante :

3 FT s'occuperaient des 2 Allem (les désarmer ou, en cas de nécessité, les exécuter.)

3 FT s'occuperaient des réservoirs !

La réserve s'occuperait de la surveillance au dehors et éventuellement, des blessés.

Le chef de section dirigerait les opérations au dehors. Le moment le plus propice pour effectuer ce coup serait le matin à 7h ½ quand la boutique ouvre ses portes et qu'il fait encore nuit. Les 3 premiers FT entreraient et s'occuperaient des Allem à 7h 35 par exemple (au signal du chef de section.) Les 3 autres iraient au fond et déboucheraient les réservoirs ; ils introduiraient dedans 1 groupe de 5 cartouches de Dynamite avec 1 m. 50 de Bickford allumé ; ils casseraient encore une bouteille explosive à l'intérieur pour être sûrs que tout flambe et ils se dirigeraient vers la sortie avec les autres. Ce tout doit demander 3 m au maximum !

d) Concentration :

1er gpe : coin R. Sedaine et Bd R. Lenoir (gpe s'occupant des Allem.) à 7h 30.

2e gpe : coin R St Sabin et Bd Rich Lenoir (gpe incendiaire) à 7h 30

Réserve : en face du poste à 7h 30.

à 7h 35 les 2 gpes partent ensemble.

Signe de ralliement : 1 léger coup de sifflet

e) Repli :

à 7h38 – heure du repli – Tous les FT se groupent devant la Porte et partent par la Rue d'Aval – au bout de cette rue, ils se partagent en 2 : 1 gpe va vers le Passage Thiéré, l'autre par la Rue de Lappe, suivant schéma (2)

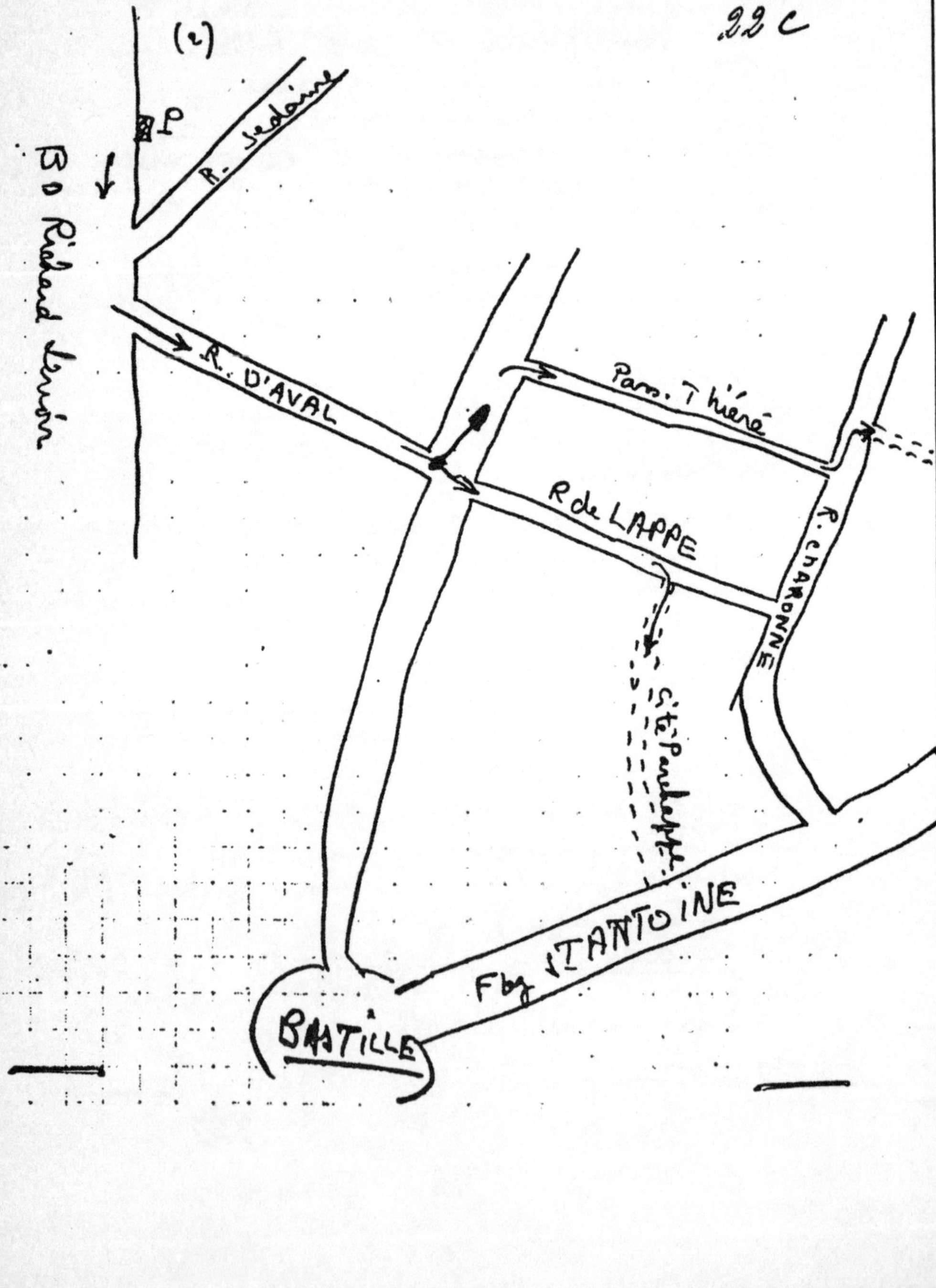

Projet de budget Novembre

Frédo – Marceau	4.000
Bob 1200 – René 1200	2.400
Benjamin 1.000 – Claude 1.000 – Pétrus 1.000	3.000
Equipe mobile	2.000
Alain 6.00 – Dédé 400 – Pierrot 200 – Divers 400	1.600
Matériel et frais divers	2.000
Voyages	3.000
Total	18.000

20

URE DE POLICE

Di... énérale des Renseignements
Généraux et des Jeux

CABINET DU DIRECTEUR GÉNÉRAL

5460

COMMUNISME ET TERRORISME I

(SEPTEMBRE - DÉCEMBRE 1941)

5460

ACTIVITE DE LA BRIGADE DURANT LE

mois de Septembre 1941

Envois au dépôt	96
Arrestations par B.S., mises à disposition d'autres services	52
Envois au camp	5
Visites domiciliaires	337
Enquêtes sur notes	175
Filatures et surveillances	168
Relaxes aprés enquête...............	51

BRIGADE SPECIALE DES RENSEIGNEMENTS GENERAUX

1ère et 2ème Sections

ACTIVITE DES SERVICES DE LA DIRECTION DES RENSEIGNEMENTS GENERAUX ET DES JEUX

	Juillet	Aout	Septem.	TOTAUX
Brigade spéciale — Répression communiste et gaulliste				
Envois au dépôt	61	33	96	190
Envois aux camps d'internement	183	50	72	305
Arrestations mises à disposition d'autres services	11	11	52	74
Perquisitions	224	202	437	663
Repression étrangère et juive				
Envois au dépôt	7	23	45	75
Envois aux camps d'internement	211	238	233	682
Arrestations mises à disposition d'autres services	14	6	6	26
Perquisitions	61	218	252	531
Soumis à un régime de surveillance renforcée	5	7	12	24
Service des Jeux				
Envois au dépôt	16	17	23	56
TOTAUX	793	805	1.228	2.826

PREFECTURE DE POLICE

Direction
de la Police Municipale

Paris le 20 Décembre 1941

CIRCULAIRE N° 17 - 41

A Messieurs les Commissaires Divisionnaires, Cres de Villes Arrdts et desCirconscriptions de Banlieue et des Services Spéciaux (En communication à M. le Directeur des R Gx et à M. le Directeur de la Police Judiciaire).

Je vous transpets ci-dessous, le texte d'une circulaire de M. le Ministre Secrétaire d'Etat à l'Intérieur, en vous priant d'attirer l'attention de votre personnel sur les modes de perpétration d'incendies utilisés par les militants communistes.

Le Directeur de la Police Municipale

HENNEQUIN

DIRECTION DEGENRALE DE LA POLICE NATIONALE

Vichy, le 9 Décembre 1941

URGENT et SECRET

Le Minustre Secrétaire d'Etat à l'Intérieur:

Par mes circulaires précédentes, la dernière sous le N° 1287 en date du 3 Novembre 1941, je vous ai fait connaître différents modes de perpétration d'incendie utilisés par les militants éprouvés du Parti Communiste qui, Groupés en équipes avaient pour mission d'incendier les récoltes et les entrepots agricoles.

Actuellement, un nouvel engin est utilisé par les incendiaires; son fonctionnement est basé que le fait qu'n mélange de chlorate de pothsse et de suore s'enflammen au contact de l'acide sulfurique en dégageant une chaleur intense

Les documents saisis permettent d'affirmer que les dirigants occultes du parti communiste chargés de constituer les équipes de saboteurs ont donné à ces derniers les instructions très datailléss exposées cipaprès, concernant la fabrication et l'utilisation de ces engins qui se composent d'une cartouche et d'une amorce à retardement

POUR LA CONFECTION DE LA CARTOUCHE

a) Réaliser un mélange très homogène de chlorate de potasse pulvérisé et de sucre en poudre en poids ou volume égal.

b) Emplir à moitié ou aux deux tiers, à l'aide de ce mélange, un cylindre en celluloid ou en carton léger dont une extrémité est fermée par une rondelle collée.

c) humecter le mélange avec de l'acétone dans laquelle du celluloïd a été préalablement dissous. L'acétone s'évapore rapidement et permet ainsi d'obtenir un bloc compact qui ne risque plus de se répandre et qui brûle plus lentement que la poudre sèche)

POUR REALISER L'AMORCE

d) Se munir d'un très petit flacon de verre fermé par un bouchon en matière plastique se vissant sur le goulot.

e) Percer un trou de 4 à 5 mm de diamètre dans le bouchon.

f) Placer au fond et à l'intérieur de ce bouchon, une plaque en celluloïd ou en tout autre corps que l'acide ronge sans se décompose Pardessus cette plaque, introduire une rondelle en liège percée comme le bouchon afin d'assurer l'étanchéité du joint.

g) Verser quelques gouttes d'acide sulfurique dans le flacon (10 à 20 selon l'épaisseur de la rondelle à ronger) et visser le bouchon.

POUR FAIRE FONCTIONNER LA BOMBE INCENDIAIRE

Placer dans la cartouche le flacon amorce renversé.

L'acide ronge dans un temps plus ou moins long la plaque en celluloïd et enflamme le mélange avec lequel il se trouve en contact.

Il résulte de ce qui précède que ces engins incendiaires étant réalisés à l'aide de produits de vente courante dans le commerce et leur fabrication n'exigeant aucune connaissances spéciales, tout individu peut préparer lui-même les engins bien que ne connaissant aucune connaissance spéciale en chimie.

Il est à noter que, conformément aux ordres reçus:

1°) Les saboteurs emploient pour la fabrication de la cartouche un carton extrêmement combustible afin que celui-ci soit entièrement consumé au cours de l'incendie.

2°) Il s'effectue des essais avec les différents produits réellement utilisés pour la fabrication de leurs engins, de déterminer exactement par voie empirique quel est le temps nécessaire à l'acide pour ronger la plaque de celluloïd, le retard pouvant varier entre 15 minutes et 20 heures, suivant l'acide et le celluloïd utilisé.

3°) Les engins sont placés en principe pour que les incendies s'allument de nuit.

Enfin, il convient de remarquer que 50 grammes de mélange suffisent à la constitution d'un engin destiné à enflammer de la paille ou du fourrage, une quantité moindre est suffisante pour les combustibles, essence, alcool , etc.

J'attire donc tout spécialement votre attention sur l'intérêt qu'il y a dans le cas où la cause d'un incendie n'est pas connue de prescrire au service enquêteur, toutes recherches en vue d'identifier les diverses personnes s'étant procuré du chlorate de potasse ou de l'acide sulfurique aux fins de vérifier l'emploi qu'elles ont pu en faire.

La perpétration d'incendies de toutes sortes étant de nature à porter, dans les circonstances présentes un préjudice considérable au pays, je vous renouvelle mes précédentes instructions et vous invite instamment à nouveau à ordonner aux services de police et de gendarmerie placés sous votre autorité un redoublement de vigilance en vue de prévenir les attentats dont il s'agit et tout mettre en œuvre le cas échéant, pour en découvrir les auteurs.

pour le Ministre Secrétaire d'Etat à
L'Intérieur, le Conseiller d'Etat
Secrétaire Général pour la Police

RIVALLAND

-=-=-=-=-=-

VIII/ Bordereau de souscriptions communistes.

PREFECTURE DE POLICE

Direction de la Police Municipale

Etat - Major

1er Bureau (A)

Paris, le 27 Janvier 1942.

CONFIDENTIEL

CIRCULAIRE N° 24-42

à Messieurs les Commissaires Divisionnaires, Commissaires de Voie Publique, des Circonscriptions de Banlieue et de tous services Police Municipale.

	10	5	Ch	B	S	Total
A						
B						
C						
D						
E						
F						
G						
H						
I						
J						
Total						

Au cours de récentes enquêtes, un certain nombre de documents dont reproduction ci-contre, ont été découverts sur des individus.

Il est établi qu'il s'agit de bordereaux de souscriptions communistes. Les lettres de l'alphabet se rapportent aux indicatifs des divers groupes de l'organisation régionale clandestine et les indications: 10 - 5 - Ch - S - signifient respectivement: 10 Frs, 5 Frs, chômeurs, brochures, solidarité.

En conséquence, donnez à votre personnel les instructions nécessaires pour que tout individu trouvé sur la voie publique et dans les lieux publics, porteur d'un document semblable, soit considéré comme suspect et conduit au Commissariat du Quartier.

Le Directeur

de la Police Municipale,

HENNEQUIN

-=-=-=-oOo-=-=-=-

ÉTAT FRANÇAIS

PRÉFECTURE DE POLICE

Direction Générale des Renseignements Généraux et des Jeux

CABINET du DIRECTEUR GÉNÉRAL

COMMUNISME ET TERRORISME

(JANVIER - JUIN 1942)

R E P R E S S I O N   C O M M U N O -

PLAN PROPAGANDE

Total des arrestations : suivies de mise à disposition de justice .... 1.370) 3.268
internements administratifs... 1.898)

parmi lesquelles celles de :

Responsables nationaux du Parti Communiste.......	16
Responsables inter-régionaux.......................	30
Responsables régionaux	35
Responsables aux échelons inférieurs (secteurs, sections, etc...)...............................	56
Militants illégaux	127
Militants appointés	242

Matériel saisi :

Tracts et brochures..............................	11.054.[illegible]
Dépôts de matériel	69
Machines à imprimer	9
Ateliers de photogravure	4
Machines à ronéotyper	77
Machines à écrire	69
Stencyls, tubes d'encre, caractères d'imprimerie, papier, matériel d'expédition,etc......	
Espèces	plus de 1.200.000 Frs

Milieux étrangers :

207 arrestations de communistes étrangers (espagnols, israélites de nationalités diverses) formant dans l'inter-région parisienne deux régions P 9 et P 10, désignées sous les initiales M.O.I. (Militants Ouvriers Internationaux ou Main d'Oeuvre Immigrée)

Matériel saisi : 4 ronéos - 135.000 tracts et brochures, stencyls, etc...

Nota : Sur l'ensemble des
dans les trois g
3.435 Fra
227 Jui
321 Etr
450 Jui

X/1 Avril 1942. Le « Butin » des R.G. saisis sur des dérailleurs. A partir de ces documents, les policiers enquêtent. Ici, un plan des lignes et des usines électriques. L'auteur de ce rapport, notent les policiers, possédait des informations très précises.

1

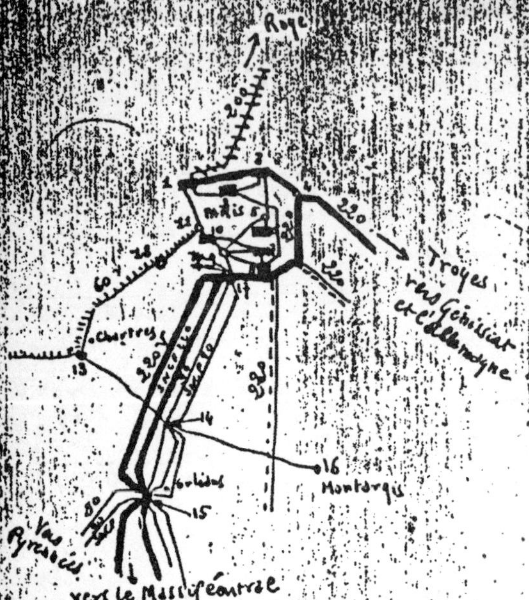

■ Centrales thermiques
1 Gennevilliers
2 St Ouen
3 St Denis
6 Ivry
7 Vitry
8 Arrighi
10 Issy

● Postes de Transformation
17 Chevilly
13 Louisant
15 Chaingy
16 Villemandeur

o Postes d'aiguillage
4 Villeraudé
5 Charenton
9 Villejuif
11 Billancourt
12 ?ancourt
14 Tivernon

en cours d'installation.
en construction.
en projet.

L'arrivée de l'énergie hydroélectrique dans la R.P. se fait
en 220.000 volts par 4 (Villeraudé), venant de Génissiat
" par 17 (Chevilly) venant du Massif Central Eguzon, Coindre etc...
en 90.000 volts par 17 venant des Pyrénées.
4 et 17 apparaissent donc comme des points essentiels mais il ne faut pas oublier que les réserves de combustibles permettent aux centrales thermiques de pallier d'un [rayé] durant 8/15 jours.
Faire vérifier l'état des lignes ‖‖‖‖, ++++ et – – – –
S'informer sur les possibilités de ruptures des 220.000 et 90.000 entre 15 et 17, et du 220.000 en amont de 4.
Relever à fond le réseau intérieur à 1, 3, 4, 17, 11 – (jusqu'aux transfos d'usines et de quartier compris)

X/2 Tableau de matériel et du personnel nécessaires à la fabrication d'explosifs ou incendiaires.

2

Personnel.	Matériel	Planques.	Artisans.
FR. 2. effectif. Très matériel. Ravig.	Acide Sulfurique.	2 Rentrés. (Pavillons)	Tourneurs.
Armuriers.	Tubes Chauffages. raccords.	4 Paris.	Perceurs.
Ingénieurs.	Gaz Butane.	1 Centrale Par Rig	Chauffage.
			Soudeurs.
2 h. p. Pavillons.	Grands ballons	1 p. secteur	Fondeurs
Liaisons aux mains	récipients divers fer fonte. acier	Groupe.	
Liaison avec égoutier	Tarauds.	Pour effectif 3 planques. Rentrée.	
	Forets. filières.		
	armes. Poudres. munitions. Dina. Cheddit. Mélinit. Bombes. etc détonateurs Cordon. pref.	Voir p. atelier ?	

X/3 Un rapport concernant un projet d'attentat contre un poste brouilleur et émetteur.

Renseignements importants

Un poste brouilleur et émetteur sur ondes moyennes – est situé à Beaumont (S et O) .

Mis en fonctionnement par un personnel très restreint :

1 chef de Poste
2 Radios
2 hommes de Garde –

Un Le père d'un camarade J.C de l'endroit connaît à fond le fonctionnement de ce poste et pourrait le cas échéant aider à émettre –

Bien reçu le 5/I
J'attend mais qui sait ce qu'il y a et comment les [illegible]
Roman
par l'intermédiaire du recruteur B.

T.S.V.P.

… on n'a pu réussir obtenir, il faut chercher une réaction chimique. Voyons quelques exemples.
Pour une bombe incendiaire. Il faut : 1 préservatif 1 savonnier (soit en celluloïd dans laquelle on ronge le morceau de savon), de l'acide sulfurique ou vitriol 65 volumes, du chlorate pur ou de l'herbicide ou de l'alun. – Mettre dans le préservatif de l'acide sulfurique, bien nouer pour qu'il n'y ait pas de fuite, mettre ensuite ce réservoir rempli d'acide dans le savonnier avec du chlorate sec, de l'herbicide ou de l'alun. Fermer le savonnier et déposer soit sous une banquette de voiture, dans de la paille sur les bidons d'essence ou toute matière inflammable.
Réaction : l'acide ronge le caoutchouc puis entre en contact avec le chlorate ou l'herbicide

1800 degrés. Il faut environ $\frac{1}{2}$ heure pour que l'acide ait rongé le caoutchouc.
Autre moyen : Il faut un savonnier en celluloïd, de l'amadou, de la poudre de cartouche de chasse ou de guerre.
Mettre la poudre dans le savonnier puis l'amadou qui sortira de la boîte pour être allumé au moment de se servir de l'engin.
Réaction : l'amadou brûle de 1 cm environ à la minute, lorsque le feu parvient au contact de la poudre celle-ci prend feu et allume le savonnier et dégage ainsi une chaleur de 500 degrés environ.
En mettant des allumettes à la place de poudre on obtient un même résultat.
Autre moyen : Il faut, 1 savonnier en celluloïd,

… une boîte à cirage, un lacet, de l'acide sulfurique 65 volumes, du chlorate ou herbicide ou alun. 9
Mettre l'acide dans la boîte à cirage, mettre cette boîte dans le savonnier après avoir fait passer le lacet qui trempera dans la boîte à cirage. Remplir le savonnier de chlorate ou d'herbicide, fermer et poser le savonnier sur un tampon constitué avec des torchons et placer dans un bac à essence.
Réaction : par le principe du siphonage et par l'intermédiaire du lacet l'acide sulfurique viendra en contact avec le chlorate et provoquera l'incendie.
Bouteille incendiaire. Prendre un litre, de l'essence, de l'acide sulfurique, un sac en papier du chlorate ou de l'herbicide ou de l'alun.

4 Mettre $\frac{1}{2}$ litre d'essence et $\frac{1}{4}$ de litre d'acide sulfurique dans la bouteille. Enduire de colle l'intérieur du sac en papier et saupoudrer de chlorate herbicide ou alun. Laisser sécher.
Emploi : Lorsqu'on est rendu sur l'endroit à atteindre il faut introduire la bouteille dans le sac de papier, fermer le sac et jeter avec violence pour que la bouteille se casse au choc.
Réaction. La bouteille en se cassant met l'acide en contact avec le chlorate, la flamme qui se produit met le feu à l'essence et provoque une chaleur de 1200 degrés environ.
A employer sur des wagons de paille, des transports d'essence ou des camions.

5 Comment saboter une locomotive. Introduire dans l'échappement des écrous de 20 mm d'épaisseur ou des billes d'acier de 20 et provoquer ainsi la rupture du plateau de cylindre ou la détérioration de la distribution. Travail à exécuter dans les dépôts.
Introduire dans les graisseurs des petites têtes BP et HP de la poudre d'émeri moyenne mélangée avec de l'huile. Travail à faire avec une seringue pendant l'arrêt.
Comment barrer une route. Sur une route bordée d'arbres mettre un cable en biais et en travers à une hauteur de 75 cm environ.

Avoir soin de fixer le cable après lui avoir fait faire un tour autour de l'arbre. Chercher de préférence une route bordée d'un remblai,

6 ou d'un ravin ou d'un fossé. 3

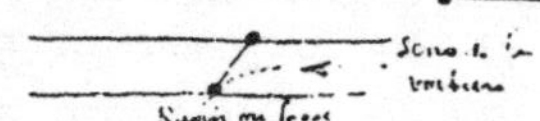

Si on n'a pas de cable, mettre des grosses pierres 50 dm environ ou des arbres de 15 cm de diamètre à 1 m de distance les uns des autres ou à défaut des herses de cultivateur dents en l'air.

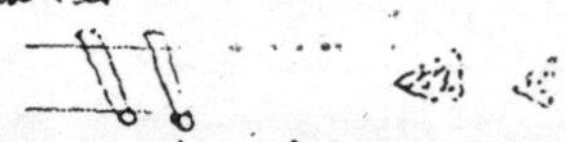

Comment détruire les lignes électriques ou téléphoniques. Les pylones en fer sont généralement boulonnés à leur base. Se munir de clés anglaises ouverture 60 mm, un marteau et un poinçon. Lorsque les boulons sont enlevés, fixer en haut du pylone un cable en chanvre d'une longueur égale à 2 fois la

<u>Comment faire des Explosifs</u>. Quelque soit l'explosif que l'on veuille obtenir, il faut chercher une réaction chimique. Voyons quelques exemples pour une bombe incendiaire. Il faut: 1 préservatif, 1 savonnier (soit en celluloïd dans laquelle on ronge le morceau de savon), de l'acide sulfurique ou vitriol 65 volumes, du chlorate pur ou de l'herbicide ou de l'alun. – Mettre dans le préservatif de l'acide sulfurique, bien nouer pour qu'il n'y ait pas de fuite, mettre ensuite ce préservatif rempli d'acide dans le savonnier avec du chlorate pur, de l'herbicide ou de l'alun. Fermer le savonnier et déposer soit sous une banquette de voiture, dans de la paille, sur les bidons d'essence ou toute matière inflammable.

Réaction: l'acide ronge le caoutchouc puis entre en contact avec le chlorate ou l'herbicide.

2 Ce contact produit une chaleur de 1200 à 1800 degrés. Il faut environ $\frac{1}{2}$ heure pour que l'acide ait rongé le caoutchouc.

<u>Autre moyen</u>: Il faut un savonnier en celluloïd, de l'amadou, de la poudre de cartouche de chasse ou de guerre.

Mettre la poudre dans le savonnier puis l'amadou qui sortira de la boîte pour être allumé au moment de se servir de l'engin.

Réaction: l'amadou brule de 1 cm environ à la minute, lorsque le feu parvient au contact de la poudre celle-ci prend feu et allume le savonnier et dégage ainsi une chaleur de 500 degrés environ.

En mettant des allumettes à la place de poudre on obtient un même résultat.

<u>Autre moyen</u>: Il faut, 1 savonnier en celluloïd

3 des bouchons de liège, une boîte à cirage, un lacet, de l'acide sulfurique 65 volumes, du chlorate ou herbicide ou alun.

Mettre l'acide dans la boîte à cirage, mettre cette boîte dans le savonnier après avoir fait passer le lacet qui trempera dans la boîte à cirage. Remplir le savonnier de chlorate ou d'herbicide, fermer et poser le savonnier sur un radeau constitué avec les bouchons et placer dans un bac à essence.

Réaction: par le principe du siphonage et par l'intermédiaire du lacet l'acide sulfurique viendra en contact avec le chlorate et provoquera l'incendie.

<u>Bouteille incendiaire</u>. Prendre un litre, de l'essence, de l'acide sulfurique, un sac en papier, du chlorate ou de l'herbicide ou de l'alun.

4 Mettre $\frac{1}{2}$ litre d'essence et $\frac{1}{4}$ de litre d'acide sulfurique dans la bouteille. Enduire de colle l'intérieur du sac en papier et saupoudrer de chlorate herbicide ou alun. Laisser sécher.

Emploi: Lorsqu'on est rendu sur l'endroit à atteindre il faut introduire la bouteille dans le sac de papier, fermer le sac et jeter avec violence pour que la bouteille se casse au choc.

Réaction: La bouteille en se cassant met l'acide en contact avec le chlorate, la flamme qui se produit met le feu à l'essence et provoque une chaleur de 1200 degrés environ.

A employer sur des wagons de paille, des transports d'essence ou des camions.

5 <u>Comment saboter une locomotive</u>. Introduire dans l'échappement des écrous de 20 m/m d'épaisseur ou des billes d'acier de 20 et provoquer ainsi la rupture du plateau de cylindre ou la détérioration de la distribution. "Travail à exécuter dans les dépôts".

Introduire dans les graisseurs des petites têtes BP et HP de la poudre d'émeri moyenne mélangée avec de l'huile. Travail à faire avec une seringue pendant l'arrêt.

<u>Comment barrer une route</u>. Sur une route bordée d'arbres mettre un cable en biais et en travers à une hauteur de 75 cm environ

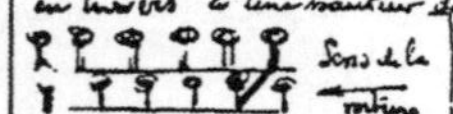

Avoir soin de fixer le cable après lui avoir fait faire un tour autour de l'arbre. Chercher

6 ou d'un ravin ou d'un fossé.

Si on n'a pas de cable, mettre des grosses pierres 50 kg environ ou des arbres de 40 cm de diamètre à 1 m de distance les uns des autres ou à défaut des herses de cultivateur dents en l'air

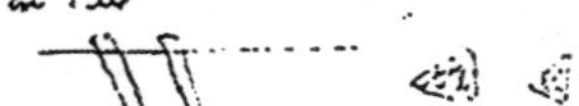

<u>Comment détruire les lignes électriques ou téléphoniques</u>. Les pylones en fer sont généralement boulonnés à leur base. Se munir de clés anglaises ouverture 60 m/m, un marteau et un poinçon. Lorsque les boulons sont enlevés, fixer en haut du pylone un cable

7

hauteur du pylone. Mettre des lunettes à verres fumés et des gants d'amiante. Tirer sur l'extrémité du cable et faire attention que la chute du pylone puisse se faire sans blesser personne. Bien dégager ... Pour éviter que le pylone ... pour les opérateurs ... Il faut par temps de ... Si les fils ne se rompent pas, jeter dessus une barre de fer en permettant du court circuit. Faire ce jet à distance.

Pour le téléphone scier les poteaux en bois à 1m. du sol et tirer. Bien graisser la scie pour éviter qu'elle ne coince.

Comment paralyser un transformateur

Crever avec une pioche les bacs dans lesquels se trouve l'huile.

8

Comment faire dérailler un train

1er exemple. Placer un coupon de rail de 1m. en le coinçant entre 2 traverses et en lui donnant une position presque verticale et ceci dans une courbe de préférence.

A exécuter par nuit noire.

2e exemple. Deviosage d'un rail. Prendre 2 clés à éclisses, 3 clés à tirefonds.

Devisser les boulons d'éclisses, enlever les éclisses, enlever les tirefonds extérieurs, desserrer ceux intérieurs et riper le rail de 20 cm vers l'extérieur. Faire attention de ne pas couper le fil conducteur qui relie les rails entre eux; toute rupture de ce fil place le signal à l'arrêt.

9

3e exemple. Prendre 2 clés à éclisses, 3 clés à tirefonds, une pince à riper. 3 bis

Enlever les boulons d'éclisses, enlever tous les tirefonds extérieurs, desserrer les tirefonds intérieurs. Placer la pince à riper en dessous du patin de rail dans le milieu du rail puis centrer vers l'extérieur. Mettre un tirefonds d'arrêt à l'intérieur. Travail assez rapide et résultats certains.

tirefonds qui se trouvait à l'extérieur. il a été enlevé et doit être replacé pour servir de tirefonds d'arrêt

l'engin serait fabriqué en tôle mince, d'une forme régulière (cubique ou sphérique), chargé de shrapnells noyés dans de la poudre noire. le tout bien tassé

l'engin serait surmonté d'un petit cylindre formant détonateur que l'on pourrait amorcer de 2 manières –

1° Amorçage chimique par siphon déversant de l'acide sulfurique sur un mélange de chlorate de potasse et de sucre –

2° Amorçage électrique par 2 ou 3 piles de lampe de poche couplées en série et court-circuitées par

3 ter

un fil de cuivre de 15/10 de m/m environ traversant une couche de poudre noire bien tassée - l'amorçage se ferait par un mouvement d'horlogerie mettant le contact à l'heure donnée.

3°. Le cas échéant, on peut prévoir également l'amorçage par cordon Bickford ou par courant électrique à distance -

Les engins munis d'explosifs tels que dynamite, cheddite, mélinite, tolite, etc ne peuvent s'amorcer qu'au fulminate de mercure – La préparation de ce corps est extrêmement dangereuse, de même que son transport – elle ne peut absolument pas se réaliser avec les moyens dont nous disposons – la seule possibilité pour nous est de trouver des détonateurs tout préparés –

Il est possible par contre de préparer la charge et l'amorçage d'engins à la poudre noire. Malheureusement, la puissance explosive est beaucoup moins forte –

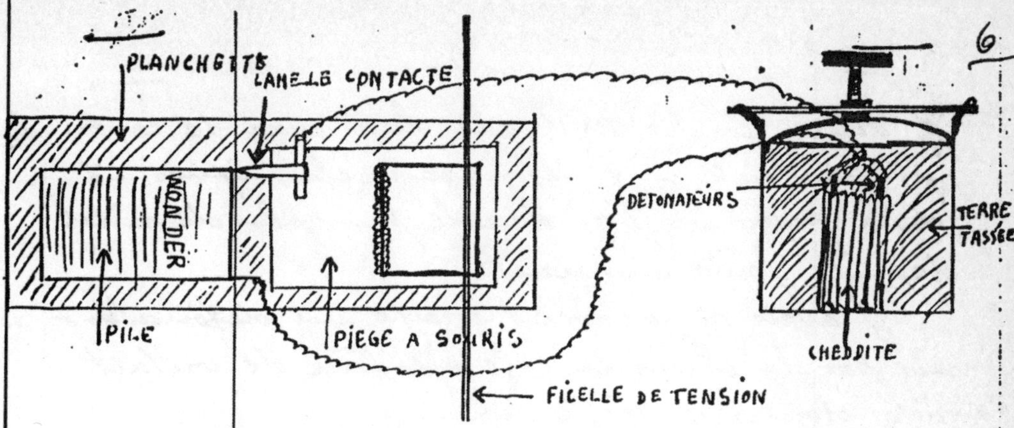

Voici le plan de l'engin

Toute la planchette avec le système de contacteur est posée sur le côté du rail (ou en dessous si l'on peut) et calée soit avec un caillou soit avec un morceau de bois préparé d'avance, la tapette est tendue et maintenue dans cette position par une ficelle fine faisant le tour du rail –

Au passage de la première roue la ficelle est coupée la tapette se détend et vient appuyer la lamelle contacte sur ~~le~~ l'autre lamelle se trouvant à 3 m/m en dessous et servant de départ au fil des détoneurs, l'autre fil étant directement branché sur l'autre lamelle de la pile –

X/11 Le « coup » d'un militant.

7

L'action contre M.V eut lieu avec 11 cartouches de cheddite — 2 détonateurs électriques et deux piles — j'ai doublé pour plus de sûreté dans le fonctionnement —

J'avais auparavant essayé un détonateur mais pas la cheddite — le système de contact essayé donna satisfaction —

Nous avons travaillé avec peu de mesures de sécurité et il ressort que

1° Il faut envoyer sur le lieu exact où devra se dérouler l'action un homme chargé d'en examiner tous les aspects et possibilités

2° Assurer une protection armée d'au moins 2 hommes afin de pouvoir travailler en paix — sic !!!

3° Essayer l'armement des hommes avant l'action même si l'on ne dispose que d'un nombre réduit de cartouches — car après notre rencontre avec les gendarmes nous avons essayé nos revolvers et ils se sont enrayés tous les deux à la première balle tirée

Je ne connais pas encore le résultat de notre action, mais de toutes façons son importance politique est ~~importante~~ grande, même si par malchance nous n'atteignons pas notre but

Vais si nécessaire autre rapport remis à mon patron sur l'aspect politique de l'affaire

Valentin

8

Ouest : n° 1

organismes	com pol	chef mil	hommes	femmes	materiel Prop	Repartiteurs	ref sanit	syndicats paysans	off	s off.	Totaux
I.R.32.B	1	—	2	2.	—	—	1	—			5
146	1	—	?	?	—	—	–	—			?
147	1	—	14	–	1	—	—	—			16
148	~~1B~~		17	1	—	—	—	—	2	2	18 ~~[illegible]~~
Totaux	3	—	33	?	1	—	1				40

ouest. n° 2 gr. de C

organismes	Nombre c.p	chefs	hommes	Totaux
IR. 32B	1	1	2	4
146	?			?
147	4	4	10	14 + 4 isolés
148	4	4	10	17
Totaux	1	1	23	

ouest. n° 3

organismes	localités	combattants	femmes
IR 32B	Paris	2	2
146	?	?	?
147	18e	4	
	12e	6	
	20e	4	
148	Neuilly s mer	5	
	Bobigny	4	
	Montfermeil	3	
	Charenton Bonneuil St Maur	2	1
	Vincennes	1	
	Les Lilas	1	
	Dammarie	1	
		33	3

+ 34 + 1 sanit = 40

Elements Perdus

dans la 148 depuis le debut
30 cdes furent recrutés il y a donc
12 elements de perdus ou ecartés
~~a Fontenay sous bois 1 cde chauffeur de voiture nous fut enlevé pour etre passé au BCM~~
~~tout~~ 1° nous avons perdu le contact avec le chef d'un groupe : Dugay de St Maur....
sur 4 cde 1 seul a été repeché. ~~[illegible]~~ ce Dugay ancien commandant des transport aux BI n'a jamais rien realisé mais apportait de nombreuses propositions c'est un bavard qui cache sa poltronnerie sous son bavardage il a cessé de venir au rendez vous le jour où il etait mis au pied du mur pour realiser. le parti est saisi de son cas je fournirai un rapport sitot qu'on l'aura repiqué et discuter avec lui.

a Fontenay sous bois, 1 cde chauffeur de voiture nous a eté pris pour etre versé au BMC,

dans la meme localité 1 cde recruté au debut fut remis, a la disposition du parti après ~~que sa manie~~ avoir loupé successivement 5 ou 6 rendez vous intercalés d'un repechage difficile a chaque fois ce cde opposait a nos efforts pour l'entrainer a l'action la force d'inertie sans jamais avouer de desaccord mais il n'etait vraiment bon a rien reciproquement puis il n'avait egalement jamais rien fait dans sa localité avant de nous etre passé.

a Montreuil nous avons eu un cas absolument semblable...

a Bobigny 2 cdes ne sont jamais revenus après le premier rendez vous et après les pires explications il s'agirait vraiment ~~[illegible]~~ d'elements incapables nous avons protesté auprès du parti depuis la situation est redressée dans ce coin

a Noisy le sec a Maison alfort et a Montreuil 3 cas semblables après avoir discuté avec les copains qui n'avait pas fait mauvaise impression nous ne les avons jamais revu et le parti n'a pas pu les repecher.

a Vincennes on nous avait au debut passé un exclus sitot que nous l'avons su nous avons coupé

Tout ces cas date du debut. le recrutement est maintenant en general de meilleure qualité mais notoirement insuffisant en quantité.

Dans la 146 et 147, ~~les ...~~ c.p. etant tout nouveau je n'ai pu avoir de renseignements sur les elements perdus ou coupés

25.4.42

X/13 Détails des éléments « terroristes » de localités de la banlieue parisienne.

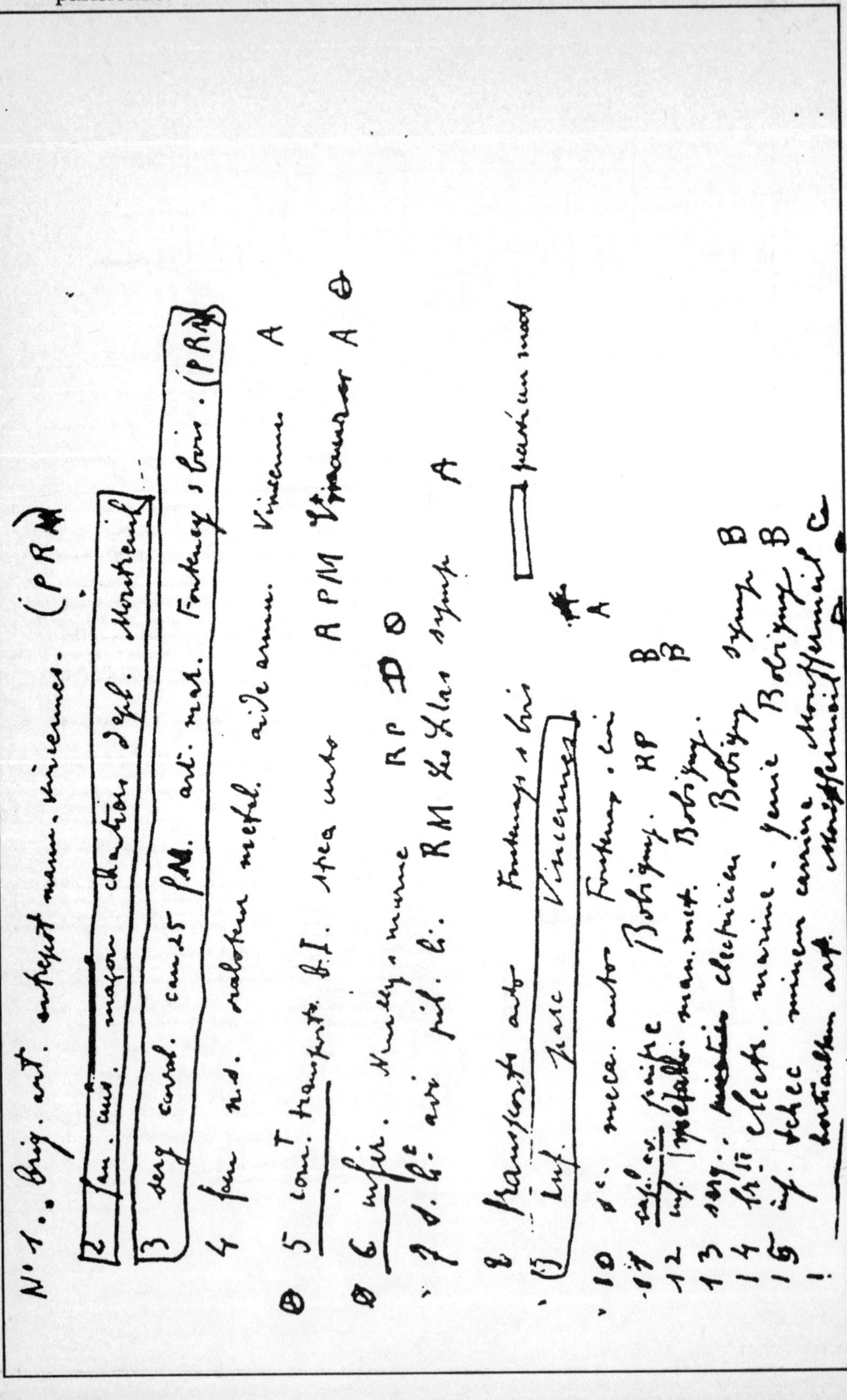
N° 1. Brig. art. entrepot muni. Vincennes. (PRM)
2 fan. cuir. maçon chantiers d'expl. Montreuil
3 serg cavol. can 25 PM. art. mat. Fontenay s bois. (PRM)
4 fan n.s. ralotier metal. aide armu. Vincennes A
5 comt transports B.I. spec auto RPM Vincennes A
6 infir. Neuilly s marne RP D
7 s. lt avi pil. li. RM Les Lilas symp A
8 transports auto Fontenay s bois partisan mort
9 Inf. parc Vincennes A
10 s/c meca. autos Fontenay s bois
11 capl ev. peintre Bobigny. RP B
12 inf. metallo man. met. Bobigny. B
13 serg. electricien Bobigny symp B
14 sr lt electr. marine - genie Bobigny B
15 inf. tchec mineur carrière Montfermeil C
! terrassier art. Montfermeil

10

17 metall. inf Montfermeil C
18 manut. sncf. Noisy-le-Sec
19 Jeune metal. Neuilly s D
20 exempt tourneur s. met. Neuilly D
21 s. 1t inf. vol. metal Dammarie
22 surveillant sanit. VE télé EM infir. Neuilly s. marne S sup
23 TCRP. ~~Maison Alfort~~ Noisy le grand
24 sous lieut. cav. motor. pré engt. ~~Noisy le grand~~ Maison Alfort
25 inf. ~~[illegible]~~ metal Felicit. Charenton E
26 inf. boucher Villette Bobigny B
27 inf. porteur farinier Bobigny
28 av. st mitr. imprimeur J St Maur E
29 inf. s.n.c.f noisy - Montreuil
30 inf. us. descaux St Maur. E

<u>Mélange explosif</u> : poudre noire (20 à 50 gr)
amorce faite avec Bickford, ou avec papier (journal
par ex.) imbibé d'une solution de nitrate de potassium
et mis à évaporer. Si on veut développer une certaine
qu. de chaleur on peut prolonger le Bickford ou le
cordeau au nitrate par un fil de Magnésium, plongeant
dans la poudre noire.

<u>Bouteilles incendiaires</u> :

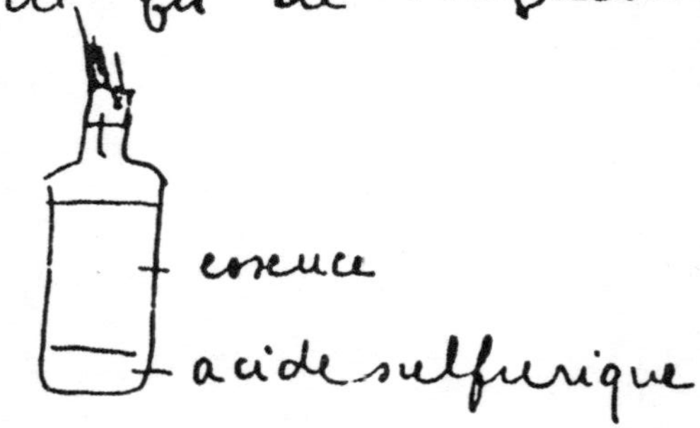

de l'acide sulfurique
dans le fond ; au dessus :
essence. La bouteille est placée dans un sac qui a été

imbibé de colle et enduit ensuite de chlorate de potassium en poudre. quand la bouteille est brisée par jet, l'acide sulfurique vient en contact du chlorate, il y a explosion et production d'une flamme qui enflamme l'essence et met le feu à l'objectif visé.

<u>Autre mélange explosif</u> = chlorate et poudre d'aluminium finement mélangé - on y fait arriver le Bickford ou le cordeau au nitrate, prolongé si l'on veut par fil de magnésium.

X/17 Deux schémas indiquant la division territoriale des groupes « terroristes » de la région parisienne.

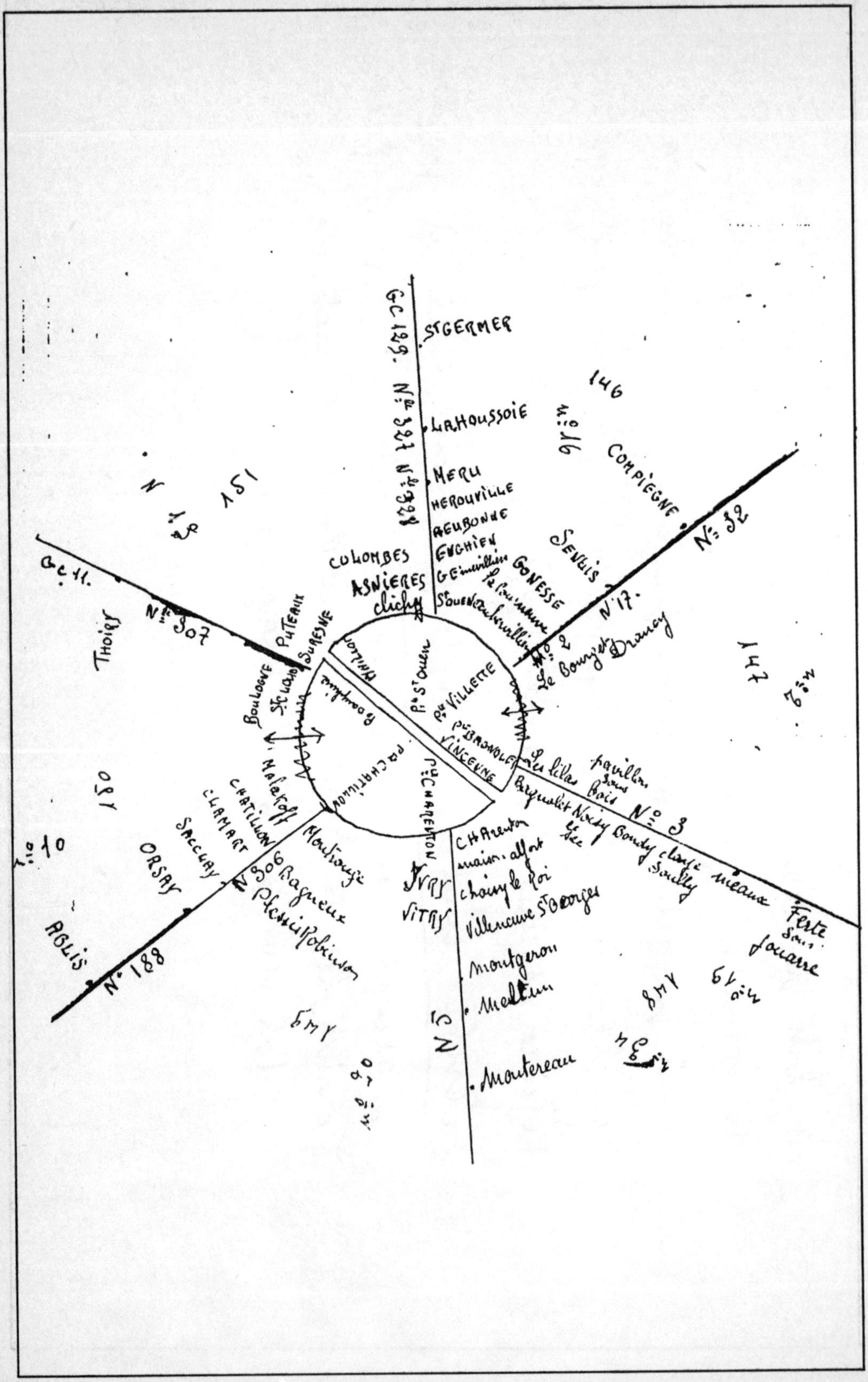

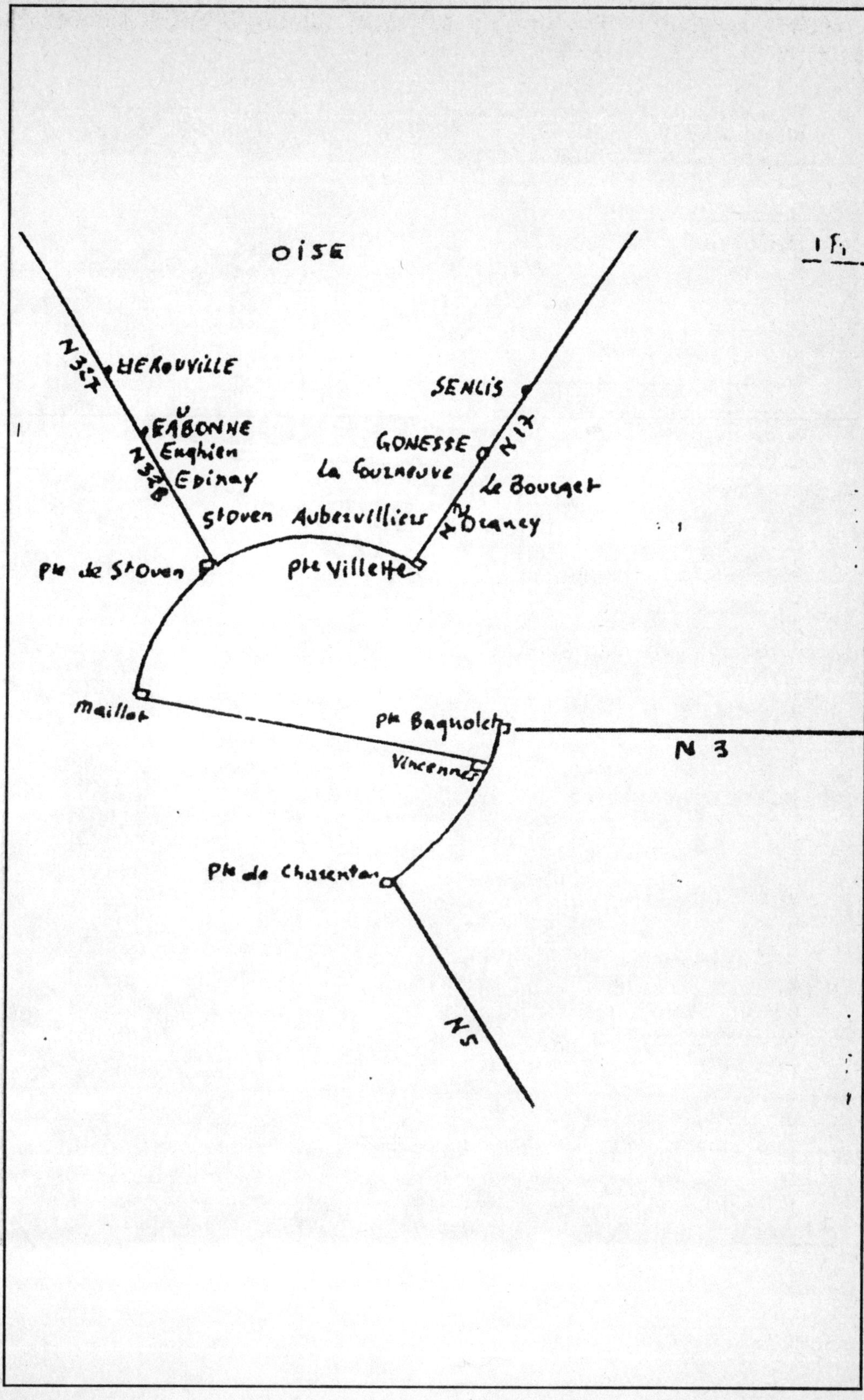
OISE
HEROUVILLE
EAUBONNE
Enghien
Epinay
St Ouen
Aubervilliers
Pte de St Ouen
Pte Villette
SENLIS
GONESSE
La Courneuve
Le Bourget
Drancy
N 17
Maillot
Pte Bagnolet
Vincennes
N 3
Pte de Charenton
N 5

XI/1

ÉTAT FRANÇAIS

PRÉFECTURE DE POLICE

[illegible]

COMMUNISME ET TERRORISME III

(JUILLET 1942 - MAI 1943)

P 3?

U N O - T E R R O R I S T E   1er Juillet 1942 - 31 Mai 194[illegible]

PLAN COMMUNO-TERRORISTE (F.T.P.)

Total des arrestations .... [illegible]

8 parmi lesquelles celles de :

Instigateurs et chefs de groupe .... [illegible]

Exécutants 172

6 Recruteurs 18

0 Fabricants d'engins 4

5 Dépositaires 16

Agents de liaisons 177

6 Hébergeurs 41

7 Complices 126

2

Matériel saisi :

0 Revolvers, pistolets 576

59 Mitraillettes 16

Fusils de guerre 31

Armes diverses 73

77 Cartouches 16.595

59 Engins explosifs (bombes, grenades).... 609

Détonateurs 2.854

Engins incendiaires 8.392

00 Frs Crayons allumeurs 1.842

Explosifs (cheddite, dynamite, ablonite, hexogène, etc..) .... 480 k

Produits chimiques composant d'explosifs 356 k

Attentats ouverts :

Les individus arrêtés ont avoué être les auteurs (

tonne 358 attentats commis soit pendant la période du 1er Juillet 194

is au 31 Mai 1943, soit précédemment.

Pendant la même période ont été commis 455 attentats

---

ole des 4.433 arrestations opérées
trois groupes, on compte :
3.435 Français aryens
227 Juifs français
321 Etrangers aryens
450 Juifs étrangers

MJC
nistère de l'Intérieur

Direction générale
de la Police Nationale

Inspection générale
des services de
Police Judiciaire

° 8907 Pol.Jud.6/8
Rappeler la référence

ETAT FRANCAIS

Vichy le 27 Octobre I942

L'Inspecteur général
des Services de Police judiciair

A Monsieur le Docteur Ménétrel
Directeur du Cabinet du Maréchal
Chef de l'Etat

J'ai l'honneur de vous transmettre ci-joint, pour information, trois notes, en date du 24 Octobre courant, élaborées par mes services, au sujet de l'activité clandestine sur notre territoire des membres de l'ex-parti communiste.

L'Inspecteur général

signé: BUFFET

XII/2 Du 2 septembre 1939 au 1er septembre 1942, 16 061 arrestations, 36 532 perquisitions, 865 journaux suspendus, 1 031 groupements dissous, 10 482 internements.

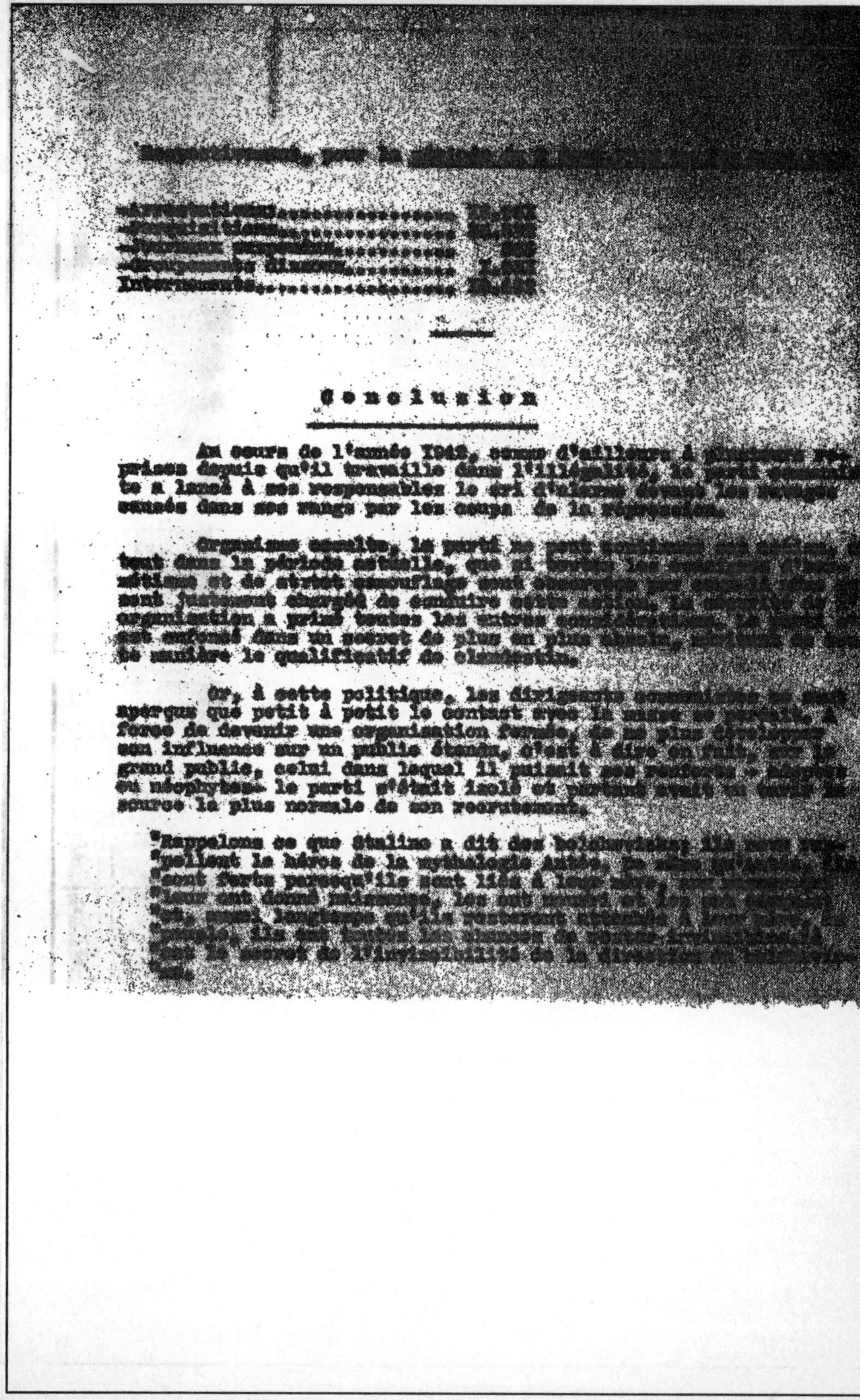

[illegible]

[illegible]	[illegible]
[illegible]	[illegible]
[illegible]	[illegible]
[illegible]	[illegible]
Internements	[illegible]

Conclusion

Au cours de l'année 1942, comme d'ailleurs à [illegible] reprises depuis qu'il travaille dans l'illégalité, le parti [illegible] a lancé à ses responsables le cri d'alarme devant les [illegible] causés dans ses rangs par les coups de la répression.

Organisme occulte, le parti ne peut [illegible] tout dans la période actuelle, que si [illegible] et de strict camouflage sont [illegible] sont justement chargés de conduire cette action, la [illegible] organisation a primé toutes les autres [illegible] est enfermé dans un secret de plus en plus [illegible] le qualificatif de clandestin.

Or, à cette politique, les dirigeants [illegible] aperçus que petit à petit le contact avec la masse se [illegible]. A force de devenir une organisation fermée, de ne plus [illegible] son influence sur un public étendu, c'est à dire en fait, sur le grand public, celui dans lequel il puisait ses renforts - [illegible] ou néophytes- le parti s'était isolé et [illegible] la source la plus normale de son recrutement.

"Rappelons ce que Staline a dit des bolchéviks: ils nous rappellent le héros de la mythologie Antée. [illegible] "sont forts parce qu'ils sont liés à leur mère, [illegible] "leur ont donné naissance, les ont [illegible] [illegible] longtemps qu'ils resteront [illegible] [illegible] de l'invincibilité de la direction [illegible]

[illegible]

Mois d'Août [illegible]

	Total	[illegible]	[illegible]
-Arrestations	4I8	[illegible]	[illegible]
-Inculpations retenues	488	[illegible]	[illegible]
a- distribution de tracts	360	[illegible]	
b- propos défaitistes	I3	[illegible]	
c-reconstitution du parti dissous	80	[illegible]	
d-offenses au chef de l'Etat	7	[illegible]	
e- divers	26	[illegible]	
-catégories sociales des inculpés:			
a) enseignement	I		I
b) S N C F	I7	[illegible]	4
c) P T T	I	[illegible]	
d) intellectuels et profess. libé-rales	I5	[illegible]	[illegible]
e) employés	45	[illegible]	[illegible]
f) commerçants	I2	[illegible]	[illegible]
g) ouvriers	269	[illegible]	[illegible]
h) cultivateurs	II	[illegible]	
i) militaires			
j) divers	53	[illegible]	[illegible]
-nationalité des inculpés/:			
française	357	[illegible]	[illegible]
étrangère	7I	[illegible]	[illegible]
-Suites judiciaires			
a- condamnations	5I	[illegible]	[illegible]
b- non-lieux			
-Propositions			
d'expulsion	II	[illegible]	
de déchéance nationale	47	[illegible]	
d'internement	25I	[illegible]	[illegible]
-Journaux suspendus	35	[illegible]	

Renseigts Généraux
R.G.
1ère Section
B.S. II

dossier 984
B32

Le 29. XI. 1943.

Les Inspecteurs Gibier, Ricourt et Lavoignat à Monsieur le Commissaire Principal-Chef de la Brigade Spéciale II.

A.S. de Mr Nidelet dit "Bob" - adjt de Cortier dit "Jacques"

Le Nmé Cortier, alias "Jacques", chef de détachement sur la région P. VIII, actuellement détenu dans nos services pour menées communo-terroristes, avait sous ses ordres plusieurs F.T.P. et notamment "Bob" et "Noël".

Des recherches entreprises, ont permis d'identifier l'un d'eux à savoir "Bob", sous le nom de <u>Nidelet</u> Robert, Emile, Marie, Joseph né le 8 Janvier 1922 à Elancourt. (Seine et Oise), demeurant chez ses parents à Montigny-le-Bretonneux. (Seine et Oise).

Nidelet, qui était employé comme facteur aux écritures au dépôt de la S.N.C.F. de Trappes. (S.O) depuis Août 1943, n'a pas reparu à son travail depuis le 22 novembre, époque à laquelle il a quitté le domicile paternel, sans indiquer où il se rendait.

En outre Nidelet ne s'est pas présenté à son lieu de travail pour y percevoir son traitement.

~~Au cours de~~ La visite domiciliaire effectuée dans les locaux occupés par ses parents, en leur présence constante et avec leur consentement, n'a amené la découverte d'aucune arme ou documentation subversive. Toutefois il a été procédé à la saisie des pièces suivantes :

1°/. Un certificat d'identité, délivré par le service des étrangers de la Préfecture des Bouches du Rhône au nom de Viaène Jacques, Vincent de nationalité belge.

2°/. Un certificat analogue, délivré à un nommé Van der Broek Norbert également de nationalité belge.

3°/. Deux photographies où Nidelet figure.

4°/. Une feuille annotée

Nidelet n'est pas connu aux Archives de notre Direction ainsi qu'à la 1ère Section.

Il est inconnu aux Archives de la Police Judiciaire et son nom n'est pas noté aux Sommiers Judiciaires.

Renseignements Généraux

1re Section

B.S.2

3 DEC 1943

Vu

Les Inspecteurs Taverne, Schutz et Beaunal à Monsieur le Commissaire Principal, Chef de Service.

Visite domiciliaire au domicile de Mme Alliaume

~~Le nommé~~ Le terroriste LOREAU Roger, ~~connu de nos services sous le nom de "Roger", arrêté pour menées communistes terroristes~~ ayant déclaré qu'il couchait de temps à autre chez son amie Madame Alliaume Paulette, née Dullos le 17 janvier 1919 à Paris (13e), de Paul Emile et de Anna Yvonne, de nationalité française, de race aryenne, mariée, un enfant, bobineuse, demeurant 86 avenue de la République à Romainville (Seine), nous avons ~~fait~~ procédé chez cette dernière, avec son assentiment et en sa présence constante, à une visite domiciliaire ~~au domicile de cette dernière~~ qui n'a amené la découverte d'aucun document ni objet suspect.

Mme Alliaume a déclaré que Loreau ne venait chez elle que très rarement.

Mme Alliaume est inconnue des différents services de notre Direction et ne fait l'objet d'aucun dossier aux Archives de la Police Judiciaire. ~~[illegible]~~

Son nom n'est pas noté aux Sommiers judiciaires.

[illegible]

Renseignements Generaux

1ère Section

Brigade Spéciale II

Paris le 9 Décembre 194

Rapport

Trijoulet
Marguerite
Dupiat
Inspecteurs

Continuant les recherches concernant le nommé SIMON, Robert dt: 40 rue des Arts à Colombes soupçonné d'être ~~parmi~~ l'un des trois auteurs du meurtre de l'inspecteur Rougeot, nous avons effectué des surveillances aux abords de son domicile occupé actuellement par sa femme ; ces recherches n'ont donné aucun résultat.

Ce jour nous nous sommes présentés au dit domicile où nous avons trouvé Madame Simon, qui occupe seule le pavillon depuis de nombreux mois. Avec son assentiment et sa présence constante, nous avons effectué une visite domiciliaire, sous prétexte de trafic de marché noir, laquelle est restée négative.

Au cours de cette opération Madame Simon nous a déclaré que son mari était parti travailler en Allemagne depuis près d'un an ; elle nous a déclaré d'autre part qu'elle vivait en mauvaise intelligence avec son époux et que celui-ci ne lui ayant jamais écrit, elle ignorant son adresse actuelle -

Les déclarations de Madame Simon ; ~~paraissent~~ nous ont paru mensongères -

- ci joint une photo de SIMON Robert -

ETAT FRANÇAIS
PRÉFECTURE DE POLICE
[Di]rection Générale des Renseignements Généraux et des Jeux
[CA]BINET du DIRECTEUR GÉNÉRAL

2958

Le 9 Décembre 1943

Le 16 Novembre, à la suite de filatures exercées à l'égard de militants terroristes étrangers, avec lesquels il était en contact, était arrêté le plus important Responsable Militaire de l'Inter-Région Parisienne :

- ESTAIN Joseph, né le 16 Octobre 1910, au Bouscat (Gironde), Français, aryen, représentant de commerce sans emploi, demeurant 29 rue Hippolyte Maindron à Paris (14ème).

Appréhendé en même temps que le Responsable Militaire de la M.O.I., ESTAIN a opposé aux Inspecteurs qui l'arrêtaient une vive résistance et, après avoir été maîtrisé, a tenté de s'enfuir à plusieurs reprises.

Il était porteur de feuilles de rationnement volées, et de documents relatifs à son activité.

ESTAIN a combattu en Espagne pendant neuf mois, dans les rangs des Brigades Internationales, tout d'abord à la 14ème B.I., puis à la 35ème Division. Il a regagné la France avec le grade de Lieutenant d'artillerie.

A son retour, il a été membre de "l'Amicale des Volontaires de l'Espagne Républicaine" et membre de la cellule 1325 du Parti Communiste.

C'est par l'intermédiaire d'un ancien membre de cette cellule qu'au début de 1943, il a pu reprendre contact avec les organisations communistes clandestines. Jusqu'en Mai 1943, il a effectué un "travail de base" dans le 14ème arrondissement. A cette époque, en raison de sa qualité d'ancien combattant d'Espagne, le poste de Responsable Militaire inter-régional des F.T.P. lui a été confié. Il l'a conservé jusqu'à ce jour, sous les pseudonymes de "GILLES", et de "GAZELLE".

Au cours de son interrogatoire, ESTAIN a reconnu avoir été à la base de la plupart des attentats commis depuis son entrée en fonctions.

Il effectuait personnellement la préparation des plus importants de ces attentats.

Des perquisitions ont été effectuées dans les différents locaux dont disposait ESTAIN :

- 101 rue de la Gare, à Villeneuve-le-Roi,
- 31 rue de Cléry, à Paris,
- 2 rue Labrouste à Paris.

Rue Hippolyte Maindron ont été découverts :

- un pistolet automatique 6,35
- des récépissés de déclarations de bicyclette en blanc,
- une fausse carte d'identité de la Préfecture de Police aunnom de "DUFFAU" et portant la photographie de ESTAIN.
- quatre bouchons filetés pour bombes,
- de nombreux documents relatifs à l'activité communo-terroriste notamment : des topos de voies ferrées, des renseignements sur la station radiophonique de Sainte Assise, des listes de matériel de d'effectifs, un rapport concernant l'alimentation en électricité de la région parisienne, des listes de policiers effectuant un travail de répréssion ant-communiste, etc...

La "liaison-courrier" de l'Inter-région était assuré par militante, connue sous le pseudonyme de "NADINE" et qui a pu êt appréhendé. Il s'agit de :

- RIGAUD Thérése, née le 12 Mai 1914 à Paris (12ème), fran çaise, femme de chambre, appointée par le Parti Communiste depuis Mai dernier, domiciliée 7, Rue Pestalozzi à Paris (5ème)

La nommée RIGAUD était membre des Jeunesses Communistes depuis 1937. Elle est la soeur de Pierre RIGAUD, militant communiste, condamné à mort et exécuté le 7 Mars 1942.

De nombreux documents placés sous des enveloppes destinés aux "liaisons" des différents échelons, avec lesquelsqelle étai en contact, ont été saisies sur elle.

A son domicile Rue Pestalozzi ont été découverts : d'importants documents intéressant l'organisation des F.T.P. ai qu'une machine à écrire à l'aide de laquelle elle rédigeait le courrier des échelons supérieurs. En effet, en raison de la pénurie de militantes capables d'assumer la tâche "technique" de l'Inter-Région, la femme RIGAUD s'en chargeait, en sus de son travail de liaison.

o
o o

Les renseignements recueillis à la suite de l'arrestation de ESTAIN ont permis de développer l'affaire sur différents pla

C'est ainsi qu'a été réalisée l'arrestation de la totalité des Responsables des Cadres de l'inter-région parisienne chargé de la "Sécurité de l'organisation", tant sur le plan F.T.P. que le plan propagande.

XIV/3 Schéma de la filature M.O.I.

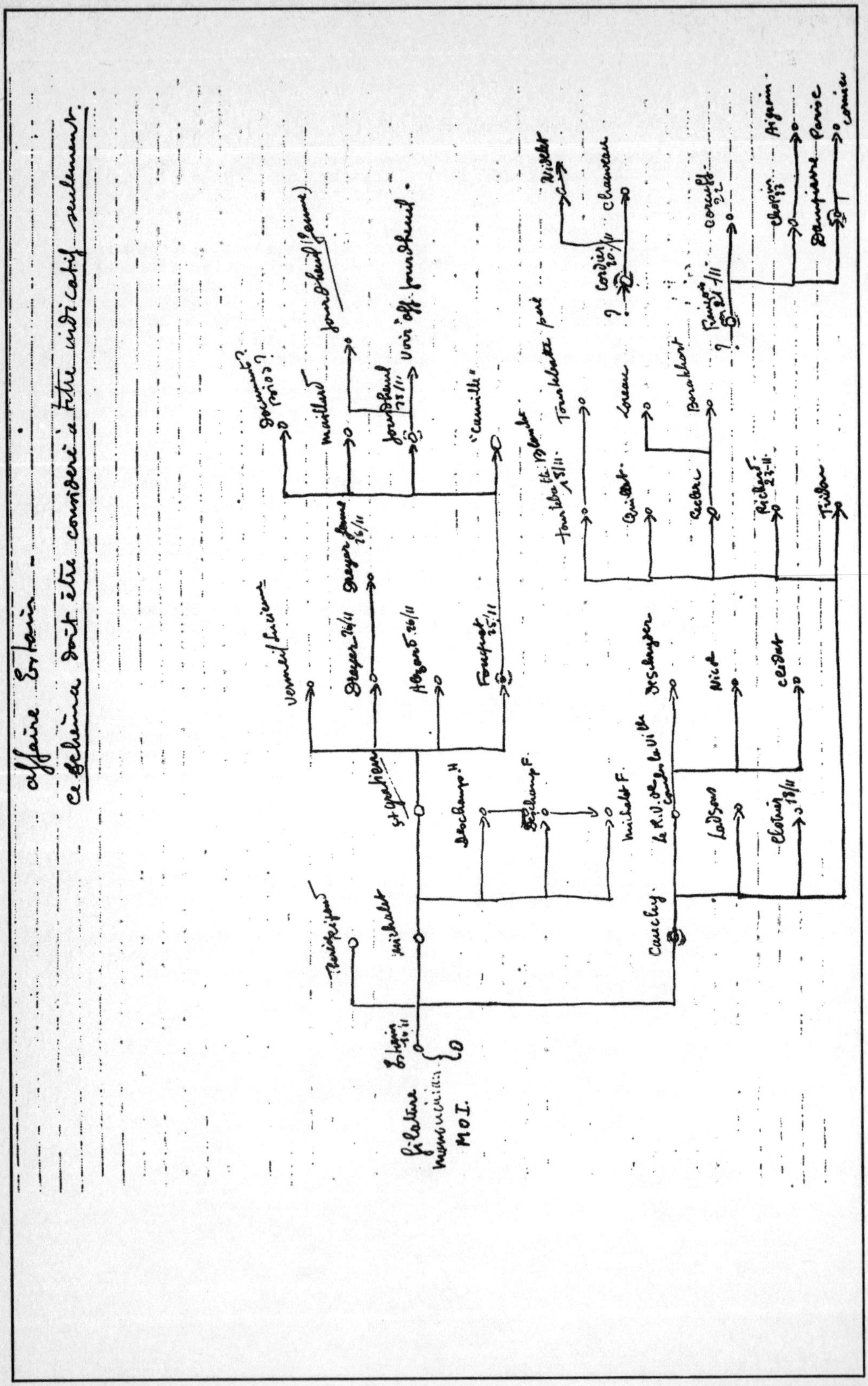

XIV/4 En 1947, le parti communiste établit une liste de militants mêlés à l'affaire Estain. Manouchian et les autres n'y figurent pas.

2/6/47

AFFAIRES ESTAIN

ALEZARD	Jean	Gil		+F ~~B169~~ ~~B495~~
BARATCHART	Louis			~~495~~
~~BLIN~~	~~Emile~~		~~Cycliste~~	-~~B498~~
BOURNEUF	Emmanuel	Camille	F.T.P. liaison Fouquet	+F
CAUCHY	Roland	PIOT Lucien	Mil. I. R	+F ~~B445~~ ~~B480~~
CHAUVEAU	Robert			
CHOLIN	Jean			
CLEDAT	Léon	Perret	F.C. R. F2	~~B498~~
CLOTRIER	Florentin		Mil.R F.5	+F ~~480~~ - 445
CORCUFF	Maurice	Jérôme	Chef-équipe	+F B495
CORDIER	André		Chef Détachement	+F
CORNIEUX	Pierre			~~B495~~
DAMPIERRE	Maurice			+F ~~B495~~
DESCHAMPS	Cécile			
DESCHAMPS	Lucien			
DESCHAMPS	Pierre		CER. F.75	
DREYER	André	CORI	Inter Cadre	+F
DREYER	Elisabeth			
ESTAIN	Joseph	Gazelle Gilles	C.O.I.R.	+F
FOUQUET	Robert	Raison	Cadre inter F.T.P.	+F
FRANCOIS	Jean	Pt. Jules	F.T.P.	
~~GODAS~~	~~Noel~~			~~498~~

- : -

JOURDHEUIL	Paul		C.E.R.	+F ~~B169~~ B495 [illegible]
JOURDHEUIL	Julia			
LADSOUS	Édouard		Sanitaire	+D
LECLERC	André	Michel	C.T.R.	+F
~~LECLERC~~	~~Maurice~~		~~Org. R. 89~~	
LOREAU Roger		[illegible]		
MAILLARD	Marcel	GÉNIE	C.C.R. P.4	+F B495
MICHALLET	Gaston	SÉJAL Ch[illegible]eaux	Pat.Cadre	+F
NICOL	Georges		Recruteur	+D
[illegible]				
PARISE	Roland			
PIER[illegible]CHET	Roger		Tireur R.89	B498
QUILLET	Paul		G.J.	~~445~~
RICHARD	Roger		C.T.R. 89	+F
[illegible]				
RIGAULT	Thérèse	Rose Hélène	Liaison	
RIGAULT	Pierre			B495
+ Simon ~~[illegible]~~	[illegible] ~~Léon~~	~~Richard~~	~~16. R.89~~	
+ TOURTEBATTE	Blanche	Monique	Liaison Cauchy	
+ TOURTEBATTE	Emile			
+ TRIDON	Marcel		C.C.R. P.7	
+ VERMEIL	Lucienne			

SEC/BS/MD.

28 MAI 1947

Madame Thérèse RIGAUD
7-Rue-Pestalozzi
<u>P A R I S - 5°</u>

Chère Camarade,

Recherchant les causes des arrestations qui se produisirent dans la région parisienne en Novembre 1943, nous vous prions de bien vouloir nous aider en remplissant un questionnaire, que vous trouverez ci-joint, et en nous le retournant.

Comptant sur vous, nous vous présentons, chère Camarade, nos fraternelles salutations.-

PARTI COMMUNISTE FRANCAIS
44, Rue Le Peletier
PARIS - IX°

-------oooOooo-------

ROB. N°284

AFFAIRE : Etain

Nom : Rigaud f. Caron Prénoms : Thérèse Pseudonyme : Rose - Nadine

Adresse : 7 rue Pestalozzi Paris V°

Date de naissance : 12 mai 1914 Lieu : Paris X°

Responsabilité, ou fonction au moment de votre arrestation ?

Liaison entre les Inter Région et les Secteurs (F.T.P.) et dactylographie

Prière de répondre d'une manière détaillée aux questions posées. Joindre autant de feuilles qu'il est nécessaire. Rappeler devant chaque réponse le N° de la question.

L'importance de ce questionnaire est considérable pour nous permettre de rechercher les raisons des arrestations et leurs auteurs, retrouver la trace de nos Camarades disparus, et fournir à leur famille des renseignements précieux.

I° - Avant cette arrestation, aviez-vous été inquiété par la police ?

- Avez-vous été :
- a) - Perquisitionné, et combien de fois ? Voir réponse 6 - ~~non~~
- b) - Arrêté, puis relaché ? - - - - non
- c) - Aviez vous échappé à des arrestations, et dans quelles conditions ? - - - non
- d) - Interné et libéré ? Comment ? - - - - non
- e) - Appelé à témoigner ? - - - - non

2° - Habitez vous votre domicile d'avant guerre, ou depuis quand étiez-vous installé à cet endroit ?

3° - S'agissait-il d'un domicile légal ou d'une planque ?

4° - Etiez-vous légal ou illégal (viviez-vous sous une fausse identité) ?

5° - Date exacte de votre arrestation, et si possible heure.

6° - Par qui fut-elle effectuée ? (police allemande, française; indiquez si possible le nom des inspecteurs et leur brigade).

7° - Quelles furent les causes et les responsables de votre arrestation ? (filature, dénonciation, imprudence, accident)

8° - Expliquez comment elle se produisuit et l'endroit (domicile, rendez-vous, rafles,....)

9° - Quels sont les armes et les documents trouvés sur vous ou chez vous ?

10° - Quelles furent les conséquences de ces découvertes ? (Camarades arrêtés, matériel saisi, etc...)

11° - Combien de fois avez-vous passé à l'interrogatoire (durée, tortures) ?

12° - Pour chaque interrogatoire, quelles furent les questions posées et les réponses faites ?

13° - Au cours des confrontations, quelle fut votmeattitude et celle des personnes mises en présence ?

14° - Quelle fut l'attitude de vos co-inculpés pendant leur interrogatoire ? (indiquez leur nom et ce qu'ils sont devenus).

15° - Comment s'appelle votre affaire ?

16° - A quelle date a eu lieu le jugement et par quel tribunal ?

17° - Quelle fut votre peine et vos déclarations au jugement ?

18° - Quelle fut la peine des autres inculpés, et leurs déclarations au jugement ?

19° - Les prisons et les camps ou vous êtes passé, les militants avec qui vous avez été organisé ou que vous avez connus ?

20° - Possédez-vous des documents sur votre affaire, lettres réquisitoires, procès-verbaux, etc....ou des pièces permettant de faire toute la lumière. Dans le cas de l'affirmative, voulez-vous nous les confier ?

21° - Complétez ce questionnaire par un rapport fournissant tous les renseignements que vous jugerez utiles sur votre affaire (causes lointaines, dénonciation, provocation, attitudes de certains, fautes d'organisation, etc...) ainsi que sur les autres arrestations que vous connaissez, même indépendantes de celle-ci.

° - Etes-vous actuellement membre du Parti Communiste ?,Si oui, où êtes-vous organisé ?

Fait à : le :

Veuillez retourner les réponses au siège de notre parti 44, Rue Le Peletier, ou mieux, afin d'éviter toute perte, les deposer vous-même à cette adresse .

1°) Je n'avais pas été inquiétée par la police avant mon arrestation.

a) J'ai été perquisitionnée une seule fois, après mon arrestation.

2°) Je n'habitais pas mon domicile d'avant guerre j'étais installée à cet endroit depuis mai 1943 avant j'étais employée comme fe de Chambre 20 rue du Mont Cenis. 18e.

3°) Il s'agissait d'un domicile qu'une camarade (la Cde Alloyer) avait quitté en Juin 1941, après son "remariage" pour aller habiter avec son mari; elle avait gardé cette chambre à toute fin utile.

4°) Je vivais légalement

5°) J'ai été arrêtée le vendredi 19 novembre 1943 vers 9 heures du matin.

6°) Elle fut effectuée par des inspecteurs français de la brigade spéciale n° 2. (un de celui qui a arrêté Gilles et Manouchian) Manouchian m'avait dit son nom, je regrette de l'avoir oublié, mais je le reconnaitrais bien.

7°) Le rendez-vous fut donné par la Cde de liaison "Monique" ou Blanche Courtebatte, sous les coups et d'après une confrontation avec "Marc". Il est possible aussi que j'ai été filée sans m'en rendre compte, car arrivée à la Préfecture alors que je donnais une fausse adresse, un type s'est ~~[illegible]~~

~~il~~ s'est avancé et a dit : "Je la connais, la poule, elle habite, 7 rue Pestalozzi..."

8°) Le rendez-vous avait lieu à Bourg la Reine, rue Yvonne, alors que je venais de passer cette rue, un type dissimulé derrière un petit buisson, m'a sauté dessus et saisi les deux mains, avant que j'ai pu dire ouf ! un autre venait en courant d'un autre coté.

9°) Sur moi, il a été trouvé des lettres (dont j'ignore le contenu) des cartes d'alimentations, principalement des cartes de pomme de terre venant de la affaire de Nogent, des journaux et des tracts.

10°) Chez moi, il a été trouvé des tracts, des journaux deux machines à écrire, des stencils, un croquis remis la veille, par notre cde Lemaire (Darsonville) sur la nouvelle organisation prévue pour la remise des tracts et le nouveau pseudonyme de mes cdes de liaison. – Je n'ai pas eu connaissance de Cdes arrêtés après moi ; notre cde Regine Lacazette n'a pas été arrêtée ni notre cde Marguerite Penven (Annick) notre cde Darsonville a été arrêté beaucoup plus tard au mois de mars 1944. (Je n'ai pas eu de nouvelles d'une cde Lucienne et d'une autre camarade.

11°) J'ai passé une 1re fois l'interrogatoire en arrivant à la Prefecture ; une 2e fois pour faire un rapport, avant d'être remise aux Allemands.

suite 11°) et une fois à Fresnes.. Je n'ai pas été torturée, j'ai simplement reçu 2 grosses gifles pour ne pas répondre.

12°) Les questions posées ont été principalement pour donner les rendez-vous et le signalement des personnes. "Dis-nous si c'est des femmes, on arrête pas les femmes." "Vous me prenez pour une imbécile!"

Lorsqu'il s'agissait de questions sur le travail ou sur mes camarades, j'avais pris par principe de rester bouche close.. J'ai eu la chance d'avoir 3 rendez-vous d'inscrits sur un ticket de métro qui n'avaient jamais été donnés. (C'était moi qui fixait les rendez-vous, j'avais noté ceux-ci et ne m'en était jamais servie)

Ils se sont contentés de ceux-là je leur ai indiqué le mardi et une heure quelconque je pensais qu'ils pendant qu'ils iraient se promener par là, ils ne s'occuperaient pas de suivre nos copains.. Ils ont trouvé que 3 rendez-vous ce n'était pas beaucoup, je me suis défendue en prétendant que je tapais à la machine, et que je ne pouvais pas en faire plus..

Quelques jours après, le commissaire m'a fait appeler, il m'a fait un discours d'une heure en discréditant nos camarades ~~dirig~~ responsables et en particulier notre c.d.s Maurice Thorez (qui parait il mangeait du poulet tous les jours et était bien planqué, pendant que nous les petits on crevait de faim et se faisait casser la gueule. etc... puis il a insisté sur le fait que je mangeais du pain qui avait été arrosé par le sang d'une femme et d'un petit enfant." (il s'agissait de la prise des cartes à Nogent, où il y avait eu en effet "un coup dur". - Je lui ai répondu à ce sujet que ce n'était pas à lui de s'apitoyer sur le sort d'une femme et d'un enfant quand dans la guerre il tombait des millions de vie humaine dont il se souciait bien peu et que lui même était responsable de bien des crimes -". Il ne m'a pas répondu! Quand il a eu fini son discours. Il me dit " alors tu as bien compris, il faut sauver ta peau. « Non, je n'ai pas compris, et ma peau m'appartient, j'en ferai ce que bon me semblera ... » bien, on va te livrer aux Allemands et on pourra ensuite déposer des couronnes à ta gloire sur ta tombe ".

Je suis resté 17 jours à la préfecture, la veille d'être remise aux Allemands, on m'a appelé pour le rapport. Comme je ne répondais rien; le type m'a dit vous êtes une imbécile, nous savons tout, c'est pour vous, pour sauver votre peau - Comme je m'obstinais à ne pas répondre, il me dit „ si vous ne voulez pas parler ce n'est pas la peine que j'use ma salive; alors répondez!: « ce n'est pas la peine d'user votre salive » bien et à chaque question où je ne pouvais répondre il a noté "se refuse à répondre .. Le rapport avec mon état civil ne comporte pas une page -

J'ai été mise au secret à Fresnes le 6 déc bre, c'est seulement au mois de février que le commissaire allemand m'a fait appelé.- Comme je ne voulais pas répondre aux questions sur les chefs "oh ça ne fait rien, ils sont tous arrêtés. Vous vous êtes courageuse, mais tous vos chefs, ils ont tout donnés: « Non, tous n'ont pas donné » « Ah vous croyez, mais je vous dis qu'ils ont tous parlé ».
« Même s'ils avaient parlé, ce n'est pas une raison que j'en fasse autant ».

13°) Je n'ai eu aucune confrontations, avec personne)

14°) (Question se rapportant à la 13ème)

15°) Je ne sais pas; mais il s'agissait de l'affaire de Gilles, et de Marc v (du secteur Sud je crois)
(Commandant militaire de la R.P)

16°.) Le lieu du Jugement a eu lieu à Fresnes le 9 Mars 1944 par le tribunal de Guerre allemand.

17°. Je ne fus pas condamnée ce jour, on ne prononça que le jugement des camarades condamnés à mort.

Après avoir fait la déclaration de mon état civil - on me demanda si je connaissais les risques que je courrais en entrant aux F.T.P.

Je répondis « oui » « Et vous l'avez fait quand-même « oui » « Quel est le but des F.T.P. ? » (« de rassembler beaucoup de patriotes français pour arriver à débarrasser la France de l'occupant avez, car nous devons compter que sur nous-même ») (Je pensais qu'il ne fallait plus espérer le débarquement des alliés »

18°.) Tous les inculpés ont répondu dignement, sauf un gas de Nantes qui prétendait qu'il ignorait ce qu'était les F.T.P. il pensait que c'était un mouvement en faveur de Pétain : bien sur son argument n'a pas pris ! - Sur 17 inculpés 11 (si je me souviens bien) ont été condamnés à mort. Les 6 autres dont la cde Courtebatte et moi avons été déportées en Allemagne. Je ne me souviens pas des noms ; sauf quelques nom d'illégalités : Gilles, Marc - Raison ...

19°) Je suis d'abord passée, après Fresnes) à Lauban (Basse Silésie) Ravensbruck, Mathausen. - J'ai connu à Ravensbruck, les cdes Henriette Mauvais, Louisette Losserand, M. C. Vaillant Couturier, Élisa Normand, Denise Ginolin, Françoise Kotler, Élise Bousquet, Eugenie Beuvenois (Nicole) (Renée) Rose Guérin, (Angel Combe d'Avignon) Rosine Kersulec de Sceaux etc etc...

20 Je n'ai aucun document sur cette affaire.

21. A la préfecture je me suis trouvée pendant une semaine avec notre camarade Manouchian à la Salle 25. Bureau de la BS2. Je dois dire que notre regretté cde "Georges" s'est comporté hautement en "Communiste". Avant de quitter la ~~salle~~ préfecture, il m'a embrassé, en pensant à sa femme, (je regrette de n'avoir pas pu la toucher, ainsi que la compagne de Gilles.) et m'a dit comment il saurait mourir en "Communiste"

J'ai réussi à parler à Gilles au "Tribunal" (malgré l'interdiction) Il m'a dit aussi sa confiance dans le Parti. Il m'a bien dit qu'il n'avait pas parlé, que malheureusement "Marc" (Je ne me souviens pas de son nom véritable) avait été arrêté par sa faute pour un rendez-vous noté sur une feuille de papier à cigarette... Il m'avait demandé aussi de dire au Parti " qu'il n'avait jamais rien signé. Comme il se refusait à signer des paroles qu'il n'avaient jamais prononcées" il a été torturé et on lui a dit "Tu ne veux pas signer, salaud, et bien ce sera signé quand même .... Il m'a répété " Je t'assure que je n'ai rien signé ! ". Je dois dire que j'ai eu du mal à reconnaître notre cde gilles tant il était enflé. Il m'a parlé des tortures qu'il a subites

J'ai pu constater au tribunal que "Marc" qui avait occasionné beaucoup de arrestations directement ou indirectement (Cde cachant les munitions, cde l'hebergeant, cdes de liaisons

Il a répondu en général par des " peut être bien " et des " je ne sais pas " On la accuser de une quantité d'attentats, il n'a pas échappé à la peine de mort, il a du bien souffrir aussi car il était bien changé

Peut être j'oublié quelques détails, je me suis efforcée de m'en rappeler le plus possible je me tiens à l'entière disposition de notre Parti Communiste pour tous renseignements complémentaires dans la mesure de mes souvenirs

22° Je suis actuellement membre du Parti Communiste. J'appartiens à la 1re Section cellule Monge.

Fait à Paris le 23 Juin 1947

C. Rigaud
fe. Cason

L'affaire Estain
Nov 1943 -

Cette affaire survenue après les filatures et les arrestation du groupe MOI. dirigé par Manouchian a désorganisé la direction F.T.P. de la Région Parisienne - et le service des cadres - Le bilan que donne la Police est le suivant.

39 arrestations -

1 adjoint à Chaumeil.

3 cadres Inter - (branche militaire et branche politique)

1 Commandant militaire pour la R.P.

1 — " — — " — pour l'inter

3 C.O.R.
3 C.E.R
3 C.T.R

1 Sanitaire rgl

2 pol. régionaux

1 org régional

2 chefs de détachement

des F.T.P. des cdts de liaisons, des cdts de base.

Il est possible que des filatures aient déterminés l'existence de certains camarades. Cela est vrai pour Estain. Therese Rigaud et vraisemblable pour Michalet et Cauchy.

L'attitude de Fouquet dit Raison Inter cadre FTP jugé très mauvaise à l'époque n'est pas connue dans le détail pour apprécier les dégats qu'il a pu causés

Quant à Cauchy Commandant militaire il a la responsabilité d'un grand nombre d'arrestation ~~...~~ dans la branche F.T.P.

Ce qui est certain c'est qu'il est difficile de ~~...~~ connaître l'attitude de chaque camarade pour 2 raisons - 1°/ nous n'avons que des documents fragmentaires de police -

2°/ le nombre considérable de camarades fusillés et morts en déportation empêche de ~~faire~~ recueillir les témoignages de ~~...~~ ceux qui furent mêlés à cette affaire -

Pourtant des questionnaires ont été envoyés à ceux qui ~~...~~ sont susceptibles d'en revenus. il faudra attendre q-q temps encore pour les voir rentrer.

Il existe un cas sur lequel il faudra faire la lumière c'est celui de Chopin - (voir annexe.

le 22 - Juin 47

[signature]

CONSEIL GÉNÉRAL
DU DÉPARTEMENT
de la
HAUTE-GARONNE

Toulouse, le 3 Octobre 1947

Lettre reçue le 6 OCT.
Transmise à :
Répondu : Buga
N° 340

SECRETARIAT DU
PARTI COMMUNISTE FRANCAIS .
44, rue Le Pelletier,
PARIS 9°.

Chers Camarades ,

Veuillez trouver ci-inclus un résumé des constatations que j'ai pu faire, ayant trait aux incidents qui se sont dé - roulés au camp de NOE .

Restant à votre disposition pour toutes informations complémentaires dans la mesure où vous le désireriez ,

Je vous prie d'agréer, Chers Camarades, mes fraternelles salutations .

Henri DUPONT .

LES EVENEMENTS DE NOE - I4 Septembre -

RAPPORT Henri DUPONT .

Ayant été mandaté par la Fédération, sur ma proposition, pour interpeller le Préfet de la Haute Garonne au sujet des graves événements qui se sont déroulés à NOE (le dimanche I4 Septembre), j'ai été amené à faire les constations suivantes :

I) Depuis des mois, nous avions attiré l'attention du Préfet dans plusieurs entrevues et dans une séance publique du Conseil Général, pour dénoncer la transformation d'un camp comme celui de NOE en un pénitencier réservé à des traîtres condamnés aux travaux forcés. Nous avions évoqué 1°-la proximité de la route nationale et de la voie ferrée 2°-la proximité de la frontière espagnole -

2) En raison des évasions qui avaient eu lieu au courant de l'été I946, un certain Révérend Père ALONZO, d'origine espagnole, à l'époque aumonier du camp, avait été incuppé de complicité . Nos journaux locaux avaient dénoncé le scandale et surtout l'acquittement de ce Père par la Correctionnelle de TOULOUSE. D'ailleurs, ce Révérend avait déclaré au Tribunal que lui "le Spirituel", ne pouvait rien refuser à des détenus, même pas des cartes géographiques. Il est prouvé qu'il avait assurément procuré ces cartes de la région aux miliciens en question malgré cela, rien ne fut fait, et le régime du camp évolua dans un sens de plus en plus favorable aux détenus.

3) Sur les événements proprement dits-

Il s'avère que tous les miliciens étaient organisés et qu'en aucun cas, il ne peut s'agir de révolte spontanée Ce qui apparait, c'est que les Compagnies Républicaines de Sécurité de TOULOUSE avaient étéinformées d'avoir à fournir deux pelotons, étant donné l'effervescence qui régnait depuis quelques jours parmi les détenus. GAUDILLAT PELLETIER (membre du Parti) chef régional des Compagnies Républicaines de Sécurité avec qui je me suis entretenu, m'a fait la déclaration suivante : "j'avais à préparer deux pelotons de C.R.S. pour l'envoi en renfort à NOE. J'ai immédiatement fait le nécessai pour mettre ces deux pelotons à la disposition de la Directior Départementale de la Police dès le samedi ou le dimanche I4 Se tembre de très bonne heure . Mais la Préfecture m'a fait savoi

....

sur mon insistance, qu'il fallait des ordres du Ministère de la Justice, ordres qui ne sont parvenus que bien après le déclenchement des incidents" .-

Nous pensons que même l'exécution du traître LABAT peut faire partie du plan général de la rébellion et qu'elle a pu être un élément préparé: En effet, il est à peu près certain que les gardiens ont tiré sur LABAT au moment où celui-ci était repris, mais ce qui est bizarre, c'est que le corps du traître ait été laissé dans une allée du camp, visible des baraquements, jsuqu'au moment où les portes des dits baraquements furent ouvertes , vers 7h½ du matin. Cela permit aux chefs de cette rebellion, DE VERCHERES et autres, de s'emparer du corps et de se promener dans le camp pour rallier tous les autres détenus.

Par la suite évidemment, l'attitude des gardiens peut ne pas avoir été des plus dignes en général .

Je me suis rendu à NOE pour avoir des renseignements précis pour mon interpellation, et j'ai appris que les gardiens du Service Intérieur n'étaient pas armés dans des conditions suffisantes pour faire face à une émeute de 1200 détenus. Que d'autre part dans le règlement, il n'y a rien d'efficace comme moyens de défense en prévision et que c'est surtout du côté du Sous-Directeur, présent à ce moment-là, qu'il faut situer les responsabilités locales. Il a lui-même montré le mauvais exemple en criant "Sauf qui peut!" . Il est bon de souligner que ce directeur a eu une attitude très équivoque durant l'enquête et qu'il est d'obédience M.R.P.

4) AMOR, Directeur Général de l'Administration pénitentière qu se trouvait sur place a fait preuve également d'une mansuétude scandaleuse pour les traîtres. C'est lui qui permit que les "honneurs" soient rendus par les amis de LABAT à leur triste acolyte et chef .

Dans ces conditions et en liaison avec les incidents qui se déroulèrent à CARRERE (Lot et Garonne), toujours d'après les renseignements de GAUDILLAT PELLETIER, il apparadt que des complicités très graves doivent exister du côté du Ministère de la Justice. En effet, un convoi devait partir pour la centrale d'EYSSES de ce dernier camp et il était prévu une intervention de l'extérieur qui aurait libéré les milicien tranférés, cette action menée d'ailleurs parallèlement aux

...

évasions prévues à CARRERE et qui se sont réalisées.

5) Dans l'interpellation au Conseil Général, j'ai discuté la responsabilité du Gouvernement en insistant plus particulièrement sur celle du Ministre de la Justice et de l'Intérieur. Au nom de notre parti, j'ai réclamé la mise en liberté des gardiens qui ont surtout été arrêtés pour cacher les vrais responsables comme le Sous-Directeur du camp, le Sous-Directeur Régional des Services pénitenciers CALLISTI, ou AMOR. Mais il est bien évident aussi qu'il faut voir plus haut pour ces différentes responsabilités.

A notre regret, nous avons vu le gros de la majorité socialiste du Conseil Général essayer de faire le procès des gardiens et déclarer qu'il y avait eu meurtre du traitre LABAT, "qu'ils étaient pour le respect de la personne humaine, et non "une justice expéditive" etc." . Evidemment j'ai répliqué avec force notamment au député socialiste AUBAN, qui voulait laisser entendre que tous les gardiens de NOE étaient des membr du Parti, alléguant les interventions des camarades GRESA et RUMEAU pour leur inscription sur les listes. Et j'ai précisé que si nos élus étaient intervenus, c'était pour permettre à des citoyens de faire leur devoir, et que sans doute si ces derniers avaient été réactionnaires ou électeurs socialistes, il n'y aurait pas eu de difficultés. J'ai également expliqué que la conception de la liberté, telle que l'exposait AUBAN, tendait petit à petit à enlever la liberté au peuple, aux démocrates et aux Républicains, pour le plus grand profit de ceux qui ont plus de capitaux à l'étranger que du sang français dan les veines.

En conclusion, je crois que notre intervention n'a pas été mauvaise. Nous avons recommandé le transfert des détenus dans de véritables pénitenciers, et déjà 700 d'entre eu ont été expédiés vers des centrales, vers CLAIRVAUX, FONTEVRAU et THOUARS. Néanmoins il en reste encore plus de 700, qui ne sont peut-être pas aussi dangereux que ceux qui ont mené la rébellion, mais qui sont tout de même des éléments fascistes.

Par ailleurs, la Comission Départementale des Tribunaux dans laquelle figure notre Camarade Camille TAUBER, n'a pas été épurée, et il se trouve qu'elle comprend toujours des éléments qui s'y trouvaient avant guerre, tel un certain Docteur SOREL, neveu de l'abbé SOREL qui a été exécuté à TOULOUSE par la Résistance.

.../...

Nous avons exigé du Préfet que cette Comission soit épurée avant le 30 Septembre et reconstituée avec des Résistants authentiques. Qu'elle préside l'enquête officielle sur les événements de NOE. Dans ce cas, nous pensons que nos camarades du parti doivent attacher à cette question toute l'importance qu'il convient, et aussi ne pas avoir peur de mettre en cause la responsabilité du Préfet qui parlementa avec des détenus traîtres en état de rébellion . D'ailleurs, si le Préfet avait voulu agir, comme le demandait le Commandant Régional des C.R.S., il est probable que les événements n'auraient pu avoir lieu .

PARIS, le 3 Octobre 1947 .

REMERCIEMENTS

Ma gratitude va en priorité au partenaire qui a permis l'accès aux archives des Brigades spéciales.

Grâce à Mme Chantal de Tourtier-Bonazzi, conservateur en chef de la section contemporaine des Archives nationales, et à toute son équipe, j'ai pu explorer les très riches archives judiciaires. Que les personnels de la Bibliothèque nationale et de la Bibliothèque de documentation internationale contemporaine, à Nanterre, soient eux aussi remerciés.

Nombreux sont ceux qui, à travers la France, ont rendu possible la rédaction de cet ouvrage. S'il n'est pas utile de tous les nommer, je tiens néanmoins à les saluer.

Je suis particulièrement reconnaissant à Constantin Melnik, qui a pris le temps de lire ces pages dans leurs versions successives. A Pascal Krop, inspirateur de l'ouvrage. A l'historien Stéphane Courtois, pour ses conseils amicaux.

Cet ouvrage a été composé et réalisé par la
SOCIÉTÉ NOUVELLE FIRMIN-DIDOT (Mesnil-sur-l'Estrée)
pour le compte des Éditions Olivier Orban
12, avenue d'Italie, 75627 Paris Cedex 13

Achevé d'imprimer le 23 janvier 1992

Imprimé en France
Dépôt légal : janvier 1992
N° d'impression : 19774